Fondo y Forma

Gustave W. Andrian

Fondo y Forma

LITERATURE · LANGUAGE · GRAMMAR REVIEW

Acknowledgments

The editor is indebted to the following persons and publishers for permission to use the material reproduced:

For Miguel de Unamuno: Don Fernando de Unamuno
For Emilia Pardo Bazán: Doña María de las Nieves Quiroga
For Pedro Salinas: Agencia Literaria Carmen Balcells. © Herederos de Pedro Salinas
For José Ortega y Gasset: Sr. José Ortega Spottorno
For Octavio Paz: The author
For Ana María Matute: The author
For Jorge Luis Borges: The author and Emecé Editores (*Obras Completas*)
For Salvador de Madariaga: The author and Editorial Sudamericana S.A.

Copyright © 1970
Gustave W. Andrian

Printed in the United States of America

All rights reserved. No part of this book may be reproduced or transmitted in any form or by any means, electronic or mechanical, including photocopying, recording, or by any information storage and retrieval system, without permission in writing from the Publisher.

The Macmillan Company
866 Third Avenue, New York N.Y. 10022

Library of Congress Catalog Card Number:
75-110461

PRINTING   1011   YEAR   6

ISBN 0-02-303420-3

*Dedico
este libro
a mi mujer
y a nuestros
hijos*

Preface

This book is intended for intermediate courses which seek to reinforce the study of language, both oral and written, through mature and stimulating literary works of various genres. Such courses are likely to be taught on the second and third year college level, or on the fourth and fifth year secondary school level. While serving as the basis for conversation, composition, and grammar review, the texts are included as well for their intrinsic merit as outstanding examples of Spanish literature and culture. Unlike recent "composition" books in which the literary models consist only of a page or two of Spanish prose, this book, containing with few exceptions complete stories, essays, poems, and for the first time in an American textbook an entire play by the noted poet and critic, Pedro Salinas, serves also as a literary reader.[1] The ten masters of Spanish literature included in the book are peninsular and Spanish-American authors of the twentieth century, except for Cervantes, Bécquer, and Emilia Pardo Bazán.

Since literature represents the best that has been written and said, it would follow that one of the most effective ways in which the student can master the language itself is by coming to grips with its literary models. The compositions at the end of each unit are based closely on the selections themselves and on the grammatical concepts being reviewed, so that the student can be encouraged to imitate the master as much as possible. There are also many opportunities for writing in Spanish without models.

Specifically, *Fondo y forma* is a combination reader and language book whose texts provide the basis for intensive word and idiom drill, conversation and composition, and a review of grammar. It contains the following material:

   a. Literary and cultural texts brief enough to be studied intensively and representing a wide variety of styles and genres.

   b. Questions on the texts. The editor has included a larger number of questions than one normally finds in order to test the student's comprehension of the texts, to stimulate conversation, and to emphasize for him the close connection between style and content, between *fondo* and *forma*.

   c. Numerous editorial aids in Spanish and English to enable the intermediate student to comprehend the texts more easily.

[1]. Of the complete selections used, a few lines have been omitted from those of Bécquer, Pardo Bazán, Salinas, and Madariaga.

d. Exercises based on the reading just completed. These contain grammar review, idiom study, verb drill, vocabulary building, translations from English to Spanish and Spanish to English, and compositions, all of them integrated with the texts.

e. A reference grammar, which reviews the salient grammatical difficulties occurring in the reading selections of each chapter. Before beginning each grammar exercise the student is referred to the relevant sections of grammar in the back of the book; in this way he may attempt the exercises before studying the rules, if he wishes. Many of the sentences illustrating the various rules of grammar are drawn directly from the literary texts. Thus, the principle of integration, which serves as the point of departure for the book, is completed in the reference grammar.

f. An appendix containing the conjugations of regular and irregular verbs, stem-changing verbs, and spelling-changing verbs.

g. Spanish-English and English-Spanish vocabularies.

h. An index.

The Contents are listed in a chronological order, but for the teacher who would prefer to read the selections according to progressive difficulty, the following order is suggested:

1. Bécquer (chapter 3); 2. Ana María Matute (chapter 10); 3. Octavio Paz (chapter 9); 4. Bécquer (chapter 2); 5. Pardo Bazán (chapter 4); 6. Salinas (chapter 5, 6, 7); 7. Borges (chapter 11); 8. Cervantes (chapter 1); 9. Madariaga (chapter 12); 10. Ortega y Gasset (chapter 8).

Any division of these chapters into class meetings is left to the discretion of the teacher.

The editor wishes to express his gratitude to Dr. Pilar Kerson and to Dr. Arnold L. Kerson for their valuable suggestions. He would also like to acknowledge his indebtedness to the late Eric Schoenfeld, editor of foreign languages for The Macmillan Company, to whose inspiration and encouragement this book owes its birth.

Contents

FIRST PART Selections and Exercises

1

«A» Miguel de Cervantes
Don Quijote (selection), *1*

«B» Miguel de Unamuno
Vida de don Quijote y Sancho
(selection), *6*

EXERCISES:
Idioms, *8*
Comparative and Superlative, *9*
Present Participle, *9*
Pronouns used with prepositions, *10*
Reflexive construction, *11*
Stem-changing verbs, *12*
Composition, *12*

2

Gustavo Adolfo Bécquer
La ajorca de oro, *14*

EXERCISES:
Synonyms, *24*
Imperfect and Preterite of **poder, saber, conocer, querer,** *25*
Passive voice, *26*
Redundant **lo,** *27*
Subjunctive in adverbial clauses, *28*
Composition, *28*

3

Gustavo Adolfo Bécquer
Rimas (selections), *30*

EXERCISES:
Synonyms and Antonyms, *35*
Interrogatives ¿**Qué**? and ¿**Cuál**?, *37*
De quién and **cuyo**, *38*
Demonstrative adjectives and pronouns, *39*
Subjunctive in temporal clauses, *39*
Composition, *40*

4

Emilia Pardo Bazán
En tranvía, 41

EXERCISES:
Synonyms and Antonyms, 49
Diminutives, 50
Adverbs, 50
Subjunctive (negative and indefinite antecedents), 51
Lo with adjectives, 52
Orthographic-changing verbs, 53
Composition, 53

5

Pedro Salinas
Caín, o una gloria científica
(scenes 1-3), 55

EXERCISES:
Idioms, 62
Subjunctive in noun clauses, 63
Indirect Command, 64
Por . . . **que**, 64
Hacer and **llevar** in idiomatic time expressions, 65
Composition, 66

6

Pedro Salinas
Caín, o una gloria científica
(scenes 4-5), 67

EXERCISES:
Para and **Por**, 76
Subjunctive with impersonal expressions, 77
The Imperative, 78
Spelling-changing verbs, 78
Stem-changing verbs, 79
Composition, 80

7

Pedro Salinas
Caín, o una gloria científica
(scenes 6-10), 81

EXERCISES:
Idioms, 89
Object pronouns, 90
Possessive adjectives and pronouns, 91
Definite article for the possessive adjective, 91
Conditional-Sentences, 92
Vocabulary: cognates and false cognates, 93
Composition, 94

8

José Ortega y Gasset
La rebelión de las masas
(chapter I), 96

EXERCISES:
Idioms and Synonyms, *104*
Vocabulary building, *104*
Conjunctions, *105*
To become, *106*
Ser and **estar,** *106*
Verbs in **-cer** and **-cir,** *107*
Review of subjunctive, *108*
Composition, *108*

9

Octavio Paz
Mi vida con la ola, 110

EXERCISES:
Vocabulary building, *116*
Idioms, *117*
Imperfect and Preterite **Tenses,** *118*
Other Tenses, *119*
Past Participle, *120*
Infinitive with **hacer, dejar,** etc., *121*
Composition, *122*

10

Ana María Matute
Los de la tienda, 124

EXERCISES:
A and **de,** *131*
Reflexive Verbs, *132*
Composition, *135*

11

Jorge Luis Borges
Abenjacán el Bojarí, muerto en su laberinto, 136

EXERCISES:
Adjectives, *146*
Relative Pronouns, *147*
Review of Future of Probability and Absolute (participle), *149*
Construction, *149*
Composition, *150*

12

Salvador de Madariaga
El genio español, 152

EXERCISES:
Definite Article, *166*
Indefinite Article, *168*
Indefinites and Negatives, *169*
Review of **sino** and subjunctive, *169*
Composition, *171*

SECOND PART   A Review of Grammar

The Articles, *175*

Indefinites and Negatives, *181*

Pronouns, *183*

Conjunctions, *195*

Prepositions, *196*

Adjectives, *202*

Adverbs, *206*

Comparisons and Superlatives, *207*

Diminutives and Augmentative Endings, *210*

Idiomatic Time Expressions with *hacer* and *llevar*, *212*

The Subjunctive, *214*

Tenses, *222*

Ser and *Estar*, *229*

The Verb *to become*, *232*

Reflexive Verbs, 233

The Passive Voice, 237

The Imperative Mood, 240

The Present Participle and Infinitive, 242

The Infinitive, 244

The Past Participle, 246

APPENDIX

Regular Verbs, 251

Irregular Verbs, 255

Spelling Changing Verbs, 259

Radical (Stem-) Changing Verbs, 261

VOCABULARY

Spanish-English, 265

English-Spanish, 290

INDEX, 297

Fondo y Forma

FIRST PART
Selections and Exercises

Doré. *Los molinos de viento.* (*Bettmann Archive, Inc.*)

1

«A» Cervantes [1547-1616]

Miguel de Cervantes Saavedra se ha hecho inmortal en la historia de la literatura por haber escrito la novela más leída y más discutida de la época moderna, El ingenioso hidalgo don Quijote de la Mancha. *Soldado herido en la batalla de Lepanto (1571), cautivo por cinco años en Argel, Cervantes vuelve a España esperando encontrar felicidad, gloria, tranquilidad, pero en vez choca con la dolorosa realidad. Sin embargo, los impulsos que mueven a su inolvidable héroe don Quijote —el idealismo, la generosidad, la justicia, la fe— son los que le sostienen a él también, y a pesar de su vida penosa, Cervantes pudo escribir una novela pastoril, comedias, poesías, y las (12)* Novelas ejemplares. *Su* Quijote *fue publicado en dos partes (1605 y 1615), y ha tenido un éxito inmenso a través de los siglos.*

El amor y la simpatía que Cervantes siente por su héroe que sale, en su locura, con Sancho Panza a deshacer los agravios del mundo, se comunican al lector, quien acaba por sentir una honda emoción ante la figura del bueno, del sempiterno soñador don Quijote de la Mancha. Impulsado por ideales generosos, el pobre Quijote fracasa en sus nobles propósitos, recibiendo golpes por toda recompensa, como vemos en la «aventura» de los molinos de viento (Parte I, Capítulo 8).

Daumier. Don Quijote y Sancho Panza. (The Metropolitan Museum of Art)

Don Quijote (selection)

CAPÍTULO VIII

Del buen suceso que el valeroso don Quijote tuvo en la espantable¹ y jamás imaginada² aventura de los molinos de viento, con otros sucesos dignos de felice recordación.³

EN ESTO, descubrieron treinta o cuarenta molinos de viento que hay en aquel campo, y así como don Quijote los vio, dijo a su escudero:⁴

—La ventura va guiando nuestras cosas mejor de lo que acertáramos a desear;⁵ porque ves allí, amigo Sancho Panza, donde se descubren treinta, o pocos más, desaforados⁶ gigantes, con quien pienso hacer batalla y quitarles a todos las vidas, con cuyos despojos⁷ comenzaremos a enriquecer; que ésta es buena guerra, y es gran servicio de Dios quitar tan mala simiente⁸ de sobre la faz de la tierra.

—¿Qué gigantes? —dijo Sancho Panza.

—Aquellos que allí ves —respondió su amo— de los brazos largos, que los suelen tener⁹ algunos de casi dos leguas.

—Mire vuestra merced¹⁰ —respondió Sancho— que aquellos que allí se parecen no son gigantes, sino molinos de viento, y lo que en ellos parecen brazos son las aspas,¹¹ que, volteadas del viento, hacen andar la piedra del molino.

—Bien parece —respondió don Quijote— que no estás cursado en¹² esto de las aventuras: ellos son gigantes; y si tienes miedo, quítate de ahí, y ponte en oración en el espacio que yo voy a entrar con ellos en fiera¹³ y desigual batalla.

Y diciendo esto, dio de espuelas¹⁴ a su caballo Rocinante, sin atender a las voces que su escudero Sancho le daba, advirtiéndole que, sin duda alguna,

---

¹ **espantable** espantoso
² **jamás imaginada** *never-before-imagined*
³ **felice recordación** feliz recuerdo
⁴ **escudero** *squire* (Paje que llevaba el escudo al caballero)
⁵ **acertáramos a desear** *we could have desired*
⁶ **desaforados** enormes
⁷ **despojos** botín (*booty, spoils*)
⁸ **simiente** *seed*
⁹ **los suelen tener** acostumbran a tenerlos
¹⁰ **vuestra merced** *your grace*
¹¹ **aspas** brazos del molino
¹² **no estás cursado en** no sabes nada de
¹³ **fiera** dura, grande
¹⁴ **dio de espuelas** *he spurred*

eran molinos de viento, y no gigantes, aquellos que iba a acometer.[15] Pero él iba tan puesto[16] en que eran gigantes, que ni oía las voces de su escudero Sancho, ni echaba de ver, aunque estaba ya bien cerca, lo que eran; antes iba diciendo en voces altas:

—Non fuyades,[17] cobardes y viles criaturas; que un solo caballero es el que os acomete.

Levantóse en esto un poco de viento, y las grandes aspas comenzaron a moverse, lo cual visto por don Quijote, dijo:

—Pues aunque mováis más brazos que los del gigante Briareo,[18] me lo habéis de pagar.

Y en diciendo esto, y encomendándose de todo corazón a su señora Dulcinea,[19] pidiéndole que en tal trance[20] le socorriese, bien cubierto de su rodela,[21] con la lanza en el ristre,[22] arremetió[23] a todo el galope de Rocinante y embistió[24] con el primer molino que estaba delante; y dándole una lanzada en el aspa, la volvió el viento con tanta furia, que hizo la lanza pedazos, llevándose tras sí al caballo y al caballero, que fue rodando muy maltrecho[25] por el campo. Acudió Sancho Panza a socorrerle, a todo correr de su asno, y cuando llegó halló que no se podía menear:[26] tal fue el golpe que dio con él Rocinante.

—¡Válame Dios![27] —dijo Sancho—. ¿No le dije yo a vuestra merced que mirase bien lo que hacía, que no eran sino molinos de viento, y no lo podía ignorar sino quien llevase otros tales en la cabeza?

—Calla, amigo Sancho —respondió don Quijote—; que las cosas de la guerra, más que otras, están sujetas a continua mudanza; cuanto más, que yo pienso, y es así verdad, que aquel[28] sabio Frestón[29] que me robó el aposento y los libros ha vuelto estos gigantes en molinos, por quitarme la gloria de su vencimiento:[30] tal es la enemistad que me tiene; mas al cabo al cabo,[31] han de poder poco sus malas artes contra la bondad de mi espada.

—Dios lo haga como puede —respondió Sancho Panza.

[15] **acometer** atacar
[16] **puesto** convencido
[17] **Non fuyades** no huyáis (arcaísmo imitando los libros de caballerías)
[18] **Briareo** gigante mitológico que tenía cien brazos
[19] **Dulcinea** el nombre que don Quijote ha dado a una labradora, a quien ha transformado en su locura en princesa y dama suya.
[20] **trance** momento crítico
[21] **rodela** escudo redondo y pequeño
[22] **ristre** *socket (for lance)*
[23] **arremeter** *to rush forth*
[24] **embestir con** atacar con ímpetu; acometer

[25] **maltrecho** maltratado, herido
[26] **menear** mover
[27] **¡Válame Dios!** *Bless me! So help me God!*
[28] **Cuanto más... que aquel** *All the more because that*
[29] **Frestón** un encantador a quien don Quijote tiene por su gran enemigo. En realidad, los que le quitaron a Quijote los libros de caballerías que le habían vuelto loco fueron sus amigos el cura y el barbero
[30] **de su vencimiento** de vencerles (a los gigantes)
[31] **al cabo al cabo** al fin y al cabo

Capítulo 1

Y, ayudándole a levantar, tornóle a subir Rocinante, que medio despaldado[32] estaba. Y, hablando en[33] la pasada aventura, siguieron el camino del Puerto Lápice, porque allí decía don Quijote que no era posible dejar de hallarse muchas y diversas aventuras, por ser un lugar muy pasajero,[34] sino que iba muy pesaroso, por haberle faltado la lanza, y diciéndoselo a su escudero, le dijo:

—Yo me acuerdo haber leído que un caballero español llamado Diego Pérez de Vargas, habiéndosele en una batalla roto la espada, desgajó de una encina[35] un pesado ramo o tronco, y con él hizo tales cosas aquel día, y machacó[36] tantos moros, que le quedó por sobrenombre Machuca, y así él como sus descendientes se llamaron desde aquel día en adelante Vargas y Machuca. Hete dicho[37] esto porque de la primera encina o roble que se me depare[38] pienso desgajar otro tronco, tal y tan bueno como aquel que me imagino; y pienso hacer con él tales hazañas,[39] que tú te tengas por[40] bien afortunado de haber merecido venir a vellas,[41] y a ser testigo de cosas que apenas podrán ser creídas.

—A la mano de Dios[42] —dijo Sancho—; yo lo creo así como vuestra merced lo dice; pero enderécese[43] un poco; que parece que va de medio lado, y debe de ser del molimiento de[44] la caída.

—Así es la verdad —respondió don Quijote—; y si no me quejo del dolor, es porque no es dado a los caballeros andantes quejarse de herida alguna, aunque se les salgan las tripas[45] por ella.

—Si eso es así, no tengo yo que replicar —respondió Sancho—; pero sabe Dios si yo me holgara[46] que vuestra merced se quejara cuando alguna cosa le doliera. De mí sé decir que me he de quejar del más pequeño dolor que tenga, si ya no se entiende[47] también con los escuderos de los caballeros andantes eso del no quejarse.

No se dejó de reír don Quijote de la simplicidad de su escudero; y así, le declaró que podía muy bien quejarse como y cuando quisiese, sin gana o con ella; que hasta entonces no había leído cosa en contrario en la orden de caballería. Díjole Sancho que mirase que era hora de comer. Respondióle su amo que por entonces no le hacía menester; que comiese él cuando se le antojase.[48] Con esta licencia, se acomodó Sancho lo mejor que pudo sobre su jumento,[49] y sacando de las alforjas[50] lo que en ellas había puesto, iba

---

[32] **despaldado** rota la espalda
[33] **en** de
[34] **pasajero** transitado; viajado
[35] **desgajar de una encina** to tear off from an oak tree
[36] **machacar** to crush, pound
[37] **Hete dicho** Te he dicho
[38] **que se me depare** that I come across
[39] **hazaña** hecho ilustre
[40] **tener por** considerar
[41] **vellas** verlas
[42] **A la mano de Dios** God's will be done
[43] **enderezar** poner derecho (to straighten)
[44] **molimiento** shaking-up
[45] **tripa** intestino; vientre
[46] **yo me holgara** I would be happy
[47] **si ya no se entiende** unless (that matter of not complaining) applies to (con)
[48] **cuando se le antojase** cuando desease
[49] **jumento** asno
[50] **alforjas** saddle-bags

caminando y comiendo detrás de su amo muy de su espacio, y de cuando en cuando empinaba la bota,[51] con tanto gusto, que le pudiera envidiar el más regalado bodegonero[52] de Málaga. Y en tanto que él iba de aquella manera menudeando tragos,[53] no se le acordaba de ninguna promesa que su amo le hubiese hecho, ni tenía por ningún trabajo, sino por mucho descanso, andar buscando las aventuras, por peligrosas que fuesen.[54]

Cuestionario

1. Note usted la posición de los adjetivos en el epígrafe (*heading*) del capítulo. Lea la oración poniendo los adjetivos detrás de los sustantivos. ¿Es tan sonora como antes? ¿Qué palabra indica algo de la edad de este libro?
2. ¿Por qué quiere don Quijote hacer batalla con los gigantes?
3. Sancho dice que son molinos de viento. ¿Cuál de los dos hombres tiene razón?
4. ¿Tiene miedo Sancho, como dice don Quijote?
5. ¿Quién es Dulcinea? ¿Por qué se encomienda a ella don Quijote?
6. ¿Cómo describe Cervantes la batalla: con una larga descripción detallada, o con muy pocos datos?
7. ¿Encuentra usted demasiada larga la frase que describe la batalla? ¿Qué palabras o construcciones contribuyen al movimiento y fluidez de la frase?
8. Escoja las palabras que describen la derrota (*defeat*) de don Quijote. ¿Le parece que el molino está personificado?
9. ¿Qué le sucedió a Rocinante en esta aventura?
10. ¿Cómo explica don Quijote que estos gigantes ya son molinos de viento?
11. ¿Qué ha perdido don Quijote en la batalla, lo cual le tiene muy pesaroso?
12. ¿Dónde va a obtener otra lanza?
13. ¿Cómo difieren don Quijote y Sancho respecto al dolor?
14. Esta diferencia se ve también en la hora de comer. ¿Cómo? ¿Qué significa el apellido de Sancho Panza?
15. En el párrafo que empieza, «Y, ayudándole a levantar» (p. 4, l. 1) ¿se nota cierto descuido (*carelessness*) de estilo? Por ejemplo, ¿qué haría usted para aclarar el sujeto de esta primera frase? ¿Qué repetición se encuentra al final del párrafo?
16. ¿Qué cuestión filosófica acerca de la verdad se saca de esta aventura con los molinos?

---

[51] **empinaba la bota** *he took a swig from the wineskin*
[52] **el más regalado bodegonero** *the biggest tavernkeeper*
[53] **menudeando tragos** bebiendo con frecuencia
[54] **por... fuesen** *however hazardous they might be*

«B» Unamuno [1864-1936]

Novelista, poeta, ensayista, dramaturgo, pensador —Miguel de Unamuno es la figura cumbre de las letras españolas del siglo XX. Nacido en Bilbao, vivió por muchos años en Salamanca, donde era catedrático de griego y más tarde rector de la universidad de aquella ciudad. Tanto la vida como la obra de Unamuno se hallan saturadas de una honda preocupación filosófica; el hombre y su destino. El problema de la vida humana es el ansia de inmortalidad, afirmada y sostenida por el corazón y por la fe, pero a ésta se opone la razón. Frente a frente, pues, quedan la razón y la fe, como dos actitudes y dos soluciones al problema esencial: la razón que dice que no existe la inmortalidad del alma, y la fe que, por sentirla como una necesidad, lucha contra la razón y afirma esa inmortalidad. Este conflicto halla su mejor planteamiento en Del sentimiento trágico de la vida (1913), *la obra fundamental de Unamuno.*

Para Unamuno, el símbolo del espíritu español y del anhelo de inmortalidad es el sublime loco, don Quijote. Frente al racionalismo europeo, Unamuno escribió Vida de don Quijote y Sancho (1905), *un apasionado comentario e interpretación mística del protagonista de la novela inmortal. He aquí lo que dice Unamuno acerca del episodio de los molinos.*

Vida de don Quijote y Sancho (selection)

CAPÍTULO VIII

Del buen suceso que el valeroso don Quijote tuvo en la espantable y jamás imaginada aventura de los molinos de viento, con otros sucesos de feliz recordación.

EN TALES pláticas[1] iban cuando «descubrieron treinta o cuarenta molinos que hay en aquel campo». Y don Quijote los tomó por desaforados gigantes, y sin hacer caso de Sancho encomendóse de todo corazón a su señora Dulcinea y arremetió a ellos, dando otra vez con su cuerpo en tierra.

Tenía razón el Caballero: el miedo y sólo el miedo le hacía a Sancho y nos hace a los demás simples mortales ver molinos de viento en los desaforados gigantes que siembran[2] mal por la tierra. Aquellos molinos molían pan, y de ese pan comían hombres endurecidos en la ceguera.[3] Hoy no se nos aparecen ya como molinos, sino como locomotoras, dínamos, turbinas, buques de vapor, automóviles, telégrafos con hilos o sin ellos, ametralladoras[4], pero

---

[1] **pláticas**   conversación
[2] **sembrar**   *to sow*
[3] **ceguera**   estado de ciego
[4] **ametralladora**   *machine gun*

conspiran al mismo daño. El miedo y sólo el miedo sanchopancesco nos inspira el culto y veneración al vapor y a la electricidad; el miedo y sólo el miedo sanchopancesco nos hace caer de hinojos[5] ante los desaforados gigantes de la mecánica y la química implorando de ellos misericordia. Y al fin rendirá el género humano su espíritu agotado[6] de cansancio y de hastío[7] al pie de una colosal fábrica de elixir de larga vida. Y el molido[8] don Quijote vivirá, porque buscó la salud dentro de sí y se atrevió a arremeter a los molinos.

Llegóse Sancho a su amo y le recordó sus advertencias, que «no eran sino molinos de viento y no lo podía ignorar sino quien llevase otros tales en la cabeza». Claro está, amigo Sancho, claro está; sólo quien lleve en la cabeza molinos, de los que muelen y hacen con el brazo trigo que por los sentidos nos entra, harina[9] de pan espiritual, puede arremeter a los otros, a los aparenciales,[10] a los desaforados gigantes disfrazados de[11] ellos. Es en la cabeza, amigo Sancho, es en la cabeza en donde hay que llevar la mecánica y la dinámica y la química y el vapor y la electricidad, y luego... arremeter a los artefactos y armatostes[12] en que los encierran. Sólo el que lleva en su cabeza la esencia eterna de la química, quien sepa sentir en la ley de sus afectos la ley universal de los afectos de las partículas materiales, quien sienta que el ritmo del universo es el ritmo de su corazón, sólo ése no tiene miedo al arte de formar y transformar drogas o al de armar aparatos de maquinaria.

Lo peor fue que en esta acometida[13] se le rompió la lanza a don Quijote. Es lo que pueden esos gigantes: rompernos las armas, pero no el corazón. Mas sobran[14] encinas y robles con que reponerlas.

Y siguieron su camino, sin quejarse don Quijote, pues no les es dado[15] a los caballeros andantes, y sin haber querido comer cuando Sancho se acomodó a ello. Y de camino comía Sancho y caminaba, y menudeaba[16] tragos que le hacían olvidar las promesas de su amo y tener por mucho descanso el andar a busca de aventuras. Nefasto[17] poder de las tripas, que oscurece la memoria, enturbia la fe, atándonos al momento pasajero. Mientras se come y se bebe se es de[18] la comida y de la bebida. Y llegó la noche y se la pasó don Quijote pensando en su señora Dulcinea. Y Sancho durmiendo el bendito,[19] sin soñar.

[5] **de hinojos** de rodillas
[6] **agotado** exhausto
[7] **hastío** disgusto; aburrimiento
[8] **molido** maltratado; golpeado
[9] **harina** *flour*
[10] **aparenciales** que sólo tienen existencia aparente
[11] **disfrazados de** *disguised as*
[12] **artefactos y armatostes** objetos y máquinas pesadas
[13] **acometida** batalla
[14] **sobrar** haber más de lo necesario de una cosa
[15] **dado** permitido hacerlo
[16] **menudeaba** tomaba con frecuencia tragos (*swigs*)
[17] **Nefasto** fatal
[18] **se es de** está uno en poder de
[19] **el bendito** inocentemente; en paz

Cuestionario

1. Según Unamuno, ¿por qué no toma Sancho por gigantes a los molinos de viento?
2. ¿Por qué debe don Quijote destruirlos?
3. ¿Cuáles son los «molinos» de hoy, según Unamuno?
4. ¿Diría usted también que hemos establecido por miedo un culto a la mecánica? ¿Somos esclavos de la tecnología?
5. ¿Qué distinción hace Unamuno entre los molinos de don Quijote y los demás?
6. Lo técnico y otras cosas desaparecen; ¿por qué vivirá don Quijote? Es decir, ¿por qué no será jamás vencido?
7. ¿Le parece que tenga razón Unamuno, al decir que estamos en poder de la comida y de la bebida?
8. ¿Qué significa hoy en día la expresión "*to fight windmills*"? ¿Es ésta la interpretación de Unamuno?

Ejercicios

I. Expresiones y Modismos

Después de hacer un repaso de las siguientes expresiones y modismos traduzca usted las frases que vienen a continuación.

tener miedo	pensar en	hacer caso de
tener razón	haber que + inf.	dejar de + inf.
tener por	tomar por	sino
tener que + inf.	deber de + inf.	de cuando en cuando
		esto (eso) de

1. Sancho claims (*pretender*) that they are not giants *but* windmills.
2. On the contrary, Don Quijote *took them for* enormous giants.
3. Unamuno says that Sancho *was afraid*, and *considers* him a coward.
4. Like a good knight errant (*caballero andante*), Don Quijote spends a lot of time *thinking about* his lady Dulcinea.
5. I don't *have to* believe in *that matter of* adventures.
6. Perhaps you *are right*, but *it is necessary* to believe in something.
7. Don Quijote *didn't stop* laughing at (*de*) the simpleness of his squire.
8. *From time to time* Sancho took a drink (*trago*), but his master *didn't pay any attention* to him.

II. El Comparativo y el Superlativo (GRAM. 10.1—10.8)

A. Traduzca usted las palabras entre paréntesis.
1. Don Quijote come (*little more than*) un pájaro.
2. Me ha dicho que su hijo está (*worse*).
3. Tiene (*less*) juicio que dinero.
4. Sancho está (*as*) loco como su amo.
5. Un dólar (*more or less*) no importa.
6. *El Quijote* es uno de los (*most amusing books*) que jamás he leído.
7. Acabo de leer (*more than*) la mitad.
8. La primera parte no tiene (*as many*) capítulos (*as*) la segunda.
9. ¿Es usted (*younger*) que su profesor?
10. Me he de quejar del (*smallest*) dolor que tenga.
11. ¿Se queja don Quijote (*as much as*) Sancho?
12. Ella fue (*more poorly*) vestida.
13. Su hermana es (*a most attractive girl*).
14. ¿Quién es su (*best*) amigo?
15. Este capítulo es el más divertido (*in*) la novela.

B. Dé el equivalente de *than* en las siguientes oraciones.
1. Este libro tiene más capítulos _____ ése.
2. Este libro tiene más capítulos _____ puedo leer en una noche.
3. Eran poco más _____ las once cuando me llamó por teléfono.
4. Tiene menos dinero _____ lo que dice.
5. Este libro tiene más páginas _____ el que compré ayer.
6. Este libro no tiene más _____ doce lecciones.
7. El caballo tiene más defectos _____ me habían nombrado.
8. Bebimos por los novios más _____ una docena de veces.
9. Esta casa es más grande _____ la que tenemos ahora.
10. Es más bonita _____ esperábamos.
11. Mi hijo lee mucho mejor _____ creía.
12. No aspira a menos _____ al poder ejecutivo.
13. Duerme más _____ trabaja.
14. Siempre compro más flores _____ necesito.

C. Traducir.
Many people consider *Don Quijote* the greatest novel in literature. It has been translated into more languages than you can imagine, more than fifty, I believe. Sancho must be as mad as his master, but he thinks more about his stomach than about adventures.

III. El gerundio (GRAM. 20.1—20.7)

En las descripciones y narraciones el gerundio suele hallarse al principio de una oración o cláusula, como se ve en la página 3, línea 11.

10 Capítulo 1

A. Substituya las palabras en cursiva por una construcción con el gerundio.
1. *Si estudias mucho*, sacarás buenas notas.
2. *Al pedirle socorro*, don Quijote embistió con el primer molino.
3. *Puesto que los compré* en Nueva York, tuve que pagar más.
4. *Porque me encontraba* solo, tuve que cocinar la cena.
5. *Cuando hubo ganado* la victoria, el general agradeció a los soldados.
6. *Al tocar* el piano, la niña se puso nerviosa.
7. *Después de haberlo leído*, me lo devolvió.
8. No se gana nada *cuando uno miente*.
9. *Por ser* cobarde, no buscará aventuras.
10. *Si hubiese* más hombres como don Quijote, este mundo sería mejor de lo que es.

B. Entre las oraciones siguientes, diga cuáles son incorrectas. Exprese usted éstas de una manera correcta.
1. Hallé a mi hermano escribiendo una carta a su esposa.
2. Llamé al hombre estando en la puerta.
3. El viento es de un frío penetrando.
4. Descansando es bueno para la salud.
5. Ella entró llorando.
6. Voy comprendiendo el significado de este pasaje.
7. Mi padre estaba sentando en la silla.
8. Oyeron el reloj de la plaza dando las diez.
9. Recibí una carta diciendo que llegaría el lunes próximo.
10. Antes de atacando los molinos don Quijote se encomendó a su señora.

C. Traduzca.
1. By eating too much, he got sick.
2. Don Quijote spent the night thinking about Dulcinea.
3. Without knowing it, he was fighting windmills.
4. Seeing her alone I offered her help.
5. He is addicted (*adicto*) to drinking.
6. Realizing that he was afraid, I went alone.
7. We heard her playing the piano.
8. He lives in a growing city.
9. The child, growing daily, will get to be a man.
10. You may continue writing after I leave.

IV. El pronombre y la preposición (GRAM. 5.5—5.8)

Del texto: Yo voy a entrar **con ellos** (molinos) en fiera batalla.
   Don Quijote buscó la salud **dentro de sí**.

A. Substitúyanse las palabras en cursiva por el pronombre apropiado.
1. ¿Les gusta a *Juan y a María* nadar en invierno?

2. Se lo pediré a *mi madre.*
3. Tengo fe en *sus padres.*
4. Las flores son para *mí y para mi amiga.*
5. Venía hacia **usted y Roberto.**
6. Se queja de *sus desgracias.*
7. Lo hago por *ti y por tu hijo.*
8. Don Quijote se rió de *su simplicidad.*
9. Quiero ir con *Sancho.*
10. Se lo mandé a *sus parientes.*

B. Traduzca usted.
1. Come with me.
2. Do it for her.
3. Take the camera with you.
4. Give it to them, not to us.
5. He talks to (*para*) himself.
6. Does she like to walk?
7. He brought me a letter addressed (*dirigida*) to you.
8. My son, I can't leave without you.
9. My parents like to talk with each other (themselves).
10. I don't believe in it.

V. La construcción reflexiva (GRAM. 17.11)

Ciertos verbos transitivos, y algunos intransitivos, que usan el pronombre reflexivo **se**.

Observe los ejemplos de Cervantes:
1. ... un caballero español, *habiéndosele roto* la espada, desgajó de una encina un pesado ramo.
2. Puso en el ramo el hierro que quitó de la lanza que *se le había quebrado.*

A. Haga las substituciones indicadas, según el modelo.
   Se me olvidó la llave.
   (*a ellos – flores*) Se les olvidaron las flores.
   1. Se me rompió la camisa.
      (a usted – zapatos); (a nosotros – discos)
   2. Se le cayó una taza.
      (a ellas – pan); (a ti – tijeras)
   3. Se me ocurre una idea.
      (a ella – cosa); (a ustedes – tema)
   4. Se me perdió la llave.
      (a nosotros – libros); (a vosotros – gafas).

B. Traduzca, empleando la construcción reflexiva.
   1. I tore my pants (*pantalones*).

2. They tore their pants.
3. He broke his sword.
4. We broke the sword.
5. Did you break the sword?
6. I forgot to put out (*apagar*) the fire.
7. We forgot to send the letter.
8. Don't forget to buy some bread.

VI. Verbos que sufren cambio en el radical (GRAM. **23.4** [pág. 261])

A. Traduzca los verbos entre paréntesis.
1. Don Quijote siempre (*thinks*) en su Dulcinea.
2. En efecto, nunca (*he sleeps*) soñando con ella.
3. Al contrario, Sancho (*slept*) bien anoche.
4. Este coche (*costs*) demasiado.
5. Me lo (*he asked for*) ayer.
6. (*He died*) hace tres días.
7. Me alegro de que usted (*continue*-**seguir**) ganando muchos premios.
8. (*He felt*) una mano fría en la espalda.
9. Ella (*dresses*) elegantemente para una criada.
10. (Repeat) eso, por favor.

B. Traducir.
1. We begin another year.
2. It is raining today.
3. I slept six hours last night.
4. I hope that he doesn't die (*subjunctive*).
5. Don't deny it.
6. They asked me for the paper.
7. Serve yourself, my son.
8. Shall we get dressed before breakfast?
9. I lost the letter in school.
10. I doubt that we (*will*) feel better tomorrow.

VII. Composición

Hay un vocabulario de palabras claves que viene al final del pasaje.

One of the most famous adventures in the novel *Don Quijote* takes place in Chapter 8. Seeing some windmills in the countryside, Don Quijote took them for huge giants with arms more than two leagues long. Sancho kept telling him that they were nothing but windmills, and that he must be crazier than one thought. However, paying no attention to his squire and feeling himself (to be) a knight errant whose mission was to help the poor and undo the wrongs of the world, Don Quijote grasped his lance and attacked the first mill. The poor man soon found himself on the ground, having broken the lance and finding Rocinante next to him as beaten up (*molido*) as he.

In adventures like this one Don Quijote usually blames an enchanter for his defeats, but he never loses faith in himself or in others. With Sancho's help he got up on Rocinante and the two men set forth again. A large part of the novel consists of delightful conversations like the one that follows this adventure. Sancho relates everything to his own practical environment; for him eating and sleeping are more important than the dreams of his master. That is why Unamuno, a modern knight errant, criticizes Sancho's way of thinking, which puts more importance on material things than on spiritual values.

Vocabulario

attack embestir con (i)
blame echar la culpa a
criticize criticar
delightful encantador
dream sueño
environment medio
faith la fe
grasp coger
huge descomunal
league legua

mission misión
relate relacionar
set forth salir
spiritual espiritual
take place tener lugar
undo deshacer
usually soler (ue) + inf.
value el valor
way modo
wrong el mal

2

Gustavo Adolfo Bécquer
[1836-1870]

Hijo de un estimable pintor sevillano, Bécquer llegó a ser la figura más importante de la poesía post-romántica. Aunque la literatura española experimenta a mediados de siglo un cambio de rumbo hacia el realismo, la poesía de Bécquer sigue siendo romántica, pero de menos retórica y de una mayor hondura e intensidad lírica. Toda su producción poética consiste sólo en un centenar de Rimas, poemas por la mayor parte breves pero que han ejercido una gran influencia en la poesía española posterior.

De espíritu idéntico al de la poesía de Bécquer y no inferior en calidad artística es la colección de Leyendas (1871), lo más importante de su labor en prosa. En estas narraciones Bécquer gusta de llevarnos a un mundo fantástico de la Edad Media, donde impera lo sobrenatural, lo misterioso y mágico. Es un mundo poblado de fantasmas, mujeres ideales o jóvenes románticos y poéticos que están enamorados de lo imposible e irreal y que mueren o se vuelven locos en la persecución de lo inalcanzable (unattainable). Están escritas estas leyendas en un lenguaje musical, delicado, abundante en imágenes y sensaciones, escritas, en fin, en prosa poética.

La ajorca[1] de oro

ELLA era hermosa, hermosa con esa hermosura que inspira el vértigo; hermosa con esa hermosura que no se parece en nada[2] a la que soñamos en los ángeles, y que, sin embargo, es sobrenatural; hermosura diabólica, que tal vez presta el demonio a algunos seres para hacerlos sus instrumentos en la tierra.

Él la amaba: la amaba con ese amor que no conoce freno[3] ni límites; la

---

[1] **ajorca**   pulsera (*bracelet*)
[2] **en nada**   de ninguna manera
[3] **freno**   restraint, bounds

amaba con ese amor en que se busca un goce[4] y sólo se encuentran martirios,[5] amor que se asemeja a[6] la felicidad, y que, no obstante, parece infundir el cielo para la expiación de una culpa.[7]

Ella era caprichosa, caprichosa y extravagante, como todas las mujeres del mundo.

Él, supersticioso, supersticioso y valiente, como todos los hombres de su época.

Ella se llamaba María Antúnez.

Él Pedro Alfonso de Orellana.

Los dos eran toledanos,[8] y los dos vivían en la misma ciudad que los vio nacer.

La tradición que refiere[9] esta maravillosa historia, acaecida[10] hace muchos años, no dice nada más acerca de los personajes que fueron sus héroes.

Yo, en mi calidad de cronista verídico, no añadiré ni una sola palabra de mi cosecha para caracterizarlos mejor.

Él la encontró un día llorando y le preguntó:

—¿Por qué lloras?

Ella se enjugó los ojos, le miró fijamente, arrojó[11] un suspiro y volvió a llorar.

Pero entonces, acercándose a María, le tomó una mano, apoyó el codo en el pretil[12] árabe desde donde la hermosa miraba pasar la corriente del río, y tornó a decirle:

—¿Por qué lloras?

El Tajo[13] se retorcía gimiendo al pie del mirador[14] entre las rocas sobre que se asienta la ciudad imperial.[15] El sol trasponía[16] los montes vecinos, la niebla de la tarde flotaba como un velo de gasa azul, y sólo el monótono ruido del agua interrumpía el alto silencio.

María exclamó:

—No me preguntes por qué lloro, no me lo preguntes; pues ni yo sabré contestarte, ni tú comprenderme. Hay deseos que se ahogan en nuestra alma de mujer, sin que los revele más que un suspiro; ideas locas que cruzan por nuestra imaginación, sin que ose[17] formularlas el labio, fenómenos incomprensibles de nuestra naturaleza misteriosa, que el hombre no puede ni aun

---

[4] **goce** alegría, placer
[5] **martirio** tormento, pena
[6] **se asemeja a** es semejante a, parecido a
[7] **culpa** crimen, pecado
[8] **toledano** de Toledo
[9] **referir** contar, relatar
[10] **acaecer** ocurrir, suceder
[11] **arrojar** lanzar, expresar
[12] **pretil** pasamano (*balustrade, railing*)

[13] **El Tajo** el río más largo de España
[14] **mirador** *"lookout," a kind of bow in the wall surrounding some of the heights of Toledo.*
[15] **imperial** se refiere probablemente a la época del dominio romano.
[16] **trasponía** caía detrás de
[17] **osar** atreverse. El sujeto del verbo es «el labio».

concebir. Te lo ruego, no me preguntes la causa de mi dolor; si te la revelase, acaso te arrancaría una carcajada.[18]

Cuando estas palabras expiraron, ella tornó a inclinar la frente, y él a reiterar sus preguntas.

La hermosa, rompiendo al fin su obstinado silencio, dijo a su amante con voz sorda y entrecortada:[19]

—Tú lo quieres, es una locura que te hará reír; pero no importa: te lo diré, puesto que lo deseas. Ayer estuve en el templo.[20] Se celebraba la fiesta de la Virgen,[21] su imagen, colocada en el altar mayor sobre un escabel[22] de oro, resplandecía como un ascua de fuego,[23] las notas del órgano temblaban dilatándose de eco en eco por el ámbito[24] de la iglesia, y en el coro los sacerdotes entonaban el *Salve, Regina*.[25]

Yo rezaba, rezaba absorta en mis pensamientos religiosos, cuando maquinalmente levanté la cabeza y mi vista se dirigió al altar. No sé por qué mis ojos se fijaron desde luego en la imagen, digo mal, en la imagen no; se fijaron en un objeto que hasta entonces no había visto, un objeto que, sin poder explicármelo, llamaba sobre sí toda mi atención. No te rías ...: aquel objeto era la ajorca de oro que tiene la Madre de Dios en uno de los brazos en que descansa su divino Hijo ... Yo aparté la vista y torné a rezar ... ¡Imposible! Mis ojos se volvían involuntariamente al mismo punto. Las luces del altar, reflejándose en las mil facetas[26] de sus diamantes, se reproducían de una manera prodigiosa. Millones de chispas de luz rojas y azules, verdes y amarillas, volteaban[27] alrededor de las piedras como un torbellino[28] de átomos de fuego, como una vertiginosa ronda de esos espíritus de las llamas que fascinan con su brillo y su increíble inquietud ...

Salí del templo, vine a casa, pero vine con aquella idea fija en la imaginación. Me acosté para dormir; no pude ... Pasó la noche, eterna con aquel pensamiento ... Al amanecer se cerraron mis párpados, y, ¿lo creerás?, aún en el sueño veía cruzar, perderse y tornar de nuevo una mujer, una mujer morena y hermosa, que llevaba la joya de oro y de pedrería; una mujer, sí, porque ya no era la Virgen que yo adoro y ante quien me humillo; era una mujer, otra mujer como yo, que me miraba y se reía mofándose de [29] mí. «¿La ves? —parecía decirme, mostrándome la joya—. ¡Cómo brilla! Parece un círculo de estrellas arrancadas del cielo de una noche de verano. ¿La ves?, pues no es tuya, no lo será nunca, nunca ... Tendrás acaso otras mejores,

---

[18] **carcajada** risa impetuosa y ruidosa
[19] **entrecortada** *broken by sobs*
[20] **templo** la catedral
[21] **Virgen** probablemente la fiesta de la Asunción, el 15 de agosto.
[22] **escabel** estrado (*dais, pedestal*)
[23] **ascua de fuego** carbón penetrado del fuego, sin dar llama (*ember*)
[24] **el ámbito** el interior, el recinto

[25] **Salve, Regina** "*Hail, Queen (of Mercy)*" Las primeras palabras de una de las más importantes antífonas de la Iglesia latina.
[26] **faceta** cara, lado
[27] **voltear** girar, (*to turn, whirl*)
[28] **torbellino** remolino (*whirlwind*)
[29] **mofarse de** burlarse de

más ricas, si es posible; pero ésta, ésta que resplandece de un modo tan fantástico, tan fascinador..., nunca..., nunca...» Desperté; pero con la misma idea fija aquí, entonces como ahora, semejante a un clavo ardiente, diabólica, incontrastable,[30] inspirada sin duda por el mismo Satanás... ¿Y qué?... Callas, callas y doblas la frente... ¿No te hace reír mi locura?

Pedro, con un movimiento convulsivo, oprimió[31] el puño de su espada, levantó la cabeza, que en efecto había inclinado, y dijo con voz sorda:

—¿Qué Virgen tiene esa presea?[32]

—La del Sagrario[33]— murmuró María.

—¡La del Sagrario! —repitió el joven con acento de terror—; ¡la del Sagrario de la catedral!...

Y en sus facciones[34] se retrató un instante el estado de su alma, espantada de una idea.

—¡Ah! ¿Por qué no la posee otra Virgen?[35] —prosiguió con acento enérgico y apasionado—; ¿por qué no la tiene el arzobispo en su mitra, el rey en su corona, o el diablo entre sus garras?[36] Yo se la arrancaría para ti, aunque me costase la vida o la condenación. Pero a[37] la Virgen del Sagrario, a nuestra Santa Paloma, yo..., yo que he nacido en Toledo, ¡imposible, imposible!

—¡Nunca!—murmuró María con voz casi imperceptible—, ¡nunca!

Y siguió llorando.

Pedro fijó una mirada estúpida en la corriente del río. En la corriente, que pasaba y pasaba sin cesar ante sus extraviados[38] ojos, quebrándose al pie del mirador entre las rocas sobre que se asienta la ciudad imperial.

¡La catedral de Toledo![39] Figuraos un bosque de gigantes palmeras de granito que al entrelazar[40] sus ramas forman una bóveda[41] colosal y magnífica, bajo la que se guarece[42] y vive, con la vida que le ha prestado el genio, toda una creación de seres imaginarios y reales.

Figuraos un caos incomprensible de sombra y luz, en donde se mezclan y confunden con las tinieblas[43] de las naves los rayos de colores de las ojivas[44];

[30] **incontrastable** irresistible, invencible
[31] **oprimir** asir, apretar
[32] **presea** joya
[33] **La del Sagrario** una de las imágenes más venerables de la Virgen, hecha de madera y revestida de valiosas alhajas y joyas. Sagrario es el recinto (lugar) más santo del templo.
[34] **facciones** las partes de la cara (*features*)
[35] **otra Virgen** Hay otras imágenes de la Virgen menos venerables en la catedral.
[36] **garras** *claws*

[37] **a** *from* («la arrancaría a la Virgen»)
[38] **extraviado** vago; vacío
[39] **La catedral de Toledo** La construcción de esta bella y magnífica catedral gótica es esencialmente del siglo XIII, aunque no fue acabada hasta 1493.
[40] **entrelazar** entretejer una cosa con otra (*intertwine*)
[41] **bóveda** arco
[42] **guarecerse** refugiarse
[43] **tinieblas** obscuridad
[44] **ojivas** las ventanas góticas de la catedral

donde lucha y se pierde con la oscuridad del santuario el fulgor de las lámparas.

Figuraos un mundo de piedra, inmenso como el espíritu de nuestra religión, sombrío como sus tradiciones, enigmático como sus parábolas, y todavía no tendréis una idea remota de ese eterno monumento del entusiasmo y la fe de nuestros mayores, sobre el que los siglos han derramado a porfía[45] el tesoro de sus creencias, de su inspiración y de sus artes.

En su seno viven el silencio, la majestad, la poesía del misticismo, y un santo horror que defiende sus umbrales[46] contra los pensamientos mundanos y las mezquinas[47] pasiones de la tierra.

La consunción material se alivia respirando el aire puro de las montañas; el ateísmo debe curarse respirando su atmósfera de fe...

El mismo día en que tuvo lugar la escena que acabamos de referir, se celebraba en la catedral de Toledo el último de la magnífica octava de la Virgen.[48]

La fiesta religiosa había traído a ella una multitud inmensa de fieles; pero ya ésta se había dispersado en todas direcciones; ya se habían apagado las luces de las capillas y del altar mayor, y las colosales puertas del templo habían rechinado[49] sobre sus goznes[50] para cerrarse detrás del último toledano, cuando de entre las sombras, y pálido, tan pálido como la estatua de la tumba en que se apoyó un instante mientras dominaba su emoción, se adelantó[51] un hombre que vino deslizándose[52] con el mayor sigilo hasta la verja del crucero.[53] Allí la claridad de una lámpara permitía distinguir sus facciones.

Era Pedro.

¿Qué había pasado entre los dos amantes para que se arrastrara al fin a poner por obra[54] una idea que sólo el concebirla había erizado[55] sus cabellos de horror? Nunca pudo saberse.

Pero él estaba allí, y estaba para llevar a cabo su criminal propósito. En su mirada inquieta, en el temblor de sus rodillas, en el sudor que corría en anchas gotas[56] por su frente, llevaba escrito su pensamiento.

La catedral estaba sola, completamente sola, y sumergida en un silencio profundo.

---

[45] **a porfía** *in competition, in emulation*
[46] **umbral** *threshold*
[47] **mezquinas** miserables, sórdidas
[48] **octava de la Virgen** los ocho días durante los cuales se solemniza la fiesta principal de la Virgen, 15-22 de agosto.
[49] **rechinar** crujir (*to creak*)
[50] **gozne** charnela (*hinge*)
[51] **se adelantó** avanzó; salió
[52] **vino deslizándose** se escurrió; se acercó furtivamente
[53] **la verja del crucero** *the grating (railing) of the crossing* (*where the transept crosses the nave*).
[54] **poner por obra** realizar; llevar a cabo
[55] **había erizado sus cabellos** se le había levantado el pelo
[56] **anchas gotas** *big drops*

No obstante, de cuando en cuando se percibía como unos rumores confusos: chasquidos[57] de madera tal vez, o murmullos del viento, o ¿quién sabe? Acaso ilusión de la fantasía, que oye y ve y palpa en su exaltación lo que no existe, pero la verdad era que ya cerca, ya lejos, ora a sus espaldas, ora a su lado mismo, sonaban como sollozos[58] que se comprimen, como roce de telas[59] que se arrastran, como rumor de pasos que van y vienen sin cesar.

Pedro hizo un esfuerzo para seguir en su camino, llegó a la verja, y subió la primera grada de la capilla mayor. Alrededor de esta capilla están las tumbas de los reyes,[60] cuyas imágenes de piedra, con la mano en la empuñadura de la espada, parecen velar[61] noche y día por el santuario a cuya sombra descansan todos por una eternidad.

—¡Adelante! —murmuró en voz baja, y quiso andar y no pudo. Parecía que sus pies se habían clavado en el pavimento. Bajó los ojos, y sus cabellos se erizaron de horror: el suelo de la capilla lo formaban anchas y oscuras losas sepulcrales.

Por un momento creyó que una mano fría y descarnada[62] le sujetaba en aquel punto con una fuerza invencible. Las moribundas lámparas, que brillaban en el fondo de las naves como estrellas perdidas entre las sombras, oscilaron a su vista, y oscilaron las estatuas de los sepulcros y las imágenes del altar, y osciló el templo todo con sus arcadas de granito y sus machones de sillería.[63]

—¡Adelante! —volvió a exclamar Pedro como fuera de sí, y se acercó al ara,[64] y trepando[65] por ella subió hasta el escabel de la imagen. Todo alrededor suyo se revestía de formas quiméricas[66] y horribles; todo era tinieblas y luz dudosa, más imponentes aún que la oscuridad. Sólo la Reina de los cielos, suavemente iluminada por una lámpara de oro, parecía sonreír tranquila, bondadosa y serena en medio de tanto horror.

Sin embargo, aquella sonrisa muda e inmóvil que le tranquilizara[67] un instante, concluyó por infundirle temor; un temor más extraño, más profundo que el que hasta entonces había sentido.

Tornó, empero,[68] a dominarse, cerró los ojos para no verla, extendió la mano con un movimiento convulsivo y le arrancó la ajorca de oro, piadosa ofrenda de un santo arzobispo; la ajorca de oro cuyo valor equivalía a una fortuna.

[57] **chasquido** crujido
[58] **sollozos** sobs
[59] **roce de telas** rustle of garments
[60] **reyes** están enterrados aquí Alfonso VII, el Infante don Pedro de Aguilar (hijo de Alfonso XI), Sancho III y Sancho IV.
[61] **velar** vigilar; estar sin dormir para cuidar de una cosa.
[62] **descarnada** sin carne (emaciated)
[63] **machones de sillería** buttresses of hewn stone
[64] **ara** altar
[65] **trepar** gatear (subir como los gatos)
[66] **quiméricas** fantásticas
[67] **tranquilizara** había tranquilizado. Es una forma arcaica (archaic) del pluscuamperfecto. No debe confundirse con el imperfecto de subjuntivo en -ra
[68] **empero** sin embargo

Ya la presea estaba en su poder: sus dedos crispados la oprimían con una fuerza sobrenatural; sólo restaba huir, huir con ella; pero para esto era preciso abrir los ojos, y Pedro tenía miedo de ver, de ver la imagen, de ver los reyes de las sepulturas, los demonios de las cornisas, los endriagos de los capiteles,[69] las fajas[70] de sombras y los rayos de luz que semejantes a blancos y gigantescos fantasmas, se movían lentamente en el fondo de las naves, pobladas de rumores temerosos y extraños.

Al fin abrió los ojos, tendió una mirada, y un grito agudo se escapó de sus labios.

La catedral estaba llena de estatuas, estatuas que, vestidas con luengos y no vistos ropajes,[71] habían descendido de sus huecos,[72] y ocupaban todo el ámbito de la iglesia, y le miraban con sus ojos sin pupila.

Santos, monjas, ángeles, demonios, guerreros, damas, pajes, cenobitas[73] y villanos, se rodeaban y confundían en las naves y en el altar. A sus pies oficiaban, en presencia de los reyes, de hinojos[74] sobre sus tumbas, los arzobispos de mármol que él había visto otras veces, inmóviles sobre sus lechos[75] mortuorios, mientras que arrastrándose por las losas, trepando por los machones, acurrucados en los doseles,[76] suspendidos de las bóvedas, pululaban[77] como los gusanos de un inmenso cadáver, todo un mundo de reptiles y alimañas[78] de granito, quiméricos, deformes, horrorosos.

Ya no pudo resistir más. Las sienes le latieron[79] con una violencia espantosa; una nube de sangre oscureció sus pupilas, arrojó un segundo grito, un grito desgarrador[80] y sobrehumano, y cayó desvanecido sobre el ara.

Cuando al otro día los dependientes de la iglesia le encontraron al pie del altar, tenía aún la ajorca de oro entre sus manos, y al verlos aproximarse, exclamó con una estridente carcajada:

—¡Suya, suya!

El infeliz estaba loco.

---

[69] **los endriagos de los capiteles** *the fabulous monsters of the capitals (heads of columns)*
[70] **faja** cinto, cinturón (*band, belt*)
[71] **luengos y no vistos ropajes** largos y extraños vestidos
[72] **hueco** *niche*
[73] **cenobita** *cenobite*; persona que profesa la vida monástica y que al contrario del eremita, no vive retirada del mundo.
[74] **de hinojos** arrodillados, de rodillas
[75] **lechos** camas
[76] **acurrucados en los doseles** *crouching on the canopies*
[77] **pulular** *to swarm*. El sujeto del verbo viene más adelante: «todo un mundo de»...
[78] **alimañas** animales
[79] **Las sienes le latieron** *His temples throbbed*
[80] **desgarrador** *piercing, heartrending*

El Greco. **Vista de Toledo.** (The Metropolitan Museum of Art)

Vista fotográfica de Toledo, España. (Foto: *Carl Frank*)

La catedral de Toledo, España. (*Oficina Nacional Española de Turismo, New York*)

Cuestionario

1. ¿Qué atrae la atención respecto al estilo de los primeros párrafos?
2. ¿Qué elemento importante del cuento se establece en el primer párrafo?
3. ¿Cómo amaba Pedro a María?
4. ¿Cómo caracteriza el autor a los dos personajes? ¿Se conduce cada uno según esta caracterización?
5. ¿Qué alternación rítmica ve usted en la primera página?
6. ¿En qué sentido es Bécquer el autor de esta narración, según lo que nos dice?
7. Describa las acciones de María cuando Pedro le pregunta por qué está llorando. ¿Cree Vd. que sean deliberadas?
8. Comente el efecto del breve párrafo que precede a la respuesta de María.
9. ¿Por qué no quiere revelar María la causa de su dolor?
10. ¿En qué objeto se fijaron los ojos de María en la catedral?
11. ¿Por qué no pudo ella volver a rezar?
12. Escoja usted todas las palabras de la frase (pág. 16, línea 22) que sugieren la luz.
13. ¿Con qué idea fija salió María del templo? ¿Cómo capta estilísticamente el autor el trastorno de María?
14. ¿Cómo es la Virgen en el sueño de María?
15. ¿Con qué imagen se describe la joya de la Virgen?
16. ¿Cuál es el símil que describe la idea fija de María (pág. 17, línea 3)? ¿Es eficaz?
17. ¿Cuáles son las emociones de Pedro cuando se entera del nombre de la Virgen?
18. ¿Qué efecto tiene el final de la Parte II (pág. 17, línea 22)?
19. ¿En qué consiste la digresión del principio de la parte III (pág. 17, línea 25)?
20. ¿Encuentra usted impresionante y pintoresca la imagen de la catedral en la pág. 17, línea 25?
21. ¿Cuántas veces se repite el verbo «Figuraos»? ¿Con qué motivo?
22. ¿A quién se refiere el pronombre «os» de «Figuraos»?
23. ¿Qué uso hace Bécquer de la antítesis en la pág. 17, l. 29?
24. ¿Significa la catedral más que «un mundo de piedra» para el autor?
25. ¿Qué poder curativo posee la catedral?
26. ¿Cuál debe de ser el propósito de esta digresión?
27. Describa la catedral al terminarse la fiesta religiosa.
28. ¿Dónde y cuándo volvemos a ver a Pedro? ¿De qué modo impresionante logramos ver su rostro?
29. ¿Le parece espectral esta escena?
30. ¿Cuáles son las manifestaciones físicas de la inquietud de Pedro?
31. ¿Qué rumores rompen el silencio profundo de la catedral? ¿Son reales?
32. ¿Quiénes son como los centinelas de la capilla mayor?

33. ¿Qué hizo erizarse de nuevo los cabellos de Pedro?
34. ¿Qué sugiere la frase «moribundas lámparas» en la pág. 19, línea 17? ¿A qué se comparan?
35. En esta misma oración, ¿qué efecto tiene la repetición del verbo «oscilar»? ¿Sirve este verbo también para describir el estado mental de Pedro?
36. ¿Se caracteriza esta oración por un movimiento rápido, o por una falta de movimiento?
37. ¿Qué es lo que más le infunde temor a Pedro? ¿Cómo puede ser esto?
38. Aunque la ajorca ya está en su poder, ¿por qué no abre Pedro los ojos?
39. ¿Qué escena asombrosa ve Pedro al abrir los ojos?
40. Señale Vd. cómo anda creciendo lo grotesco y lo horroroso del párrafo (pág. 20, l. 13).
41. ¿Qué cualidad poética tiene el verbo «pulular» en la pág. 20, línea 19?
42. ¿Ha logrado el autor crear una atmósfera de suspense?

Ejercicios

I. Sinónimos

A. Busque usted el equivalente de las palabras en cursiva en la columna de la derecha.

1. Pedro se volvió loco por haber robado la *ajorca* de oro a la *imagen* de la Virgen.
2. Los arzobispos de mármol están *de hinojos* sobre sus tumbas.
3. Las *mezquinas* pasiones de la tierra no caben en el templo.
4. Pedro no encontró el *goce* que buscaba en el amor, sino *martirios*.
5. María le *rogó* a Pedro que no soltase una *carcajada*.
6. Los rayos de colores se confunden con las *tinieblas* de las naves.
7. En mi sueño la mujer me miraba y *se mofaba* de mí.
8. Cuando dejó de hablar, María *tornó a* inclinar la frente.
9. Es la tradición que *refiere* esta maravillosa historia.
10. Ella se enjugó los ojos y *arrojó* un suspiro.

tormento
de rodillas
pulsera
alegría
estatua
contar
lanzar
risotada
ojeada
volver a
obscuridad
pedir
burlarse
miserable
cargador

B. Diga usted cuál de las palabras que se dan entre paréntesis es la que pide el sentido, según el cuento. Lea en alta voz.

1. El carácter (*bondadoso, caprichoso, ingenuo*) de María explica en parte su idea loca.

2. Los dos vivían en la misma ciudad (*Madrid, Sevilla, Toledo*) que los vio nacer.
3. No sé por qué mis ojos (*se levantaron, se fijaron, se bajaron*) en la imagen.
4. Me acosté para dormir; no (*me gustaba, pude, quería*).
5. La joya parece un círculo de (*estrellas, niñas, monedas*) arrancadas del cielo.
6. Desperté con la misma idea fija, diabólica, inspirada sin duda por el mismo (*sueño, Satanás, dolor*).
7. La catedral de Toledo es el eterno monumento de (*la fe, el ateísmo, los pensamientos mundanos*) de los mayores.
8. De entre la sombras se adelantó (*una estatua, un reptil, Pedro*) que vino deslizándose hasta el altar.
9. Pedro bajó los ojos, y sus cabellos (*se cayeron, se erizaron, se tiñeron*) de horror.
10. Sólo la Reina de los cielos parecía sonreír (*serena, enojada, maliciosa*) en medio de tanto horror.
11. Al fin Pedro abrió los ojos; la catedral estaba llena de (*gente, demonios, estatuas*) que le miraban con sus ojos sin pupila.
12. Arrojó un segundo grito y cayó (*muerto, desvanecido, llorando*) sobre el ara.

II. El imperfecto y el pretérito de los verbos PODER, SABER, CONOCER, QUERER (GRAM. 14.14)

A. Traduzca las frases siguientes:
1. Me acostaba temprano y podía dormir bien.
2. Me acosté para dormir; no pude . . .
3. Pedro pudo entrar solo en la catedral.
4. Sabíamos que él no conseguiría la ajorca de oro.
5. Supimos que Pedro fue castigado por la Providencia.
6. ¿Conocía usted a la familia de Pedro?
7. La conocí hace años.
8. Pedro quería hacer todo por María.
9. —¡Adelante! —murmuró en voz baja, y quiso andar y no pudo.
10. No quiso soltar la hermosa joya.

B. Traduzca las palabras entre paréntesis, distinguiendo entre el imperfecto y el pretérito.
1. Le pedí que me acompañase, pero (*he refused*).
2. ¿Cuándo (*did you learn*) que el presidente fue asesinado?
3. El joven (*tried*) besarla, pero (*he didn't succeed*).
4. (*We wanted*) asistir al baile.
5. Pensaba llamarlo por teléfono, pero (*I didn't know*) su número.

26 Capítulo 2

6. Cuando vivía en Madrid, (*I knew*) muy bien todos los barrios.
7. Sí, (*we met*) hace muchos años.

III. La voz pasiva (GRAM. 18.1—18.10)

A. La construcción reflexiva (con **se**) para reemplazar la voz pasiva construida con **ser**.

Obsérvense las citas siguientes del cuento:
1. **se busca un goce y sólo se encuentran matirios.**
2. **Al amanecer se cerraron mis párpados.**

Emplee la forma apropiada del verbo que se da entre paréntesis según el contexto. (A veces hay dos soluciones.)
1. (*vender*) Aquí _____ autos de segunda mano.
2. (*abrir*) _____ las tiendas a las nueve.
3. (*usar*) Este estilo _____ mucho ahora.
4. (*escribir*) *Don Quijote* _____ por Cervantes.
5. (*hacer*) _____ veinte vestidos ayer.
6. (*hablar*) Aquí _____ español.
7. (*decir*) _____ que su abuelo es muy pobre.
8. (*ver*) _____ a muchos niños en el parque.
9. (*descubrir*) Se cree que este país _____ por Cristóbal Colón.
10. (*apagar*) Cuando sonó el trueno, _____ las luces.

B. Exprese usted las ideas de las siguientes oraciones empleando **a.**) la voz pasiva con **ser**, o **b.**) la pasiva con **se**. En algunos casos las dos formas pueden emplearse.

Ejemplo: **Vendieron el coche por mil dólares.**
  Se vendió el coche por mil dólares.

1. Han construido una casa nueva en esta calle.
2. Mataron a mil soldados.
3. ¿Es posible comprar oro en esta ciudad?
4. El presidente mismo recibirá al astronauta.
5. Publicaron este artículo en todos los periódicos.
6. Este cuadro es de Velázquez; lo pintó en 1640.
7. ¿Cómo es posible decir esto en español?

C. Combine el participio del verbo que se da entre paréntesis con la forma más adecuada de **ser** o **estar**.
1. ¿Sabes que esta gran novela _____ (*escribir*) en español?
2. Hacía mucho calor en la casa porque las ventanas _____ (*cerrar*).

3. El coche _____ (*conducir*) con habilidad por las calles resbaladizas (*slippery*).
4. Pedro _____ (*castigar*) por su sacrilegio.
5. Cuando Juan vino a verme, yo todavía _____ (*acostar*).
6. Los árboles _____ (*destruir*) por el relámpago.
7. La casa _____ (*rodear*) de un hermoso jardín.
8. Tengo un retrato de Cervantes que _____ (*pintar*) por Salvador Dalí.
9. La comida ya _____ (*servir*) cuando llegamos.
10. Ya no vivimos en esa calle porque nuestra casa _____ (*vender*) hace quince días.

D. Diga en español, empleando tres formas del verbo:
1. The child was found in the park.
2. She will be sent the jewel.
3. They were not given the car.
4. The books have been published.
5. The tree had been planted.

E. Traduzca usted.
1. Our school was built in 1890.
2. It is very well built.
3. Do you think that he will be elected (*elegir*)?
4. Yes, because he is admired by everybody.
5. Many statues are found in Spanish cathedrals.
6. The fiesta of the Virgen is celebrated on August 15.
7. The boy was attacked by the dog.
8. However, he wasn't hurt (*herir*).
9. Was your father killed in the war?
10. It has been said that there is pain (*dolor*) in love.

IV. **El pronombre LO con ciertos verbos cuando faltan los complementos (objetos) directos.** (GRAM. 5.14)

Ejemplos del cuento:

—**No me preguntes por qué lloro, no me *lo* preguntes.**
—**Te *lo* ruego.**

Traduzca usted:
1. O.K., I'll tell you.
2. She is very pretty. Yes, I know.
3. Ask me.
4. Do you want the car? Ask my father.
5. Don't tell me!
6. It is not mine! It will never be.

V. El subjuntivo en cláusulas adverbiales introducidas por AUNQUE, SIN QUE, PARA QUE, etc. (GRAM. 13.20—13.21)

Obsérvense las citas siguientes:
1. Hay deseos que se ahogan... sin que los *revele* más que un suspiro.
2. Yo se la arrancaría para ti aunque me *costase* la vida.

Traduzca las oraciones siguientes, empleando el subjuntivo donde lo exige el contexto.
1. Pedro steals the bracelet so that María may be happy.
2. He does it without anyone's seeing him.
3. Even though it be worth a fortune, I want that bracelet.
4. I will tell you provided you do not laugh.
5. Although the cathedral is empty, many noises can be heard.
6. María conceives her mad idea without thinking of the consequences.
7. Leave your book on the table before you go.
8. Even though the statue moved, Pedro was not afraid.

VI. Composición

Hay un vocabulario de palabras claves que siguen el pasaje. Consulte también el cuento cuando sea necesario.

1. Bécquer's love for the supernatural can be seen in this story. 2. Even the diabolical beauty of María seems unreal. 3. One day Pedro asked her why she was crying, but she refused to tell him. 4. She was praying in the cathedral when her eyes noticed an object that attracted her attention. 5. It was the gold bracelet on one of the arms of the Virgen of the Sagrario. 6. Pedro is terrified, but he decides to steal the jewel even though it may cost him his life. 7. It was late; the lights of the chapels and those of the altar had been extinguished, when from among the shadows a man came out, as pale as the stone statues. 8. He was perspiring, his knees were trembling; he tried to walk and could not. He was beside himself. 9. Closing his eyes he snatched the bracelet, but when he opened them again, a sharp cry escaped from his lips. All the statues were surrounding him. 10. On the next day he was found at the foot of the altar, with the jewel still in (*entre*) his hands; the poor man had gone mad.

Vocabulario

attract attention llamar la atención

beside himself fuera de sí
chapel capilla

cry grito
extinguish apagar
notice fijarse en
perspire sudar
pray rezar
sharp agudo

snatch arrancar
supernatural sobrenatural
surround rodear
terrified aterrorizado
tremble temblar

3

Gustavo Adolfo Bécquer

En sus Rimas, *Gustavo Adolfo Bécquer nos ofrece la poesía más humana, más desnuda del romanticismo español. Estos poemas líricos tratan una larga sucesión de temas, entre los cuales destacan el amor no correspondido, la desilusión, la melancolía, y el dolor resignado—todos temas románticos. Pero hay un elemento nuevo: la poesía de Bécquer se nos muestra constantemente identificada con lo vago, con el sueño. Es la suya una poesía, dice Azorín, «frágil, alada y fugitiva.» Bécquer cree que la poesía, como el amor, trasciende* (permeates) *a todo, y que el poeta no hace más que sugerírselo al lector. La exquisita sensibilidad del poeta no se expresa en palabras concretas y precisas, sino en formas indirectas, imprecisas, que dan una impresión de encanto brumoso* (misty). *Según Dámaso Alonso, Bécquer es el «creador de uno de los mundos poéticos más simples, más hondos, más etéreos, más irreales y extraordinarios de los que la humanidad ha producido.»*

Rimas

I

¿Qué es poesía?, dices mientras clavas[1]
en mi pupila[2] tu pupila azul;
¿Qué es poesía? ¿Y tú me lo preguntas?
Poesía... eres tú.

---

[1] **clavar**   fijar, poner (cf. **clavo**   *nail*)   [2] **pupila**   ojo

II

Por una mirada, un mundo:
por una sonrisa, un cielo:
por un beso... yo no sé
qué te diera por un beso.

III

Cendal³ flotante de leve bruma,
rizada cinta⁴ de blanca espuma,⁵
rumor sonoro
de arpa de oro,
beso del aura,⁶ onda de luz,
eso eres tú.

Tú, sombra aérea que, cuantas veces
voy a tocarte, te desvaneces⁷
Como la llama,⁸ como el sonido,
como la niebla, como el gemido⁹
del lago azul.

En mar sin playas¹⁰ onda sonante,
en el vacío cometa errante,
largo lamento
del ronco¹¹ viento,
ansia¹² perpetua de algo mejor,
eso soy yo.

¡Yo, que a tus ojos en mi agonía
los ojos vuelvo de noche y día;
yo, que incansable¹³ corro y demente¹⁴
tras¹⁵ una sombra, tras la hija ardiente
de una visión!

---

³ **cendal** tela de seda o lino muy delgada y transparente (*crepe, gauze*)
⁴ **rizada cinta** (*curled ribbon*)
⁵ **espuma** *foam, froth*
⁶ **aura** viento suave y apacible
⁷ **desvanecerse** evaporarse, desaparecer
⁸ **llama** flama (de fuego)
⁹ **gemido** queja, suspiro
¹⁰ **playa** ribera del mar; **sin playas** *boundless*
¹¹ **ronco** bronco (*hoarse*)
¹² **ansia** anhelo (*longing*)
¹³ **incansable** infatigable, incesante
¹⁴ **demente** loco
¹⁵ **correr... tras** *to pursue, chase*

IV

Volverán las oscuras golondrinas[16]
en tu balcón sus nidos a colgar,[17]
y otra vez con el ala a sus cristales
jugando llamarán.

Pero aquellas que el vuelo refrenaban[18]
tu hermosura y mi dicha a contemplar,
aquellas que aprendieron nuestros nombres...
¡ésas... no volverán!

Volverán las tupidas madreselvas[19]
de tu jardín las tapias[20] a escalar,
y otra vez a la tarde aún más hermosas
sus flores se abrirán.

Pero aquellas cuajadas de rocío[21]
cuyas gotas mirábamos temblar
y caer como lágrimas del día...
¡ésas... no volverán!

Volverán del amor en tus oídos
las palabras ardientes a sonar,[22]
tu corazón de su profundo sueño
tal vez despertará.

Pero mudo[23] y absorto y de rodillas
como se adora a Dios ante su altar,
como yo te he querido... desengáñate,[24]
nadie así te amará.

V

No digáis que agotado[25] su tesoro,
de asuntos falta,[26] enmudeció la lira.[27]
Podrá no haber poetas, pero siempre
habrá poesía.[28]

---

[16] **golondrina** *swallow*
[17] **colgar** léase «volverán... a colgar sus nidos en tu balcón»
[18] **refrenar** contener, reprimir (*to check*)
[19] **tupidas madreselvas** *thick honeysuckle*
[20] **tapia** pared, muro
[21] **cuajadas de rocío** *dripping with dew*
[22] **sonar** léase, «las palabras ardientes del amor volverán a sonar...»
[23] **mudo** silencioso
[24] **desengañar** conocer el engaño o el error (*not to be deceived*)
[25] **agotar** consumir, gastar (*exhaust*)
[26] **falta (de)** *lacking*
[27] **enmudeció la lira** quedó muda la poesía
[28] **poesía** Bécquer cree que la poesía existe en todas partes, aun cuando no haya poetas para cogerla y transmitirla a las gentes menos sensibles. Sigue el poeta diciéndonos dónde reside la poesía.

Mientras las ondas de la luz al beso[29]
palpiten encendidas;
mientras el sol las desgarradas[30] nubes
de fuego y oro vista;[31]
mientras el aire en su regazo lleve
perfumes y armonías;
mientras haya en el mundo primavera,
¡habrá poesía!

Mientras la ciencia a descubrir no alcance
las fuentes de la vida,
y en el mar o en el cielo haya un abismo
que el cálculo resista;
mientras la Humanidad, siempre avanzando,
no sepa a dó[32] camina;
mientras haya un misterio para el hombre,
¡habrá poesía!

Mientras sintamos que se alegra el alma
sin que los labios rían;
mientras se llore sin que el llanto acuda[33]
a nublar la pupila;[34]
mientras el corazón y la cabeza
batallando prosigan;
mientras haya esperanzas y recuerdos,
¡habrá poesía!

Mientras haya unos ojos que reflejen
los ojos que los miran;
mientras responda el labio suspirando
al labio que suspira;
mientras sentirse puedan en un beso
dos almas confundidas;[35]
mientras exista una mujer hermosa,
¡habrá poesía!

Cuestionario

I

1. ¿Ha escrito el poeta este poema sólo para darnos una definición?
2. ¿Quién está hablando? ¿A quién?

[29] **la luz al beso** léase: al beso de la luz
[30] **desgarradas** *torn, ripped*
[31] **vista** el subjuntivo de **vestir**
[32] **dó** dónde
[33] **acudir** venir
[34] **nublar la pupila** obscurecer o enturbiar la vista
[35] **confundidas** mezcladas; fundidas

3. ¿Le parece eficaz el uso del verbo «clavar»?
4. ¿Tienen en general las españolas los ojos azules? ¿Cuál será el motivo del poeta para utilizar este color?
5. ¿Con qué tono pronunciaría usted la pregunta del verso 3?
6. ¿En qué sentido es la mujer «poesía»?
7. ¿Qué vocal predomina en el poema? ¿Es suave o duro este sonido?
8. ¿Dónde cae el último acento del poema? ¿Qué efecto tiene esto?

II

1. ¿Es fácil o difícil la sintaxis del poema?
2. ¿Es el tono más popular y familiar que el del primer poema?
3. ¿Se advierte un sentimiento afirmativo o negativo?
4. ¿Qué palabras predominan en el poema? ¿Le parece a usted desagradable la reiteración? ¿Qué efecto tiene?

III

1. ¿Qué impresión general de la amada sacamos de las dos primeras estrofas?
2. ¿Por medio de qué símiles y metáforas consigue el poeta esa impresión?
3. ¿Qué vocales predominan en la primera estrofa?
4. ¿Cómo evoca el poeta la incorporeidad de la amada?
5. ¿Cómo es el poeta en el tiempo y el espacio?
6. ¿Qué busca el poeta? ¿Lo hallará o lo conseguirá?
7. ¿Qué sugiere el vocablo «agonía» en el verso 18?
8. ¿Cuál parece ser el destino del poeta?
9. ¿Qué cambio de tono advierte usted en este poema?
10. ¿Son las estrofas de igual metro y rima? ¿Cuáles se corresponden?
11. ¿Se puede dividir el poema en dos partes? ¿Dónde?
12. ¿Qué título daría usted a las dos primeras estrofas, y a las dos últimas?
13. ¿Se vale mucho el poeta de figuras de retórica (*figures of speech*)? Note Vd. las imágenes que expresan la evanescente presencia de la amada.

IV

1. ¿Para qué ha escrito el poeta su poema —divertirse, vengarse, quejarse, o qué?
2. ¿Cuál es el tema del poema?
3. Para desarrollar su tema, el poeta se vale de una alternación rítmica (compárense las primeras palabras de cada estrofa). ¿Qué estrofas deben agruparse? ¿Qué más tienen en común los dos grupos de estrofas?
4. ¿Qué clase de palabras dominan: nombres, verbos, adjetivos...? ¿Qué tiempo verbal predomina?

5. ¿Por qué volverán algunas golondrinas, y no otras? ¿En qué sentido son «oscuras» (l.1)?
6. ¿Qué otras cosas fueron testigos del amor de los amantes?
7. ¿Volverá a ser amada la mujer del poema?
8. ¿A qué compara el poeta su amor?
9. ¿Cómo se engaña la amada, según el poeta?
10. ¿Se utiliza mucho el lenguaje figurado? ¿Por qué le parecen al poeta las gotas de rocío «lágrimas del día» (l.15)?
11. ¿Le parece a usted que el ritmo insistente acentúa la noción de fatalidad y de desolación?
12. En cuanto al ritmo, ¿qué tienen en común los versos finales de cada estrofa?

V

1. ¿Cuál es el tema de esta rima?
2. ¿Cuál es el valor de la repetición del verso final de cada estrofa?
3. Note que la estrofa primera es la única que no acaba con una exclamación. ¿Habrá una razón poética que explique esta distinción?
4. ¿Qué otra repetición insistente ocurre en el poema?
5. ¿Cuál es la forma de todos los verbos en las cláusulas subordinadas? ¿Qué impresión o atmósfera es acentuada por esta regularidad?
6. ¿Cuál es el primer lugar donde se encuentra la poesía, según Bécquer?
7. Señale usted todas las metáforas de la segunda estrofa que se refieren a la naturaleza.
8. ¿Qué tiene que ver la ciencia con la poesía (tercera estrofa)?
9. Otro lugar en que reside la poesía es en las emociones. ¿Cuáles?
10. ¿Puede decirse que la poesía es el amor?

Ejercicios

I. Sinónimos y Antónimos

A. Sinónimos.
   Lea las frases siguientes, sustituyendo las palabras en cursiva por la palabra apropiada en la columna de la derecha.

   1. Ella *clavó* sus ojos en los míos.   pena
   2. Se verá a lo lejos un cendal flotante de leve   muro
      bruma.   suspiro
   3. Tú eres el *rumor sonoro* de arpa de oro.   fijar
   4. Te vi desvanecer como el *gemido* del lago azul.   venerar
   5. Yo vivo en *ansia* perpetua de algo mejor.   niebla
   6. En mi *agonía* vuelvo los ojos a tus ojos.   silencioso

7. Corro *incansable* tras una sombra.   resonante
8. Las aves contemplan mi *dicha*.   sonido
9. Las flores escalan las *tapias* de tu jardín.   deseo
10. *Mudo* y de rodillas yo te amo como se *adora* a Dios.   infatigable
    felicidad

B. Antónimos.
   1. De ordinario una palabra y su antónimo no tienen la misma raíz.

   Ejemplos: verdadero *falso*
                       por *contra*

   Dé el antónimo de las palabras siguientes. Consulte un diccionario cuando sea necesario.

   claro   delante
   bueno   morir
   negro   despacio
   gordo   acostarse
   llegar   siempre
   perder   poco

   2. A veces se obtiene el antónimo de una palabra añadiendo un prefijo. Por ejemplo, el prefijo **in-** (**im-**, **i-**, **ir-**):

español	*inglés*	*el antónimo*
digno	worthy	**indigno**
posible	possible	**imposible**
lógico	logical	**ilógico**

   Dé la traducción inglesa y el antónimo de las palabras siguientes. Sírvase de un diccionario cuando sea necesario.

   completo   religioso   falibilidad
   legible   lícito   regular
   competente   resolución   discreto
   legítimo   creíble   respetuoso
   capacidad   mortal   personal

   3. En otros casos se obtiene el antónimo añadiendo el prefijo **des-**. Dé la traducción inglesa y el antónimo de las palabras siguientes:

   acuerdo   contento   honra
   aparecer   dicha   orden
   colgar   encanto   unir
   conocido   esperar   ventaja

4. El antónimo se forma también utilizando el adverbio **poco**: común *poco común*

   Dé el antónimo de los adjetivos siguientes:

atractivo	romántico
amable	elocuente
ordinario	astuto
musical	sensible

5. Sustitúyase la palabra en cursiva por su antónimo en las oraciones siguientes:
   a. María es una mujer *contenta*.
   b. No me gusta hablar *despacio*.
   c. La bebida era muy *dulce*.
   d. Su última carta era *ilegible*.
   e. Se casó con un hombre *gordo*.
   f. Vi una película muy *moral*.
   g. No le gusta *acostarse temprano*.
   h. Eso puede ser una gran *ventaja*.
   i. Oí ayer una conferencia *elocuente*.
   j. Me contó algo bastante *increíble*.
   k. Pedí consejo a un hombre *religioso*.
   l. Es un hombre que *siempre* habla.
   m. La aldea era *accesible*.
   n. *Perdí* el libro en la escuela.
   o. Me habló de su *dicha*.

II. Los interrogativos ¿QUÉ? y ¿CUÁL? (GRAM. 4.1—4.3)

A. Lea en voz alta las frases siguientes, y tradúzcalas al inglés.
   1. ¿Qué es poesía?
   2. ¿Qué libro desea usted?
   3. ¿Cuál es su oficina?
   4. ¿Qué oficina prefiere usted?
   5. ¿Cuáles son los colores del arco iris?
   6. ¿Qué le comprará usted a su madre?
   7. ¿Cuáles son sus deportes favoritos?
   8. ¿Cuál de esas muchachas es su hermana?
   9. ¿Qué era su abuelo, ingeniero o abogado?
   10. ¿Cuál es el valor principal de esta comedia?

B. Traduzca al español.
   1. What is this?
   2. Which of these hats is yours?
   3. What is the capital of Perú?

4. Which professor gave you the bad mark?
5. What is history?
6. What did you buy for your mother?
7. Which is your house?
8. What is more important—science or literature?
9. What is his profession?
10. What is your father?
11. What movies have you seen this year?
12. Which ones will you see again?

C. Cuando la pregunta se convierte en complemento de un verbo (como *saber, preguntar, determinar,* etc.), el interrogativo guarda el acento. (GRAM. **4.6**)
Por ejemplo: **Yo no sé *qué* te diera por un beso.**
Traduzca (o escriba) usted:
1. Ask me what the capital of Chile is.
2. Do you know how many books I have read this year?
3. Determine what form of the verb is necessary in this sentence.
4. I do not know why he loves her so much.
5. Tell me who is the new president of the university.
6. I want you to define what literature is.

Observe el uso de los interrogativos en la siguiente frase:
   Si bien sabemos con cierta precisión cuándo y cómo, cuáles fuentes de cuáles poemas de Jiménez se encuentran en poetas franceses del siglo XIX, no nos es posible todavía indicar ni siquiera vagamente qué puesto ocupa su poesía en el simbolismo europeo, o para decirlo más ampliamente cuál es la regla que rige la relación de esta poesía nueva con el período anterior. (Bernardo Gicovate)

III. ¿DE QUIÉN? y CUYO para traducir "whose". (GRAM. 4.4)

A. Lea en alta voz y traduzca:
1. Aquellas madreselvas cuyas gotas mirábamos temblar no volverán.
2. ¿De quiénes son estos sombreros?
3. Me casé con la muchacha cuyo padre fue mi profesor de español.
4. ¿De quién es ese coche nuevo?
5. Bécquer es el poeta cuyas «rimas» me encantan.

B. Traduzca:
1. Whose friend is he?
2. I don't know whose friend he is.
3. Would you read a poem whose rhyme is bad?
4. He is a writer for whose work I have a lot of admiration.
5. In whose house do you live?

IV. Los pronombres demostrativos, ÉSTE, ÉSE, AQUÉL etc., y el artículo definido como pronombre demostrativo. (GRAM. 5.1—5.5)

Obsérvese el ejemplo de la Rima IV: ¡ésas ... no volverán!

A. Sustituya las palabras indicadas por el demostrativo apropiado:
  1. Estas montañas son más altas que *aquellas montañas*.
  2. *Los amigos* que vinieron se divirtieron mucho.
  3. No me gustan esas camisas; me quedo con *estas camisas*.
  4. Sin embargo, no son tan bonitas como *las camisas* que usted lleva.
  5. Estos poemas y *los poemas* de Darío son mis favoritos.
  6. ¿Qué es *esa cosa*?

B. Traduzca:
  1. These poems are good, but Lorca's please me more.
  2. Can you help me with this?
  3. These children do not want to play with those.
  4. I bought these flowers for my wife and those for my mother.
  5. My first kiss is not the one that I gave to you.
  6. These books are not the ones which I ordered (*pedir*).
  7. *Don Quijote* and *War and Peace* are great novels, but I prefer the former.
  8. He always speaks of the horses which win, but never of those that lose.
  9. Those were the happy years!
  10. I like both dresses, but I'll take (*me quedo con*) this one.

V. El subjuntivo en cláusulas adverbiales que se refieren al futuro. (GRAM 13.22)

A. Lea y traduzca los ejemplos siguientes.
  1. Mientras haya un misterio para el hombre, ¡habrá poesía!
  2. Mientras la humanidad no sepa a dónde camina, ¡habrá poesía!
  3. Tenemos órdenes de acompañarle a usted cuando quiera salir de la casa.
  4. Y en cuanto yo lo encuentre, un nuevo mal caerá sobre el mundo.
  5. Me dijo que iba a quedarse en Madrid hasta que obtuviera su doctorado.

B. Traduzca los verbos entre paréntesis, empleando el subjuntivo o el indicativo según el caso.
  1. En cuanto Abel (*returns*), dile cómo te sientes.
  2. Después que (*he ate*), fue al cine.
  3. Te amaré hasta que (*I die*).
  4. Cuando (*I go*) a verla, le traigo flores.

5. El soldado mató al prisionero antes de que el capitán (*could*) detenerle.
6. En cuanto (*you have finished it*), avísame.
7. El hombre cayó mientras (*he was walking*) por el parque.
8. El profesor me quitó el examen antes que (*I had finished it*).
9. Cuando (*he comes*), devuélvaselo a él.
10. No saldré hasta que (*you have given me*) su palabra.

C. Traduzca:
1. When it rains, I stay home.
2. While there are poets like Bécquer, there will always be poetry.
3. As soon as you have finished it, let's go.
4. I don't know what I will say when he asks me.
5. We went to bed before they left.
6. They waited until I got home.
7. Do you go straight home after you leave the office?
8. Give him the ticket before he leaves for Europe.

VI. Composición.

1. What is the name of the poet whose poems we have just read? Which poems do you mean—these *rimas*? 2. He is Gustavo Adolfo Bécquer, the greatest lyric poet of the nineteenth century. Do you know what the principal theme of his poetry is? 3. When we read such lines as, Poetry is you, or, while there lives a beautiful woman there'll always be poetry, we realize that he was a poet of love. 4. Like all those who treat this theme, Bécquer writes of love that is happy and unhappy, real and unreal, optimistic and pessimistic. 5. Bécquer contributed a new dimension to Spanish poetry; while we find the melancholy, the yearnings, and the passion of the romantic poet, we also feel that his expression is vague and suggestive. 6. Bécquer believes that poetry, like love, pervades everything, and that the poet merely suggests it to his reader. There are no precise words for things Bécquer wishes to name. 7. In Rima III we find words like *mist, foam, airy, shadow*, because the poet has to express himself indirectly by a series of metaphors. You can see why Bécquer has had a great influence on Spanish poetry.

Vocabulario

contribute contribuir
metaphor metáfora
name nombrar
pervade trascender (ie)
such tal
suggest sugerir

suggestive sugestivo
theme el tema
treat tratar
vague vago
yearning anhelo

4

Emilia Pardo Bazán [1851-1921]

Doña Emilia Pardo Bazán es la mujer más ilustre que han tenido las letras españolas en el siglo XIX, y por sus méritos de escritora le fue concedido el título de condesa de Pardo Bazán. Se la considera como la más ardiente defensora en España de la escuela literaria naturalista, que surgió en Francia hacia 1870. El naturalismo describe minuciosamente la realidad en todos sus detalles, mediante una documentación laboriosa y científica. Se basa en una concepción determinista de la existencia humana, en la que la vida del hombre se reduce a una consecuencia de factores como el ambiente y la herencia. Los ambientes tan bien como los tipos humanos de la novela naturalista suelen ser de una degeneración y miseria asquerosa (repugnant).

Aunque el naturalismo francés penetró muy escasamente en España —jamás se reemplazaría el libre albedrío (free will) *con el concepto del determinismo— buena parte de las novelas y los cuentos de la Pardo Bazán revelan ciertos rasgos característicos del naturalismo: asuntos y situaciones algo repugnantes, tipos decadentes, descripciones excesivamente detallistas, y hasta un cierto determinismo trágico. Su obra maestra, de orientación naturalista, es* Los Pazos de Ulloa *(1886).*

Además de novelas, la Pardo Bazán escribió poesías, libros de viajes, estudios sociales, y de crítica literaria. Como cuentista, pocos le llegan; pasan de ocho tomos los cuentos coleccionados de esta célebre escritora.

Capítulo 4

En tranvía

Los últimos fríos del invierno ceden el paso[1] a la estación primaveral, y algo de fluido germinador flota en la atmósfera y sube al purísimo azul del firmamento. La gente, volviendo de misa o del matinal correteo[2] por las calles, asalta[3] en la Puerta del Sol[4] el tranvía del barrio de Salamanca. Llevan las señoras sencillos trajes de mañana... Algunas van acompañadas de sus niños; ¡y qué niños tan elegantes, tan bonitos, tan bien tratados![5] Dan ganas de comérselos a besos; entran impulsos invencibles de juguetear, enredando[6] los dedos en la ondeante y pesada guedeja[7] rubia que les cuelga por las espaldas.

En primer término, casi frente a mí, descuella[8] un *bebé* de pocos meses. No se ve en él, aparte de la carita regordeta[9] y las rosadas manos, sino dos bolas envueltas en lana blanca, bolas impacientes y danzarinas, que son los piececillos. Se empina[10] sobre ellos, pega brincos[11] de gozo, y cuando un caballero cuarentón que va a su lado —probablemente el papá— le hace una carantoña[12] o le enciende un fósforo, el mamón[13] se ríe con toda su boca de viejo, babosa y desdentada, irradiando luz del cielo en sus ojos puros. Más allá, una niña como de nueve años se arrellana[14] en postura desdeñosa e indolente, cruzando las piernas, y columpiando[15] el pie calzado con zapato inglés de charol.[16] La futura mujer hermosa tiene ya su dosis de coquetería; sabe que la miran y la admiran, y se deja mirar y admirar con oculta e íntima complacencia, haciendo un mohín equivalente a «Ya sé que os gusto; ya sé que me contempláis». Su cabellera, apenas ondeada, limpia, igual, frondosa,[17] magnífica, la envuelve y la rodea de un halo de oro, flotando bajo el sombrero ancho de fieltro, nublado por la gran pluma gris. Más allá de este capullo[18] cerrado va otro que se entreabre ya, la hermana tal vez, linda criatura como de veinte

[1] **ceder el paso** *to give way, to yield*
[2] **correteo** paseo
[3] **asaltar** atacar, acometer
[4] **la Puerta del Sol** plaza principal y céntrica de Madrid
[5] **bien tratados** que se portan bien (*well-behaved*)
[6] **enredando** enmarañando (*entangling*)
[7] **guedeja** cabellera (pelo) larga
[8] **descuella (descollar)** se destaca
[9] **regordeta** gorda, rechoncha
[10] **se empina** se levanta
[11] **pega brincos** da saltos
[12] **carantoña** *ugly face*
[13] **mamón** niño (que todavía mama)
[14] **se arrellana** se extiende en el asiento
[15] **columpiar** mecer (*to swing, to rock*)
[16] **charol** *patent leather*
[17] **frondosa** abundante, espesa
[18] **capullo** *cocoon*

años, tipo afinado[19] de morena madrileña, sencillamente vestida. No lejos de ella, una matrona arrogante, recién empolvada de arroz, baja los ojos y se reconcentra como para soñar o recordar.

Con semejante tripulación,[20] el plebeyo tranvía reluce orgullosamente al sol, ni más ni menos que si fuese landó forrado de rasolís,[21] arrastrado por un tronco[22] inglés legítimo. Sus vidrios parecen diáfanos; sus botones de metal deslumbran; sus mulas trotan briosas y gallardas; el conductor arrea[23] con voz animosa, y el cobrador pide los billetes atento y solícito, ofreciendo en ademán cortés el pedacillo de papel blanco o rosa. En vez del olor chotuno[24] que suelen exhalar los cargamentos de obreros allá en las líneas del Pacífico y del Hipódromo, vagan[25] por la atmósfera del tranvía emanaciones de flores y vaho[26] de cuerpos limpios... A medida que el coche avanza por la calle de Alcalá arriba, el sol irradia más e infunde mayor alborozo[27] el bullicio dominguero.[28] ¡Ah, qué alegre el domingo madrileño, qué aristocrático el tranvía a aquella hora en que por todas las casas del barrio se oye el choque de platos, nuncio del almuerzo, y los fruteros de cristal del comedor sólo aguardan la escogida fruta o el apetitoso dulce que la dueña en persona eligió en casa de Martinho o de Prast!

Una sola mancha noté en la composición del tranvía. Es cierto que era negrísima y feísima, aunque acaso lo pareciese más en virtud del contraste. Una mujer del pueblo se acurrucaba[29] en una esquina, agasajando entre sus brazos a una criatura. No cabía[30] precisar la edad de la mujer; lo mismo podía frisar[31] en los treinta y tantos que[31] en los cincuenta y pico. Flaca como una espina, su mantón[32] parduzco, tan traído como llevado,[33] marcaba la exigüidad[34] de sus miembros: diríase que iba colgado en una percha. El mantón de la mujer del pueblo de Madrid tiene fisonomía, es elocuente y delator;[35] no hay prenda que más revele la sórdida miseria, el cansado desaliento[36] de una vida angustiosa, el supremo indiferentismo del dolor, la absoluta carencia de pretensiones de la mujer a quien marchitó la adversidad, y que ha renunciado por completo, no sólo a la esperanza de agradar, sino al prestigio del sexo.

[19] **afinado** perfeccionado
[20] **tripulación** gente (*lit. crew*)
[21] **landó forrado de rasolís** *satin-lined landau (carriage)*
[22] **tronco** par de caballos
[23] **arrear** aguijar (*to urge on*) caballerías
[24] **chotuno** *pertaining to a goat*
[25] **vagan** andan
[26] **vaho** vapor, aliento
[27] **alborozo** alegría
[28] **bullicio dominguero** ruido, animación de un domingo. (Es sujeto del verbo *infunde*.)
[29] **acurrucarse** encogerse (*to huddle*)
[30] **no cabía** no era posible
[31] **lo mismo podía frisar en... que** *she could just as well be about... as*
[32] **mantón** pañuelo grande (chal) que sirve de abrigo
[33] **tan traído como llevado** *threadbare*
[34] **exigüidad** pequeñez, escasez
[35] **delator** revelador
[36] **desaliento** desesperación, desánimo (*discouragement*)

Sospeché que aquella mujer del mantón ceniza,[37] pobre de solemnidad[38] sin duda alguna, padecía amarguras más crueles aún que la miseria. La miseria a secas la acepta con feliz resignación el pueblo español. Pobreza es el sino[39] del pobre, y a nada conduce protestar. Lo que vi escrito sobre aquella faz, más que pálida, lívida; en aquella boca sumida por los cantos, donde la risa parecía no haber jugado nunca; en aquellos ojos de párpados encarnizados[40] y sanguinolentos, era cosa más terrible, más excepcional que la miseria; era la desesperación.

El niño dormía. Comparado con el pelaje[41] de la mujer, el de la criatura era flamante[42] y decoroso. Sus medias de lana no tenían desgarrones; sus zapatos bastos,[43] pero fuertes, se hallaban en buen estado de conservación; su chaqueta gorda sin duda le preservaba bien del frío, y lo que se veía de su cara, un cachetito[44] sofocado por el sueño, parecía limpio y lucio. Una boina colorada le cubría la pelona.[45] Dormía tranquilamente; ni se le sentía la respiración. La mujer, de tiempo en tiempo, y como por instinto, apretaba contra sí al chico, palpándole suavemente con su mano descarnada, denegrida y temblorosa.

El cobrador se acercó librillo en mano, revolviendo en la cartera la calderilla.[46] La mujer se estremeció como si despertase de un sueño, y registrando en su bolsillo, sacó, después de exploraciones muy largas, una moneda de cobre.

—¿Adónde?

—Al final.

—Son quince céntimos desde la Puerta del Sol, señora —advirtió el cobrador, entre regañón[47] y compadecido— y aquí me da usted diez.

—¡Diez!... —repitió vagamente la mujer, como si pensase en otra cosa.— Diez...

—Diez, sí; un perro grande...[48] ¿No lo está usted viendo?

—Pues no tengo más —replicó la mujer con dulzura e indiferencia.

—Pues quince hay que pagar —advirtió el cobrador con alguna severidad, sin resolverse a gruñir demasiado, porque la compasión se lo vedaba.[49]

A todo esto, la gente del tranvía comenzaba a enterarse del episodio, y una señora buscaba ya su portamonedas para enjugar[50] aquel insignificante déficit.

—No tengo más —repetía la mujer porfiadamente,[51] sin irritarse ni

[37] **ceniza** *ashen*
[38] **pobre de solemnidad** muy pobre
[39] **sino** suerte, destino
[40] **encarnizados y sanguinolentos** sangrientos
[41] **pelaje** abrigo
[42] **flamante** nuevo, limpio
[43] **basto** grosero (*rough*)
[44] **cachetito** carrillo (*cheek*)
[45] **pelona** cabeza sin pelo, o con poco pelo
[46] **calderilla** monedas de cobre
[47] **regañón** *scolding*
[48] **perro grande** moneda de cobre (diez céntimos); perro chico: cinco céntimos
[49] **vedar** impedir, prohibir
[50] **enjugar** cancelar, liquidar
[51] **porfiadamente** obstinadamente

afligirse. Aun antes de que la señora alargase el perro chico, el cobrador volvió la espalda encogiéndose de hombros,⁵² como quien dice: «De estos casos se ven algunos». De repente, cuando menos se lo esperaba nadie, la mujer, sin soltar a su hijo, y echando llamas por los ojos, se incorporó, y con acento furioso exclamó dirigiéndose a los circunstantes:

—¡Mi marido se me ha ido con otra!

Este frunció el ceño,⁵³ aquél reprimió la risa; al pronto creímos que se había vuelto loca la infeliz, para gritar tan desaforadamente⁵⁴ y decir semejante incongruencia; pero ella ni siquiera advirtió el movimiento de extrañeza del auditorio.

—Se me ha ido con otra —repitió entre el silencio y la curiosidad general.
—Una ladronaza⁵⁵ pintá y rebocá como una paré. Con ella se ha ido. Y a ella la da cuanto gana, y a mí me hartó de palos.⁵⁶ En la cabeza me dio un palo. La tengo rota. Lo peor, que se ha ido. No sé donde está. ¡Ya van dos meses que no sé!

Dicho esto, cayó en su rincón desplomada,⁵⁷ ajustándose maquinalmente el pañuelo de algodón que llevaba atado bajo la barbilla. Temblaba como si un huracán interior la sacudiese, y de sus sanguinolentos ojos caían por las demacradas⁵⁸ mejillas dos ardientes y chicas lágrimas. Su lengua articulaba por lo bajo palabras confusas, el resto de la queja,⁵⁹ los detalles crueles del drama doméstico. Oí al señor cuarentón, que encendía fósforos para entretener al mamoncillo, murmurar al oído de la dama que iba a su lado:

—La desdichada esa... Comprendo al marido. Parece un trapo⁶⁰ viejo. ¡Con esa jeta⁶¹ y ese ojo de perdiz que tiene!

La dama tiró suavemente de la manga al cobrador, y le entregó algo. El cobrador se acercó a la mujer y la puso en las manos la dádiva.⁶²

—Tome usted... Aquella señora la regala una peseta.

El contagio obró instantáneamente. La tripulación entera del tranvía se sintió acometida del ansia de dar. Salieron a relucir portamonedas, carteras y saquitos. La colecta fue tan repentina como relativamente abundante.

Fuese⁶³ porque el acento desesperado de la mujer había ablandado y estremecido todos los corazones, fuese porque es más fácil abrir la voluntad a soltar la primera peseta que tirar el último duro,⁶⁴ todo el mundo quiso correrse, y hasta la desdeñosa chiquilla de la gran melena rubia, comprendiendo

---

⁵² **encogiéndose de hombros** *shrugging his shoulders*
⁵³ **fruncir el ceño** *to knit one's brows*
⁵⁴ **desaforadamente** desatinadamente (*wildly*)
⁵⁵ **ladronaza... pare** *fat thief painted and plastered like a wall* (**pared**)
⁵⁶ **me hartó de palos** *he practically beat me to death*
⁵⁷ **desplomada** hundida, derrumbada (*sunken, collapsed*)
⁵⁸ **demacrada** consumida
⁵⁹ **queja** lamento
⁶⁰ **trapo** andrajo (*rag*)
⁶¹ **jeta** *pig-face*
⁶² **dádiva** regalo
⁶³ **fuese... fuese** *whether (it was)... or*
⁶⁴ **duro** cinco pesetas

tal vez, en medio de su inocencia, que allí había un gran dolor que consolar, hizo un gesto monísimo,[65] lleno de seriedad y de elegancia, y dijo a la hermanita mayor: «María, algo para la pobre». Lo raro fue que la mujer ni manifestó contento ni gratitud por aquel maná que le caía encima. Su pena se contaba, sin duda, en el número de las que no alivia el rocío de plata.[66] Guardó, sí, el dinero que el cobrador la puso en las manos, y con un movimiento de cabeza indicó que se enteraba de la limosna: nada más. No era desdén, no era soberbia, no era incapacidad moral de reconocer el beneficio: era absorción en un dolor más grande, en una idea fija que la mujer seguía al través del espacio, con mirada visionaria y el cuerpo en epiléptica trepidación.

Así y todo, su actitud hizo que se calmase inmediatamente la emoción compasiva. El que da limosna es casi siempre un egoistón[67] de marca que se perece por[68] el golpe de varilla transformador de lágrimas en regocijo. La desesperación absoluta le desorienta, y hasta llega a mortificarle en su amor propio,[69] a título de declaración de independencia que se permite el desgraciado. Diríase que aquellas gentes del tranvía se avergonzaban unas miajas[70] de su piadoso arranque[71] al advertir que después de una lluvia de pesetas y dobles pesetas, entre las cuales relucía un duro nuevecito, del nene, la mujer no se reanimaba poco ni mucho, ni les hacía pizca de caso.[72] Claro está que este pensamiento no es de los que se comunican en voz alta, y por lo tanto, nadie se lo dijo a nadie; todos se lo guardaron para sí y fingieron indiferencia, aparentando[73] una distracción de buen género[74] y hablando de cosas que ninguna relación tenían con lo ocurrido. —«No te arrimes,[75] que me estropeas[76] las lilas».—«¡Qué gran día hace!».—«¡Ay! la una ya: cómo estará tío Julio con sus prisas para el almuerzo...»—Charlando así, encubrían[77] el hallarse avergonzados, no de la buena acción, sino del error o chasco[78] sentimental que se la había sugerido.

Poco a poco fue descargándose el tranvía. En la bocacalle de Goya soltó ya mucha gente. Salían con rapidez como quien suelta un peso y termina una situación embarazosa, y evitando mirar a la mujer inmóvil en su rincón, siempre trémula, que dejaba marchar a sus momentáneos bienhechores, sin decirles siquiera: «Dios se lo pague». ¿Notaría que el coche iba quedándose desierto? No pude menos[79] de llamarle la atención:

[65] **monísimo (mono)** bonito, gracioso
[66] **rocío de plata** *sprinkling of money*
[67] **egoistón de marca** *full-fledged egoist*
[68] **se perece por** desea con vehemencia
[69] **amor propio** inmoderada estimación de sí mismo.
[70] **se avergonzaban unas miajas** *were embarrassed by the few crumbs*
[71] **arranque** *impulse*
[72] **ni les hacía pizca de caso** *didn't pay the slightest attention to them*
[73] **aparentar** fingir
[74] **de buen género** *genuine*
[75] **arrimarse** acercarse
[76] **estropear** dañar, mutilar
[77] **encubrir** ocultar, disimular
[78] **chasco** decepción, desilusión
[79] **No pude menos de** Me vi obligada a

—¿Adónde va usted? Mire que nos acercamos al término del trayecto. No se distraiga y vaya a pasar de[80] su casa.

Tampoco me contestó; pero con una cabezada[81] fatigosa, me dijo claramente: «¡Quiá! Si voy mucho más lejos... Sabe Dios, desde el cocherón,[82] lo que andaré a pie todavía».

El diablo (que también se mezcla a veces en estos asuntos compasivos) me tentó a probar si las palabras aventajarían[83] a las monedas en calmar algún tanto[84] la ulceración de aquel alma en carne viva.

—Tenga ánimo, mujer —la dije enérgicamente—. Si su marido es un mal hombre, usted por eso no se abata.[85] Lleva usted un niño en brazos... para él debe usted trabajar y vivir. Por esa criaturita debe usted intentar lo que no intentaría por sí misma. Mañana el chico aprenderá un oficio y la servirá a usted de amparo.[86] Las madres no tienen derecho a entregarse a la desesperación mientras sus hijos viven.

De esta vez la mujer salió de su estupor; volvióse y clavó en mí sus ojos irritados y secos, de horrible párpado ensangrentado y colgante. Su mirada fija removía[87] el alma. El niño, entretanto, se había despertado y estirado los bracitos, bostezando perezosamente. Y la mujer, agarrando a la criatura, la levantó en vilo[88] y me la presentó. La luz del sol alumbraba de lleno su cara y sus pupilas, abiertas, de par en par.[89] Abiertas, pero blancas, cuajadas,[90] inmóviles. El hijo de la abandonada era ciego.

Cuestionario

1. Diga en términos más sencillos lo que se expresa en la primera frase del cuento.
2. ¿Qué día de la semana debe de ser? ¿Cómo se sabe? ¿Y en qué ciudad estamos?
3. ¿Qué imagen es creada por la autora al decir que la gente asalta el tranvía?
4. ¿Cómo son los niños de estas señoras?
5. ¿Qué atmósfera se crea en el primer párrafo?
6. En el segundo párrafo, ¿cómo se describen los pies del bebé? ¿Es apropiada esta metáfora?
7. ¿Cómo es posible que tenga el bebé, como dice la autora, una «boca de viejo»?

[80] **No vaya a pasar de**   no vaya más allá de
[81] **cabezada**   *shake of the head*
[82] **cocherón**   *car barn*
[83] **aventajar**   superar, exceder
[84] **algún tanto**   un poco
[85] **no se abata** (**abatir**)   no pierda el ánimo
[86] **amparo**   ayuda, protección
[87] **remover**   conmover
[88] **en vilo**   en el aire
[89] **de par en par**   enteramente
[90] **cuajadas**   heladas, impasibles

8. ¿Cómo es ya coqueta la niña de nueve años? ¿Cree usted que sea exagerada esta observación psicológica?
9. ¿Qué transformación parece ocurrir en el plebeyo tranvía?
10. ¿Qué emoción humana siente el tranvía?
11. Dé usted dos o tres ejemplos que muestren cómo es idealizado el tranvía.
12. ¿Cuál debe ser el propósito de la autora al pintar este alegre domingo madrileño?
13. ¿Cuál es la única nota discordante de esta escena?
14. ¿Le parece a usted eficaz la imagen que señala la flaqueza de aquella mujer?
15. ¿Qué revela elocuentemente su mantón?
16. ¿Qué se aprende del carácter español respecto a la miseria? ¿Por quién es expresada esta opinión?
17. ¿Qué se ve escrito sobre el rostro de aquella mujer?
18. ¿Cómo trata ella a su niño?
19. ¿Qué contribuye esto a la caracterización de la mujer?
20. ¿Cuál es la reacción del cobrador cuando la mujer le da sólo diez céntimos?
21. ¿Por qué no debe extrañarnos el que la mujer quede indiferente?
22. ¿Qué exclamó ella de repente cuando menos lo esperaba nadie?
23. ¿Se emociona la mujer al contar lo de su marido, o está todavía indiferente?
24. ¿Siente uno simpatía o antipatía hacia la mujer?
25. ¿Le parecen a usted crueles las palabras del señor cuarentón? (p. 45 l. 23).
26. ¿Qué reacción instantánea se produce entre la gente?
27. ¿Le parece demasiado larga la frase que explica los motivos de este acto generoso (p. 45, l. 31)? ¿Cómo la haría usted más corta?
28. ¿Qué emoción manifiesta la mujer al recibir la limosna? ¿Le parece verosímil esta actitud?
29. ¿Qué observación psicológica hace Pardo Bazán respecto a los que dan limosna?
30. ¿Cómo se explica que se avergonzaran aquellas gentes del tranvía?
31. ¿Cómo disimulan su vergüenza?
32. ¿Por qué sale la gente del tranvía con mucha rapidez?
33. ¿Por qué debe la mujer tener ánimo, según el narrador?
34. Describa la mirada de la mujer que provocan estas palabras.
35. ¿Qué otra significación tiene la palabra «mirada» respecto al final del cuento?
36. ¿Le parece a usted de un efectismo tremendo la desnudez de la última frase del cuento?
37. ¿Nos relata Pardo Bazán esta historia de una manera subjetiva u objetiva?

38. ¿Cómo describiría usted el estilo: sobrio, sencillo, ampuloso (*bombastic*), complicado...? ¿Utiliza la autora el lenguaje figurado?
39. ¿En qué sentido es «naturalista» este cuento?
40. A su modo de ver, ¿conoce bien Pardo Bazán la naturaleza humana?

Ejercicios

I. Sinónimos

Busque el equivalente de las palabras en cursiva en la columna de la derecha. Lea en alta voz, haciendo la substitución.

1. Sospeché que aquella mujer padecía *amarguras* más crueles aún que la miseria.	aflicción
2. El niño la servirá a usted de *amparo*.	muy sucio
3. La gente *asalta* los metros a las horas de aglomeración.	pobreza
4. Su cabellera *frondosa* flota bajo el sombrero ancho.	protección
5. Salían con rapidez, como quien termina una situación *embarazosa*.	simular
6. Todos *fingieron* indiferencia hablando de cosas triviales.	egoísmo
7. El que da limosna lo hace casi siempre por su *amor propio*.	vergonzoso
8. La mujer palpaba al chico con su mano *negrísima*.	acometer
9. Lo que más se lee en su cara es una *carencia* de esperanza.	pena
10. El mantón revela el supremo indiferentismo del *dolor*.	espeso
	falta

II. Antónimos

Busque el antónimo de las palabras en cursiva en la columna de la derecha.

1. El *plebeyo* tranvía.	tener ánimo
2. Leí en aquella faz la *desesperación*.	grandes
3. La carita *regordeta*.	aristocrático
4. Su pelo *rubio* le cuelga por las espaldas.	revelar
5. *Encubrieron* su vergüenza.	silencio
6. No había conocido la *felicidad*.	esperanza
7. Sin *soltar* a su hijo.	flaco
8. Caían dos *chicas* lágrimas.	moreno
9. *No se abata*, mujer.	miseria
10. El *bullicio* dominguero.	coger

III. Diminutivos y Aumentativos (GRAM. 11.1—11.6).

A. Dé el diminutivo de las palabras siguientes.

Ejemplo: casa   **casita**
           pez   **pececito** (nótese el cambio de ortografía)

joven	saco
libro	chico
nuevo	hermana
mujer	pan
brazo	mamón

B. Lea la frase siguiente, cambiando las palabras en cursiva al diminutivo:
1. Frente a mí hay un *bebé* de pocos meses; no se ve en él, aparte de la *cara* regordeta y las *rosadas manos*, sino dos *bolas* impacientes y danzarinas que son los *pies*.

C. Traduzca, empleando un diminutivo o un aumentativo apropiado.
a nice little girl
little black eyes
a wretched little child
a large chair (easy chair)
a big spoon (ladle)
a small flower
a long-winded speech (*discurso*)
a very boring (*aburrido*) teacher
I feel a little bit better.

D. ¿De qué nombres son aumentativos las siguientes palabras?

bocaza	hombrazo	ventanota
librote	cabezón	papelote
manaza	chicote	naranjota

IV. Adverbios (GRAM. 9.1—9.4)

A. Dé la forma adverbial de los adjetivos siguientes:

lento	feliz	sincero
triste	fácil	natural
solo	cómodo	majestuoso

B. Traduzca los adverbios entre paréntesis.
1. El tranvía reluce (*proudly*) al sol.
2. La colecta fue (*relatively*) abundante.

3. Tampoco me contestó (*clearly and distinctly*).
4. El contagio obró (*instantaneously*).
5. Besaba (*frequently*) a su hijo.
6. Se había despertado, bostezando (*lazily*).

C. Traduzca usted. Dé dos formas de los adverbios que van en cursiva.
1. Her father treats me courteously but coldly.
2. The woman smiled at her child *sadly*.
3. You speak Spanish very well.
4. We were madly in love (*enamorados*) when we got married.
5. The woman *proudly* introduced her daughter to me.
6. He understood this story *perfectly*.

V. El subjuntivo

A. El subjuntivo en cláusulas que se refieren a un antecedente indefinido o negativo. (GRAM. **13.23**).
Del cuento: **No hay prenda que más *revele* la miseria.**
Cambie las frases que van a continuación, imitando los modelos:

a. Busco al hombre que habla español.
Busco *un* hombre que *hable* español.
b. Hay un alumno que viene de Europa.
No hay alumno que *venga* de Europa.

1. Deseamos la novela que es interesante.
2. Buscamos al poeta que nos divierte con su poesía.
3. Voy al cine donde dan películas españolas.
4. ¿Conoce usted al profesor que sabe ocho lenguas?
5. Compremos la casa que tiene tres chimeneas.
6. Necesitamos al hombre que puede trabajar en la huerta.
7. Hay algunos libros que me interesan.
8. Hay algo en esta cueva que se puede usar.
9. Hay alguien aquí que conoce al presidente.
10. Hay niños que escriben bien.

B. El subjuntivo en cláusulas introducidas por **como si.** (GRAM. **13.13**)
Del cuento: **La mujer se estremeció como si *despertase* de un sueño.**
Combine las frases siguientes según el modelo:
Lo manda. Es su padre.
Lo manda como si fuera (fuese) su padre.

1. Habla despacio. Le duele la garganta.
2. La gente la miraba. Ella era un animal.

3. Nos saludó. No nos había visto por mucho tiempo.
4. Me riñe. Yo tengo la culpa.
5. —¡Diez! —repitió la mujer. Pensaba en otra cosa.

C. Traducir.
1. Do you know a city that still has trolley cars?
2. He doesn't have anything that I can use.
3. The child was dressed as if he were from a rich family.
4. I have an aunt who is as poor as that woman.
5. She acts (*portarse*) as if her husband had not abandoned her.
6. He wants a job that he will like all his life.
7. Do you need the dictionary which I lent you yesterday?
8. No, but I need an article which explains the various theories of literary criticism.
9. I don't have a hat which looks like yours.
10. He wants a wife who will always treat him as if he were the only man in the world.

VI. LO + adjetivo para formar el sustantivo neutro. (GRAM. 1.8)

Del cuento: **Lo raro fue que la mujer ni manifestó contento ni gratitud.**

A. Traduzca las palabras entre paréntesis.
1. No podemos hacer (*the obvious*).
2. (*The difficult thing*) es fingir indiferencia.
3. Es (*the only thing*) que sé.
4. ¿Sabe usted (*how delicious*) que son estas peras?
5. Durmieron (*the little bit*) que de la noche les quedaba.
6. Se lo usa contra (*what is practiced*) modernamente.
7. (*What is learned*) no se olvida.
8. (*The boring part*) de la clase son los exámenes.
9. Hay que respetar (*what is sacred*).
10. No voy a tardar nada, y verás (*how very pretty*) que salgo.

B. Traduzca usted al inglés:
1. Eso fue lo mejor del viaje.
2. ¿Ves lo rápidamente que escribe?
3. Hablan de cosas que ninguna relación tenían con lo ocurrido.
4. Entonces me di cuenta de lo vacía que estaba aquella casa.
5. Me dice en sus cartas todo lo felices que seríamos si fuésemos libres.

C. Traduzca al español.
1. I gave him the money to pay for what was broken.
2. The saddest thing is that her child is blind.
3. She keeps telling me how beautiful Spain is in the Spring.

4. Do you know how fast that car can go?
5. People say that Don Quijote was looking for the impossible.

VII. Verbos que sufren cambios ortográficos: TOCAR, PAGAR, GOZAR, AVERIGUAR. (GRAM. 23.3 [pág. 259])

Traduzca usted:
1. I touched.
2. We were touching.
3. Let us touch.
4. He will touch.
5. Although he may touch.
6. They paid.
7. We pay.
8. I paid.
9. I want to pay.
10. I want you to pay.
11. Pay the bill.
12. Let's enjoy.
13. They will enjoy.
14. May you enjoy.
15. He enjoys.
16. I found out.
17. You found out.
18. I will find out.
19. We were finding out.
20. Find out.

VIII. Composición

Estudie las siguientes expresiones y modismos del cuento antes de escribir. Un vocabulario selecto se halla al final de la composición.

ceder el paso (a)   to give way (to), to yield
dar ganas de   to make (one) want to
como de   about
no poder menos de + *inf.*   not to be able to help (doing something)
encogerse de hombros   to shrug one's shoulders
volverse loco   to go (become) mad
hacer caso a   to pay attention to
tener derecho a + *inf.*   to have a right to + inf.
ir + *participio*   to be + past participle
no sólo ... sino   not only ... but
fijarse en   to notice
pensar en   to think about

1. The animated picture of happy people at the beginning of this story gives way to the pathetic drama on the streetcar. 2. It is a gay Sunday morning; the women returning from Mass are accompanied by their elegant and pretty children. 3. Even the streetcar gleams happily and proudly in the sun as if it were one of these women. 4. There were all kinds of people on the streetcar, but there was no one who was thinking about how wretched other people can be. 5. I noticed a poorly dressed woman about thirty years old fondling a child whose little face and (little) hands were very clean. She was the image not only of poverty

but (also) of despair. 6. When she told the collector that she didn't have enough money, he shrugged his shoulders as if he were accustomed to such cases. 7. Suddenly the woman exclaimed, "My husband has gone off with another woman." Everyone thought that she had gone mad, but her sad story made one want to help her. 8. The curious thing is that she was not looking for pity or help, although she accepted the alms with only a movement of the head. 9. I couldn't help feeling sorry for her, and said: "Have courage. Think of your child. Mothers have no right to abandon all hope while their children live. He will take care of you some day." 10. She paid no attention to me, but when the child began to stretch its little arms, she lifted him up and showed him to me. The sunlight did not make him blink—that little child was blind.

Vocabulario

accustomed acostumbrado
alms limosna
animated animado
blink guiñar
care, take care of cuidar
case caso
courage ánimo
despair desesperación
even hasta
exclaim exclamar
fondle acariciar
gleam relucir

help ayuda
hope esperanza
image la imagen
Mass misa
pathetic patético
picture cuadro
pity piedad
poverty miseria, pobreza
sorry, feel sorry for compadecer
stretch estirar
wretched miserable

5

Pedro Salinas [1891-1951]

 Con la muerte prematura de don Pedro Salinas en la ciudad de Boston, perdió el mundo de las letras españolas una de las figuras más eminentes del siglo XX. Ilustre poeta del grupo llamado la generación del '27 (con Guillén, Lorca, Diego y otros), Salinas busca la expresión íntima y desnuda del sentimiento amoroso para llegar a una poesía de innegable autenticidad personal. Salinas y Guillén son los dos máximos representantes, en España, de la llamada poesía pura.
 Pedro Salinas —catedrático de literatura en España y Estados Unidos, donde pasó la mayoría de los últimos quince años de su vida— fue también uno de los mejores críticos actuales. Escribió además ensayos, narraciones, y obras teatrales. Sólo algunas de éstas han sido representadas, por teatros universitarios de España y de América; la única obra suya que Salinas llegó a ver representada en español fue La fuente del arcángel, estrenada en 1951 por el grupo teatral español de Barnard College.
 El teatro de Pedro Salinas es un teatro poético, intelectual. El auténtico dramaturgo, decía, ha de evitar el teatro de éxito fácil, aun a costa de no lograr siquiera la representación de sus obras. En el teatro de Salinas la vida real e inmediata se funde con lo fantástico y lo ilusionista. Siempre busca el más allá de las situaciones vitales del hombre, acción trascendente que se manifiesta en toda su obra. Salinas mismo ha dado la mejor definición de la dualidad de su teatro: «realidad fabulizada.»

Caín, o una gloria científica

PERSONAJES

Criada	Abel
El Secretario	Profesor Fontecha
Paula *esposa de Abel*	General Ascario
Clemente *hermano de Abel*	La Mujer de la Salvation Army
	Dos Soldados

Época actual, en un país imaginario.

La acción ocurre en el salón de la casa de Abel, *situada en el campo. Habitación espaciosa. Al fondo, puerta de entrada, pequeña, que se supone da a un porche. Ventanas a ambos lados, por las que se ven árboles. A la derecha, y al fondo, la habitación hace un entrante*[1] *y se ve el arranque*[2] *de la escalera que lleva al piso superior. Más cerca del espectador, a la derecha, chimenea. En la repisa,*[3] *unos objetos y barquitos de cristal. Dos sillones al lado de la chimenea. En el lado izquierdo, dos puertas, una franqueable,*[4] *que da al cuarto de* Clemente. *En otro lugar de la escena, un tresillo.*[5] *Lámparas de pie, mesitas, etc. Impresión de sencillo y elegante confort. La acción empieza a eso de las cinco de la tarde, al principio de la primavera.*

ESCENA I

Al alzarse el telón, la Criada *cierra la puerta y acompaña al* Secretario, *joven, de aspecto corriente,*[6] *con gafas y cartera de papeles, al centro de la escena. Los dos, de pie.*

Secretario (*A Criada.*) Aquí está mi tarjeta. (*Se la da.*)

Criada Muchas gracias. Tenga la bondad de sentarse. (*Sale. Secretario se sienta en una butaca, mira alrededor, se ve en un espejo y se atusa*[7] *el bigote.*)

Paula (*Como de veinticinco años, alta, elegante, vestida con sobriedad y de aspecto serio, pero afable. Ofrece la mano a Secretario, que la estrecha inclinándose con ceremonia.*) Mucho gusto, señor mío.

Secretario. Mil gracias, señora, por haber tenido la atención de recibirme. Hubiera deseado pedirla[8] permiso por teléfono, pero . . . (*Sonríe.*)

---

[1] **hace un entrante** *opens out*
[2] **arranque** principio
[3] **repisa** *mantelpiece*
[4] **franqueable** que abre; que se usa
[5] **tresillo** conjunto de un sofá y dos butacas (*three-piece living room set*)
[6] **corriente** ordinario
[7] **atusar** alisar (*to smooth*) con la mano
[8] **pedirla** El uso del pronombre personal **la,** objeto directo, por **le,** objeto indirecto, es muy común en el español hablado y escrito de España, aunque está condenada esta práctica por la Academia Española. Este uso ocurre con frecuencia en esta comedia.

Paula. (*Riendo.*) ¡Claro! ¡Ya sabe la teoría de mi marido! Una casa de campo, con teléfono, ya no está en el campo, se traslada automáticamente a la ciudad. ¡Es una manía suya! Pero siéntese usted. (*Secretario lo hace y ella se coloca en una butaca próxima.*)

Secretario. ¡Es verdad! Vengo, señora, de parte del Profesor Fontecha, mi jefe, el Director del Instituto Nacional de Física, donde trabaja su señor esposo, el Profesor Leyva...

Paula. Usted dirá.[9]

Secretario. Desearía saber el doctor Fontecha si usted tiene noticias de su esposo, de cuándo piensa regresar de su viaje...

Paula. (*Sorprendida, pero conteniendo su sorpresa rápidamente.*) ¿Su viaje? ¡Ah, sí! Su viaje...

Secretario. El Profesor Leyva parece que expresó a nuestro jefe hace ya doce días su deseo de tomarse una breve vacación. Se sentía cansado...

Paula. Sí, un poco cansado.

Secretario. Creo que indicó su propósito de hacer un viaje corto. Y como en estos momentos tiene muy adelantados[10] unos trabajos que interesan sumamente al Instituto, el señor Director espera su vuelta con impaciencia. Parece que su esposo dijo que estaría fuera diez días, pero con éste van doce, pasados. Acaso usted pueda decirnos si le espera pronto...

Paula. (*Azorada*)[11] ¿Si le espero pronto? Ah, sí, sí...

Secretario. ¿Cree usted que podemos contar con él para...?

Paula. Estoy casi segura de que mi esposo estará aquí esta misma tarde...

Secretario. (*Levantándose.*) Es una buena noticia. El doctor Fontecha se alegrará mucho. Sabe usted, esta investigación que su esposo tiene entre manos, sólo él puede llevarla a cabo.[12] Permítame que la[8] diga, y no es lisonja,[13] que su esposo es el primer físico de la nación, una verdadera gloria científica...

Paula. Muchas gracias, en su nombre...

Secretario. Perdóneme, señora, mi intrusión. Pero usted comprenderá el motivo... El Profesor Fontecha quiere ponerse al habla[14] con su esposo en seguida...

Paula. Bien venido, señor mío, a esta casa. Dígale al señor Fontecha que mi marido se retrasó un poco, pero que de seguro volverá hoy...

Secretario. (*Saliendo.*) ¡A los pies de usted,[15] señora! (*Paula le acompaña hasta la puerta.*)

Paula. Buenas tardes. Tiene usted ahí su coche, ¿verdad?

Secretario. Sí, señora. Muchas gracias. (*Sale. Se oye un ruido de motor.*)

[9] **usted dirá** siga usted
[10] **adelantados** acelerados
[11] **azorar** turbar, conturbar
[12] **llevar a cabo** concluir, terminar (una cosa)
[13] **lisonja** alabanza afectada (*flattery*)
[14] **al habla** en conversación
[15] **¡A los pies de usted!** Adiós (Fórmula cortés de despedida)

Capítulo 5

ESCENA II

PAULA, *sola. Se queda un momento mirando por la ventana. Da dos o tres paseos por el cuarto, retorciendo un pañuelo entre las manos, con expresión angustiada.*

PAULA. ¡Doce días! ¡Quién me lo iba a decir...! Dios mío, Dios mío. (*Se echa en una butaca y empieza a sollozar con la cabeza entre las manos. Entra por la puerta de la izquierda Clemente, delgado, con gafas, aire de intelectual. Ve a Paula y se queda parado un momento. Luego se adelanta sin ruido hasta que está junto a la butaca.*)
CLEMENTE. ¡Paula! ¡Paula! ¿Qué te pasa?
PAULA. (*Alza la cabeza, sorprendida.*) Perdona, Clemente. No te he sentido entrar... Nada, nada.
CLEMENTE. ¿Nada? Tú no eres de las que lloran por nada.
PAULA. (*Sonriendo triste.*) Ahora sí, ya he aprendido.
CLEMENTE. (*Con aire de bondad.*) Como tú quieras, Paula. Tú sabrás mejor si es cosa para callada.[16]
PAULA. (*Cambiando de cara y secándose las lágrimas.*) No, Clemente, para dicha, a ti, a ti, sí. A ti solo, Clemente. ¿Tú no has notado nada raro en tu hermano Abel hace unos días? Distracción, ensimismamiento,[17] preocupación, yo qué sé...[18]
CLEMENTE. Sí, puede. No es extraño. Esa amenaza de la guerra, cada vez más encima. Y Abel, como tú, como yo, odia a este régimen[19] y a la guerra adonde nos lleva, una guerra infame. No es extraño...
PAULA. No, no es eso, Clemente. Es otra cosa. (*Pausa.*) Abel me está engañando. Me engaña...
CLEMENTE. (*Poniéndola una mano en la suya.*) No digas esas cosas. Abel te quiere como te quiso siempre, más, ahora que sabe que de ti le va a venir un hijo. ¿Cómo puede ocurrírsete que te engañe?
PAULA. Sí, Clemente, yo creo que me quiere, y más por eso..., por lo que tú dices... Pero ¿y los hechos?
CLEMENTE. ¿Qué hechos?
PAULA. Acaba de salir de aquí el secretario de Fontecha. ¿Sabes a qué ha venido?
CLEMENTE. No. ¿Algún disgusto[20] de Abel, con su maestro?
PAULA. A preguntarme si sé cuándo regresa Abel de su viaje.
CLEMENTE. (*Asombrado.*) ¡Su viaje! ¡Pero si[21] Abel está aquí, si no se ha movido de aquí...!
PAULA. ¡Pues ésos son los hechos!
CLEMENTE. No entiendo, Paula.
PAULA. Yo tampoco. Es decir, no quiero entender... Según ese señor

---

[16] **callada** para ser callada
[17] **ensimismamiento** distracción, abstracción
[18] **yo qué sé** *I don't know what*
[19] **régimen** gobierno
[20] **disgusto** disputa, diferencia
[21] **si** da énfasis o energía a lo que se dice.

Abel, hace doce días, dijo en el Instituto que necesitaba descansar y que se iba a hacer un viaje corto...

CLEMENTE. ¡Incomprensible!

PAULA. Sí. Y desde ese día no ha aparecido por allí.

CLEMENTE. ¡Que no va al Instituto! Pues dónde... (*Se para.*)

PAULA. ¡Ves, ves! Tú te estás haciendo la misma pregunta que yo. Si Abel sale todas las mañanas de casa a la hora de costumbre, y vuelve a la de siempre, y nos dice que ha estado trabajando, y ahora resulta que no le han visto allí, ¿dónde va? ¿Dónde pasa esas horas, desde las nueve a las cuatro?

CLEMENTE. Sí, es muy raro. Tienes razón. ¿Pero por qué deduces de eso que Abel te engaña, vamos, en el sentido que tú lo dices...?

PAULA. Clemente, es muy sencillo. ¿Tú qué eres?

CLEMENTE. Yo..., su hermano.

PAULA. ¿Y yo?

CLEMENTE. ¿Tú? Su mujer.

PAULA. Entonces...

CLEMENTE. ¡No puede ser! No. Es extraño, no te lo niego. Pero conozco a Abel. Ten calma, Paula. Cuando venga yo le sondearé...[22] (*La acaricia la mano.*) Vete a descansar un poco. Estás nerviosa y tienes que cuidarte. (*La levanta con atención del sofá.*)

PAULA. Gracias, Clemente, por tu atención... Sí, voy arriba... (*Sube por la escalerilla. Clemente la mira hasta que desaparece.*)

CLEMENTE. Pues, señor, ¿a qué viene eso del viaje? Abel tiene la cabeza firme; la sospecha de Paula es increíble ¡Decididamente no lo entiendo! (*Entra en su cuarto.*)

ESCENA III

Se abre la puerta de entrada desde fuera. Entra ABEL. *Alto, delgado, de porte elegante y seguro, bien vestido sin afectación. Lleva una cartera en la mano. Cierra la puerta, deja la cartera y su abrigo y sombrero en un arcón,[23] que habrá junto a la puerta. Va hacia la chimenea con aire pensativo. Se sienta en una butaca, y llama al timbre. Aparece la criada.*

CRIADA. ¿Llamó el señor?

ABEL. Sí. Tráigame usted algo de beber. Lo de siempre. ¿Está arriba la señora?

CRIADA. Sí, señor.

ABEL. Dígale que estoy aquí. Si descansa, no la moleste, ¿eh?, no le diga nada.

CRIADA. Bien, señor. (*Sale. Abel se pone a mirar a la lumbre fijamente, con la cabeza apoyada en las manos y los codos en las rodillas.*)

CRIADA. (*Trayendo una bandeja,[24] una botella y un sifón.*) Aquí tiene el

---

[22] **sondear**   *to sound (out), to probe*
[23] **arcón**   *large chest*
[24] **bandeja**   plato que sirve para varios usos (*tray*)

señor. La señora dice que baja en seguida. ¿Algo más?

ABEL. No, gracias. (*Sale la Criada y Abel se sirve de beber y apura*[25] *de un trago el vaso. Baja Paula. Abel se levanta, va hacia ella, la coge de la mano y la trae a sentarse al diván, a su lado.*) Buenas tardes, pequeña...

PAULA. (*Con tono sonriente un poco forzado.*) Hoy has venido un poco más temprano...

ABEL. Sí, un poco... Ven aquí. (*Se sientan.*) ¿Cómo te sientes?

PAULA. Bien, muy bien.

ABEL. (*Mirándola y con tono de incredulidad.*) ¡Bien, muy bien! Paula, ya sabes que yo soy un observador de oficio.[26] El oído me dice: «bien», pero la vista... ¡Esos ojos, esos ojos...! ¿Qué ha pasado por esos ojos? Algo ha sido... y no hace mucho[27]... Paula, dime la verdad...

PAULA. ¿La verdad? ¿Yo a ti?

ABEL. (*Sorprendido.*) Claro, tú... a mí. ¿Por qué lo dices?

PAULA. Porque pudiera ser que estés trocando[28] los papeles...

ABEL. ¿Cómo?

PAULA. Sí, que la pregunta haya que volverla del revés.

ABEL. ¡Del revés! Chica, no veo...

PAULA. Muy sencillo, que quizá el que tenga que decir la verdad sea Abel a Paula, y no yo... a ti... Me parece que eres tú el que estás en deuda[29] de verdad conmigo...

ABEL. (*Desconcertado.*) No sé en qué piensas... ¿Qué verdad te oculto yo, Paula?

PAULA. (*Con dulzura.*) Yo no quisiera hablarte así..., pero... Abel, ¿no se te habrá olvidado[30] lo que nos prometimos antes de casarnos? ¿Que en cuanto uno de los dos sintiese alguna sombra, alguna veladura[31] en el amor que nos tenemos, se lo diría al otro, en seguida?

ABEL. No, Paula, no se me ha olvidado...

PAULA. Entonces...

ABEL. Entonces... ¿qué? No te entiendo...

PAULA. ¿Cómo llevas tantos días callándote que pasa algo, que hay algo entre tú y yo...? Por tu lado, por supuesto... Yo no sé nada...

ABEL. (*Acercándose a ella y con tono sincero y apasionado.*) ¡Paula, Paula! ¿Qué viento tonto ha soplado hoy por aquí, y te ha llenado la cabeza de ideas locas? (*Mirándola.*) ¡Si[21] te veo tan claro, tan limpio, como te he visto siempre...!

PAULA. Pues ese viento tonto, como tú dices, que ha soplado hoy por aquí, tiene cuerpo, y voz y nombre... Se llama López Pastor, el secretario

---

[25] **apurar** acabar; agotar
[26] **de oficio** profesional; hábil, experto
[27] **no hace mucho** no hace mucho tiempo; recientemente
[28] **trocando los papeles** *changing roles*
[29] **estás en deuda de verdad conmigo** tú me debes la verdad
[30] **¿no se te habrá olvidado?** *You couldn't have forgotten?*
[31] **veladura** sombra; duda

de tu jefe... No hace aún diez minutos que se ha ido... Y ya supondrás lo que me ha dicho...

ABEL. ¡Ah, vamos! ¡Qué impertinencia! ¿Quién le manda presentarse en esta casa, y venir con cuentos...? Ese caballerito...[32]

PAULA. ¿Qué culpa tiene él? Al muchacho le enviaron... Parece que Fontecha te necesita...

ABEL. ¡Me necesita, me necesita! ¡Quisiera yo saber quién me necesita, de verdad, y para qué! (*Va y viene por el cuarto. Volviéndose a Paula, con aire cariñoso.*) Y ¡claro!, ahora comprendo... esas fantasías que se te han posado[33] en la cabeza... Paula, casi te agradezco que te hayas equivocado tan rotundamente...[34]

PAULA. ¿Equivocado? ¿Entonces...?

ABEL. Sí, eres la equivocada de puro amor... También el amor se equivoca... Te equivocaste con razón..., de amor... Qué, te dijo que hace doce días que no iba por el laboratorio, ¿verdad?

PAULA. (*Más serena.*) Sí. ¿No es cierto?

ABEL. Claro que lo es. Y, naturalmente, tú en seguida te has hecho tu composición de lugar:[35] puesto que Abel no va al Instituto, y me lo oculta y hace la vida de siempre, sombra tenemos. Sombra con faldas, por supuesto...

PAULA. (*Ya más animada y sonriendo levemente.*) Reconocerás que, después de todo, mi pensamiento no era...

ABEL. Era... un pensamiento de mujer... Paula, hay pensamientos de mujer y de hombre... Te lo digo yo (*Sonriendo.*) que soy una gloria científica... El tuyo ha sido un pensamiento tontísimamente femenino... (*La abraza.*) Por eso me gusta...

PAULA. (*Se deja abrazar sonriendo, aunque un poco reservada todavía.*) ¿Y se puede saber cómo habría sido, en este caso, el pensamiento varonil?

ABEL. Muy sencillo. Se descubre que el Profesor Leyva no va a su laboratorio del Instituto Nacional de Física hace doce días. Pues la deducción inmediata que hace el pensamiento masculino es simplicísima: que no va. Y en seguida viene la pregunta: "¿Por qué no va?" Pregunta que brinda[36] infinitas contestaciones. Pero para el pensamiento femenino no hay más que una: Puesto que no va a su trabajo, es que tiene por ahí una... distracción, una distracción que viste y calza...[37]

PAULA. ¿Y no es verdad que andas distraído hace días, Abel?

ABEL. Sí, hija mía, sí..., y mucho. Pero ya sabes, Paula, que hay distracciones por alguien y distracciones por algo...

PAULA. ¿Qué te ocurre, Abel? (*Abel se sienta en la butaca, mira a la lumbre y calla.*) Abel, ya sabes tú cómo te lo he preguntado. Ahora no tengo miedo.

---

[32] **Ese caballerito** *that presumptuous little guy*
[33] **posar** pararse las aves (*to alight, perch*)
[34] **rotundamente** completamente
[35] **composición de lugar** conclusión; deducción
[36] **brindar** invitar, ofrecer
[37] **calzar** poner el calzado (zapatos)

Sé que me has hablado de corazón. Tengo otra vez mi paz del alma... en lo que toca[38] a nosotros. Y en lo que a ti te toca, Abel, si tú nada me dices, tú sabrás por qué... Bien sabes que estoy a tu lado para que me hables, o para que me calles. Igual de cerca te siento...

ABEL. (*Con voz conmovida.*) Gracias, Paula, gracias. Voy a decirte...

PAULA. Ahora, no, Parecería que te he sacado del pecho lo que tú no querías comunicar aún... Perdóname... Voy a descansar un poco...

ABEL. ¡Yo perdonarte! Paula, espera, o... si no... sí, sí, ve a descansar...

PAULA. (*Sonriendo le saluda con la mano extendida, que sopla como si soplara un beso.*) ¿Ves? Ya se fue volando mi pensamiento de mujer. Luego..., cuando tú quieras..., si quieres..., veremos cómo es tu pensamiento de hombre. (*Sale por la escalera.*)

Cuestionario

1. ¿Le parece a usted curioso que el nombre de Caín no aparezca en la lista de personajes?
2. ¿Qué impresión de la casa es creada por el autor?
3. ¿Hay algo en la descripción del salón que precise el país en que ocurre la acción?
4. ¿Cómo es Paula?
5. ¿Por qué no pudo el Secretario llamar a Paula por teléfono?
6. ¿Por qué ha venido el Secretario?
7. Diga usted todo lo que aprendemos de Abel en la escena primera.
8. Según el Secretario, ¿quién es «una gloria científica»?
9. ¿Por que está Paula tan agitada en la escena II?
10. ¿Cómo explica Clemente la distracción de Abel?
11. En esta explicación, Clemente señala el conflicto esencial. ¿Cuál es?
12. ¿Por qué cree Paula que Abel está engáñandola?
13. Describa usted a Abel. ¿Parece preocupado?
14. ¿Le parece Abel un hombre que está engañando a su mujer?
15. ¿Se pone furiosa Paula como mujer engañada?
16. Al saber Abel la verdad, ¿por qué se alegra de que se haya equivocado Paula?
17. ¿Qué habría pensado un hombre en caso parecido, según Abel?
18. ¿Insiste Paula en saber por qué anda su marido tan distraído desde hace días?

Ejercicios

I. Modismos

Lea usted las siguientes frases sacadas de la comedia, traduciendo o explicando en español los modismos y expresiones que van en cursiva.

---

[38] **tocar** importar, ser de interés

1. La acción empieza *a eso de* las cinco de la tarde.
2. Creo que indicó su propósito de *hacer un viaje corto*.
3. ¿Cree usted que podemos *contar con él?*
4. Sabe usted, esa investigación que su esposo tiene entre manos, sólo él puede *llevarla a cabo*.
5. Esa amenaza de la guerra, *cada vez más encima*.
6. *Acaba de salir* de aquí el secretario de Fontecha.
7. ¡Ves, ves! Tú te *estás haciendo* la misma pregunta que yo.
8. Pues, señor, ¿a qué viene *eso del viaje?*
9. Abel *se pone* a mirar a la lumbre fijamente.
10. Ahora *no tengo miedo*.
11. Y en *lo que a ti te toca*, Abel, si tú nada me dices, tú sabrás por que...
12. No sé *en qué piensas*.

II. El subjuntivo

A. En cláusulas cuyos verbos expresan *voluntad, deseo; emoción; duda* o *negación*. (GRAM. **13.1**; **13.3—13.8**)
Dé la forma que usted crea necesaria de los verbos que van entre paréntesis.
1. No quiero que usted (*quedarse*) _____ sola.
2. Les dijo Abel que (*tener*) _____ calma.
3. Yo deseo que mi hijo (*fabricar*) _____ estos objetos inútiles.
4. A mí me permitirían que (*seguir*) _____ trabajando.
5. Temían que Abel no (*terminar*) _____ su tarea.
6. Negó que (*hacer*) _____ un viaje corto.
7. Es cierto que él (*ganar*) _____ el premio Nobel.
8. Espero que le (*gustar*) _____ a usted esta comedia.
9. Nosotros podemos hacer que (*ser*) _____ lo que usted (*desear*)_____.
10. ¿Quieres (*ir*) _____ conmigo al centro?
11. Siento que usted no la (*conocer*) _____ cuando estuvo aquí el año pasado.
12. No hay duda de que Carlos (*saber*) _____ bien el inglés.
13. Es lástima que se (*descubrir*) _____ la bomba atómica.
14. No creo que mi amigo (*llegar*) _____ mañana.
15. Acaso usted (*poder*) _____ decirnos si le espera pronto.
16. ¡Ojalá (*saber*) _____ yo hablar tan bien como usted!

Traduzca de dos maneras las frases siguientes:
1. They advise him to go back to the laboratory.
2. Let (allow) Abel tell the truth.
3. He ordered him to stop working.
4. They will make him do it.
5. It is important for him to finish it.

Traduzca usted, empleando el subjuntivo o el indicativo según el caso.
1. Clemente denied that his brother was in love with another woman.
2. Perhaps he is thirsty; do you want me to bring him something to drink (*que beber*)?
3. I am sure that my husband will be here this afternoon.
4. Would that he had not discovered that terrible thing!
5. I don't believe that there will be another war.
6. I told her not to suspect (*sospechar*) her husband.
7. The general hopes that Abel will return to the laboratory.
8. He doesn't doubt that Abel is the greatest scientist in the world.
9. Are you glad that they have taken a long trip?
10. It's a pity that you didn't do that before.
11. They told her that her husband had to finish the experiment (*experiencia*).
12. I am afraid that he will ask me to dance.

Traduzca los siguientes pares de frases:
1. I am sorry that I cannot see you today.
   I am sorry that you cannot see me today.
2. Do you want to go?
   Do you want her to go?
3. He hopes that he will be there.
   He hopes that they will be there.
4. I doubt that I can read that.
   I doubt that you can read that.

B. El subjuntivo en oraciones desiderativas. Se expresa un deseo con el presente de subjuntivo precedido de **que** (GRAM. **13.2**).

Que la abandones	(May you) abandon it.
Que lo hagan	Let (have) them do it.
¡Que tengan ustedes buen viaje!	Have a good trip!

Traduzca.

Let him wait.	Let him go.
Have them come in.	Don't let him study history.
Have Mary wash the glasses.	Let them buy it.
(May you) rest in peace.	Have him bring it to me.
May they respect their parents.	Let them look for it.

C. El subjuntivo con **por ... que.** (GRAM. **13.10**)
Traduzca usted.
1. Por bueno que sea el coche, no lo compraré.
2. ... sin poder soltarme de mi idea fija, por mucho que viajara.
3. Por rápidamente que escriba, escribirá siempre mejor que yo.

4. Por mucha paciencia que tenga mi padre, no les dejará jugar conmigo.
5. No cederé por más que insista usted.
6. Por importantes que sean las ciencias, no deben desplazar a la literatura.
7. Por más tiempo que trabaje, no estoy nunca cansado.
8. No podrás encontrarla por mucho que la busques.

III. HACER (y LLEVAR) en expresiones de tiempo (GRAM. 12.1—12.9)

A. Conteste en español.
1. ¿Cuánto tiempo hace que estudia usted español?
2. ¿Cuántos años hace que vive usted con sus padres?
3. Diga cuánto tiempo hace que está usted en la sala de clase.
4. ¿Cuánto tiempo hace que comió usted?
5. ¿Cuánto tiempo hace que llegó usted a la clase?
6. ¿Sabe usted cuánto tiempo hace que su profesor enseña español?
7. ¿Cuánto tiempo hace que no ha ido usted al cine?
8. ¿Lleva usted mucho tiempo estudiando en esta escuela?
9. ¿Cuánto tiempo lleva usted sin ver a su familia?
10. ¿Desde qué mes está usted en esta clase?
11. ¿Cuánto tiempo hacía que leía usted la lección cuando decidió acostarse?

B. Cambie el orden de las palabras según el modelo.

Hace una hora que Carlos llegó.
Carlos llegó hace una hora.

1. Hace un año que volví de Colombia.
2. Hace tres meses que celebraron su aniversario.
3. Hace años que hubo una revolución.
4. Hace ocho días que se lo prometí.
5. Hace un rato que ella se sintió enferma.

C. Traduzca, empleando **hacer ... que** y **llevar** donde sea posible.
1. I have been playing the piano for seven years.
2. We bought a new house a month ago.
3. I had been driving my father's car for two years when we sold it.
4. How long have you known her?
5. How long has baseball been popular in Mexico?
6. How many years did you spend in your first school?
7. I haven't read a good book for a long time.
8. How long has your husband been away (**faltar**), Paula?
9. The war ended a few months ago.
10. We have been in this class since September.

IV. Composición

Ténganse en cuenta las expresiones del ejercicio I.

1. The secretary knocked at the door about two o'clock, and the maid asked him to sit down. 2. He came to tell Paula that her husband has not been in the laboratory for twelve days. "Allow me to tell you, madam, that the director is counting on him to carry through his investigation." 3. Clemente, who has just entered, asks her: "What are you thinking about, Paula? I insist that you be calm. Let them say what they want (to), you know that it would be impossible for Abel to deceive you." 4. "I wish that that were true, Clemente! According to the secretary, Abel said two weeks ago that he was going to take a short trip. Why would he have said that?" 5. Abel is a young scientist who has been trying for ten years to finish an important scientific investigation. He has a terrible problem: no matter how important his idea may be for science, he must face the question of its consequences for humanity. 6. He tells Paula not to worry; he has not forgotten what they had promised each other: always to tell the other the truth. 7. "Yours has been a foolishly feminine reaction, Paula." However, he is actually happy that she has been mistaken, because he knows that it comes from pure love.

Vocabulario

actually realmente
consequence consecuencia
deceive engañar
face hacer frente a
foolish tonto
humanity humanidad

knock llamar
mistaken (to be) equivocarse
promise prometer
reaction reacción
science ciencia
worry preocuparse

6

Pedro Salinas

Caín, o una gloria científica

ESCENA IV

Abel se queda en el centro de la escena viendo marcharse a PAULA. *Enciende un pitillo y se dirige a la puerta de la izquierda, la de* CLEMENTE, *a la que llama. La puerta se abre y aparece* CLEMENTE.

CLEMENTE. ¿Ah, eres tú, Abel?
ABEL. ¿Estás trabajando? Quiero hablar contigo-
CLEMENTE. ¿Quieres que hablemos aquí en mi cuarto?
ABEL. Estamos mejor aquí, junto a la chimenea. (*Se sienta en un lado del diván y Clemente en el otro. Abel se sirve un vaso y otro para Clemente.*) 5
CLEMENTE. Supongo que los dos queremos hablar. ¿Has visto a Paula?
ABEL. Sí.
CLEMENTE. Se ha llevado[1] un disgusto muy grande esta tarde, Abel. ¿Le has explicado ya?
ABEL. La he convencido de que esa fantasía que tenía en la cabeza era 10
un puro absurdo.
CLEMENTE. (*Bebe.*) Entonces le has explicado las razones que tienes para hacer eso que vienes haciendo.
ABEL. La he calmado y está tranquila, Clemente. No, no le he explicado nada. Nos hemos entendido ... sin echar mano[2] de las razones ..., como 15
siempre. Es mejor.

---

[1] **Se ha llevado** ha tenido   [2] **echar mano de** *to resort to*

CLEMENTE. Sí, puede ser. (*Pausa.*) Yo también estoy muy preocupado por ti. No comprendo tu conducta de estos últimos días. Y ni siquiera tengo refugio en el absurdo de Paula, eso no lo creí ni un momento. Porque si te sentías cansado, como dijiste en el Instituto, y querías descansar unos días, ¿por qué no decírnoslo a nosotros, por qué seguir fingiendo que ibas a tu trabajo como siempre?

ABEL. Sí, es muy raro... No se da uno cuenta cuando lo hace...

CLEMENTE. Esas vacaciones misteriosas...

ABEL. ¡Si tú supieras que en esas vacaciones he pasado algunos de los ratos más angustiosos de mi vida!

CLEMENTE. Tú ibas a la ciudad, como siempre...

ABEL. Sí, como siempre. Y luego me metía en cualquier parte. ¿Qué más daba?[3] La cuestión no era estar aquí o allí, en este sitio o en el otro. Lo que me importaba era *no* estar. No estar en un sitio, en un solo sitio, de entre todos...

CLEMENTE. ¿En cuál?

ABEL. En el Instituto, en mi laboratorio. (*Pausa.*) He caído[4] en los lugares más disparatados,[5] en los cines de barrio, bostezando dos horas de película. Horas enteras en los bancos de los jardines públicos, echando de comer a los gorriones.[6] En la biblioteca del Casino. Más de dos docenas de novelas policíacas me he leído; me habían dicho que distraían mucho. Cuando ha hecho bueno,[7] a pasear por el campo; es lo mejor. ¡Pero ha llovido tanto! (*Bebe.*)

CLEMENTE. Entonces has estado, por decirlo así..., vagando...[8]

ABEL. ¿Vagando? Sí y no; vagando, pero sujeto, sujeto a una idea fija, sin poder soltarme de ella, por mucho que anduviera...[9] He estado, Clemente, huido,[10] así, huido...

CLEMENTE. ¿Y de lo que huías era de tu laboratorio?

ABEL. Sí, porque allí sólo me esperaba mi trabajo. ¿Qué soy yo allí? Aquí a tu lado, soy tu hermano mayor, soy el marido de Paula.. Allí soy el sabio, el premio Nobel a los treinta años, el físico eminente, la gloria científica... (*Con ironía.*)

CLEMENTE. ¡Claro! Sigo sin entender... ¿Es que te has cansado de serlo? De tu vocación.

ABEL. No. Es que por detrás de ella empiezo a ver algo aterrador. Es que me doy miedo y te debo dar miedo a ti, y a Paula, y a todos... Y por eso me huyo... ¡Tontería! Esa huida de uno mismo no puede durar mucho, Clemente. Tú lo sabes, tú sabes cómo acaba...

---

[3] **¿Qué más daba?** ¿Qué importaba?
[4] **He caído en** he frecuentado
[5] **disparatados** estúpidos
[6] **gorrión** *sparrow*
[7] **ha hecho bueno** ha hecho buen tiempo
[8] **vagar** andar acá y allá sin fijarse en ningún lugar
[9] **por mucho que anduviera** *no matter how much I wandered.*
[10] **huido** huyendo

CLEMENTE. Abel, me estás hablando con toda tu alma. Todas tus palabras me llegan. Siento que te pasa algo, y grave, lo veo. Pero ... sigo sin entender ...

ABEL. Tienes razón. Para mí, por dentro, es tan cegadoramente[11] claro, que no puedo darme cuenta de que no alcance a todos. Estoy alucinado ...[12]

CLEMENTE. Calla, creo que baja Paula ... (*Escucha.*)

ABEL. No importa, mejor. Yo no puedo ocultarle a ella lo que te voy a decir a ti ... (*Se levanta y va al encuentro de Paula.*)

PAULA. ¿Estabais hablando de algo ... vuestro?

ABEL. No, Paula, no. Es algo que quiero que sea de todos, de los tres. Llegas muy a tiempo. Siéntate aquí con nosotros. Voy a contaros ... lo de estos días ...

PAULA. Ya te dije que yo no lo necesito, Abel.

ABEL. ¡No, no, quien lo necesita soy yo! Al fin y al cabo,[13] me alegro de que os hayáis enterado.[14] Ya no podía más. (*Se coge la cabeza con las manos.*)

PAULA. No lo cuentes, Abel, te vas a poner más nervioso. ¿Qué importa saber cosas? Las cosas que te pasan, que te han pasado ... Y eso ¿qué es? Me importas tú ...

ABEL. Eso es lo malo, Paula. Que lo que me pasa... está aquí dentro (*Se toca en la sien.*), es mío, soy yo... (*Silencio.*) Tengo que decíroslo. (*Bebe. Paula le quita el vaso, cuando acaba.*) Gracias. Ya sabéis en lo que estoy trabajando estos dos últimos años..., problemas de composición y descomposición atómica. Pues hace tres meses se me ocurrió una nueva solución, muy sencilla, asombrosamente sencilla. Parecía increíble, pero pronto vi que era la verdadera. Desde entonces no descanso... ¿Os acordáis del viaje que hicimos Paula y yo a África?

PAULA. Claro...

ABEL. Pues era un engaño, puro engaño, con que yo me engañaba a mí mismo. Un pretexto para no seguir con mi investigación. No me di cuenta, primero. Creí que era pereza, o esa duda que le entra al que busca cuando se ve ya cerca del final por si[15] lo que viene es el fracaso y no el hallazgo.[16] Pero era miedo, nada más que miedo.

CLEMENTE. ¿A qué?

ABEL. Al final, al descubrimiento, al hallazgo.

PAULA. ¿Y por qué tenerle miedo? ¿No es un gran descubrimiento?

ABEL. Sí, lo es, cuando se le[17] ve donde a mí se me apareció, en esa luz perfecta y limpia de las ideas. Pero ¡qué pronto, apenas nacida!, se arranca hoy una idea de su mundo puro. Cosa terrible es que las ideas den dinero. Después de todo, el alquimista medieval era muy inocente; lo que quería era

---

[11] **cegadoramente** ciegamente (*dazzlingly*)
[12] **alucinado** engañado, seducido
[13] **al fin y al cabo** después de todo
[14] **enterarse** informarse; averiguar
[15] **por si** *wondering whether*
[16] **hallazgo** cosa hallada; descubrimiento
[17] **le** lo (el descubrimiento)

transformar la materia en oro. Los de ahora buscan algo peor: transmutar en oro las ideas. O sacar de ellas poder físico, medios de dominar, de subyugar a sus prójimos.[18] ¿No veis lo que pasa con tantas ideas hermosas? Apenas vienen al mundo, se las echa a vivir por dos caminos, el del bien y el del mal. Y nadie sabe por cuál de los dos irán más lejos.

PAULA.   ¿Entonces, tu idea podría...?

ABEL.   Sí. Podría. Nace una idea inmaculada, en el alma de un hombre, una nueva verdad; pero otros hombres están allí, que la usarán torcidamente,[19] que la volverán contra el alma del hombre. Por mucho que nuestra inteligencia presuma[20] de previsión, quien decide el destino de lo que ella engendra, no es ella, no es su autor, es el azar. Y puede terminar donde nunca se pensaba, donde menos queríamos... Hasta ahora no lo había visto... Esa era mi tragedia... Ya lo sabéis.

CLEMENTE.   ¿Y qué puede salir de tu invento?

ABEL.   Pues algo que todos los ejércitos buscan ansiosamente. Y que a nuestro dictador le permitiría acabar con lo que queda en el mundo de libertad, de voluntad noble, volverlo todo ciénaga.[21] (*Pausa.*) Un explosivo. De efectos destructores terribles. Conque[22] un proyectil de diez kilos estallara[23] a veinte kilómetros de aquí, esta casa se desmoronaría[24] en dos segundos. (*Mira alrededor. Se fija en la repisa de la chimenea y coge algo. Dirigiéndose a Paula.*) ¿Tú ves este barquito de cristal, esos otros? ¿Te acuerdas, Paula, que los encargamos en Venecia? (*Paula asiente.*) Pues desaparecerían como sorbidos[25] por la nada, sin dejar un pedazo, detrás, que diese seña de su color o su materia, pulverizados, vueltos a polvo tan fino como la arena de donde salieron... (*Paula le coge el barco de las manos, lo mira con dolor.*)

PAULA.   Ahora sí que entiendo bien por qué no quieres verte en tu laboratorio. (*Pausa.*) Es el lugar de la tentación... (*Pone el barco en la repisa.*)

ABEL.   Más. Allí todo me empuja al trabajo, todo espera a mis manos. Y las manos aguardan ansiosas el mandato de la idea, que está aquí (*Se señala a la frente.*) tan clara, tan precisa que veo punto por punto todo lo que se necesita hacer, el proceso de trabajo entero, hasta el final. Y el esfuerzo de no hacerlo, parece que me va a volver loco.

CLEMENTE.   ¿Y no es posible que esa idea la olvides tú, no? Que la abandones, que dejes de pensar en ella... Eso sería lo mejor...

ABEL.   ¡Cómo la voy a abandonar, yo, si es ella la que me tiene a mí, la que me posee! Está como una luz radiante, en el centro de mi inteligencia, y no se apaga nunca, igual que esas luces de torturadores de la Gestapo. Eso

---

[18] **prójimos**   la humanidad; los demás hombres
[19] **torcidamente**   *in a twisted way*
[20] **presumir de**   creer tener
[21] **ciénaga**   sitio lleno de cieno o lodo (*mud*)
[22] **conque**   si
[23] **estallar**   reventar (*to burst*)
[24] **desmoronarse**   arruinarse; deshacerse
[25] **sorbidos**   tragados (*swallowed*)

quise hacer estos días, apagarla, distrayéndome. Estoy rendido,[26] no puedo más. (*Volviéndose a ellos, suplicante.*) ¡Pero tenéis que ayudarme, Paula, Clemente! No me dejéis hacerlo, no. Hay que evitar que se consume la idea, que se realice materialmente. No me dejéis acercarme a mi laboratorio, al trabajo. Yo ya he luchado doce días. (*Se deja caer en la butaca.*) Me siento agotado. ¡Vosotros!
     CLEMENTE. Si pudieras...
     PAULA. (*Cogiéndole la cabeza con las manos y mirándole con cariño.*) Vamos a marcharnos de aquí, de esta casa, de Ispolia, sin decir nada a nadie... Romper con todo esto, menos[27] con el porvenir que yo te llevo, que viene en nuestro hijo. ¡En el mundo hay muchas islas!
     ABEL. (*Sonriendo.*) Sí, Paula, tantas como sueños. Los sueños de los hombres tienen forma de isla. Cada vez que se forja un sueño, se asoma[28] a la superficie de algún mar, a esperarlo, otra isla más. Todas inaccesibles, todas destinadas a ser islas desiertas. ¡Si se encontraran los sueños con sus islas! (*Pausa.*) Llevo quince años poniendo lo mejor de mi energía, de mi aspiración humana en la busca de más verdades del mundo material; la suerte que he tenido, la tomo como una confirmación de que mi estrella es ésa, lo que pueda trabajar, descubrir en la física. ¿Es posible romper con eso?
     PAULA. (*Suavemente.*) Sí: tú mismo ves ahora, por detrás de tu afán de descubrir, otra razón de vida, otra razón de muerte, que te paraliza ese afán.
     ABEL. (*Cambiando de tono.*) ¡Quién sabe! Sí. Siento una obligación nueva hacia ti, hacia vosotros, hacia mi hijo que vendrá, a sus infinitos hijos posibles. No quiero que cuando mi hijo venga al mundo haya en él, por culpa de su padre, más modos de hacer daño que ahora. ¡Qué no se encuentre con una vida donde se ha aumentado el poder del mal! ¡Qué terrible esa conciencia de las uñas, de los dientes, de poder hacer mal! (*Resuelto.*) No, no lo haré. Hay que probar, Paula. En muchos sitios habrá una playa desierta, esperando a unas sombras en la arena. Podemos ser sombras, lejos, en alguna parte... (*Mirando a Paula y en tono firme.*) Sí, tenemos dinero bastante, y en veinticuatro horas... (*Se oye un ruido de motor fuera, que luego cesa. Suena el timbre. Los tres se quedan inmóviles; la Criada sale y abre la puerta. Aparecen en su marco*[29] *el Profesor Fontecha, barba blanca, gafas, aire de sabio, y el General Ascario, de impecable uniforme y modales secos, de militar.*)

ESCENA V

FONTECHA *y el* GENERAL *se quedan parados en la puerta un momento.* ABEL, CLEMENTE *y* PAULA *los miran. Forman como dos grupos frente a frente, que se observan como enemigos. Por fin,* ABEL *se adelanta, sonriente.*

---

[26] **rendido**   muy cansado, agotado
[27] **menos**   excepto
[28] **se asoma**   viene, aparece (otra isla)
[29] **marco**   doorway; threshold

Abel. ¡Adelante, señor Fontecha! ¡Qué sorpresa! (*Saluda al militar con la cabeza.*)

Fontecha. ¡Mil perdones, amigo Leyva, por presentarnos de esta manera... (*Señalando al militar.*) El General Ascario... Mi amigo y colaborador, doctor Leyva. (*Se dan la mano.*)

Abel. Señores, mi esposa y mi hermano. (*Se saludan todos con inclinaciones de cabeza.*)

Paula. Hagan ustedes el favor de sentarse... Voy a mandarles algo de beber. Yo con su permiso me retiro... (*Se va.*)

General y Fontecha. (*Inclinándose.*) ¡Señora, a los pies de usted!

Clemente. A mí me permitirán que siga trabajando... (*Saluda.*) General, Profesor...

General y Fontecha. Mucho gusto... en haberle saludado. (*Clemente entra en su cuarto. Viene la Criada y pone sifón y botellas en la mesita frente al diván. El General y Fontecha se sientan en el diván, y Abel en una butaca.*)

Fontecha. Usted nos dispensará[30] esta visita tan brusca... Mandé a mi secretario a preguntar cuándo estaría usted de vuelta, y en cuanto su esposa dijo que vendría esta tarde él me telefoneó desde el hotel del pueblo, y salimos inmediatamente el General y yo...

General. Quizá pueda usted comprender por nuestra premura,[31] por la brusquedad, socialmente inexcusable, de nuestra visita, lo importante del asunto que nos trae aquí...

Abel. Mi maestro (*Señalando a Fontecha.*) y sus amigos son siempre bien venidos en esta casa...

General. (*Inclinándose.*) Muchas gracias...

Fontecha. Pues ya sabe usted, amigo Leyva, que todos tenemos puestas las mejores esperanzas en su investigación sobre la descomposición atómica. Es usted el especialista más brillante del país, del continente, diría... Si su trabajo da con la solución esperada, el resultado general para el progreso científico es incalculable... Usted lo sabe, ¿no?

Abel. Puede ser así, evidentemente..., si acierto.[32]

Fontecha. Y como hace algún tiempo que su trabajo sufre interrupciones, sin duda por causas personales, muy respetables..., yo me he permitido venir a apelar a usted para que vuelva al laboratorio..., reanude[33] su tarea y la termine cuanto antes.

Abel. ¡Cuanto antes! ¿Tanta prisa corre? Siempre he creído, maestro, que al trabajo científico no conviene apresurarlo; tiene su paso..., su medida...

Fontecha. Cierto, cierto. Pero acaso el General tenga algo que decirle a este respecto.

---

[30] **dispensar**   excusar
[31] **premura**   prisa

[32] **si acierto**   si tengo éxito
[33] **reanude**   (para que) continúe

GENERAL. Sí, Profesor. Nuestro amigo acaba de hablar a usted en nombre de la ciencia. Yo voy a hablarle en nombre de la patria. Estamos abocados a[34] una guerra, muy pronto. Su descubrimiento de usted sería aplicable, según mis informes técnicos, a una fórmula de explosivo cuya posesión y uso nos daría una superioridad indiscutible[35] sobre nuestros enemigos. Usted comprenderá que es el interés de la patria el que aconseja la prontitud. Yo espero que usted no lo desoiga.[36] Una gloria científica como usted, que honra en el mundo a nuestro país...

ABEL. (*Poniéndose de pie.*) General, quiero ahorrarle a usted palabras. Usted me ha hablado francamente, y eso me obliga a la franqueza. Por razones psicológicas personales me es imposible volver a trabajar en este momento...

GENERAL. ¡Razones psicológicas! Usted podría acaso explicarnos.

ABEL. No. Son razones que pertenecen a mi conciencia. Y mi conciencia me pertenece a mí.

FONTECHA. Piense usted, Leyva, que usted, dejando aparte los motivos expuestos por el General, no tiene derecho, en nombre de la moral científica, a retrasar[37] voluntariamente ese descubrimiento. Su repercusión sobre otros campos de la física puede ser tal, que usted no debe privar a la ciencia, por su sola voluntad, de todo lo que su hallazgo puede traerla... Imagínese, es absurda, claro, mi presunción, que usted insiste en demorar[38] el final de su obra, y que por cualquier azar le ocurre una desgracia. Usted se llevaría consigo, sin revelarlo a quien lo merece, el progreso del saber científico, una nueva verdad, de valor incalculable.

ABEL. No hay duda. Me doy cuenta de mi responsabilidad. (*Pausa. Abel fuma.*) Una solución hay, que me permitiría ponerme a trabajar mañana mismo...

GENERAL. Ya sabía yo que usted no podía desatender...

ABEL. Perdone, General. La solución es que ustedes dos se comprometan a no hacer ningún intento para aplicar lo que yo descubra a ningún arma de guerra...

GENERAL. (*En pie.*) ¡Pero eso es monstruoso!

ABEL. El Profesor Fontecha ha dicho cosas muy justas. Yo no tengo derecho a retardar esa nueva verdad para la ciencia. El asunto está en sus manos, General. Yo estoy seguro de que a mi maestro lo que le interesa es el valor científico que se deriva de mi trabajo. Si usted, General, renuncia a todo empleo guerrero de mi idea, desaparecen los obstáculos..., ¿no lo comprende? Ahora la cuestión queda muy clara. Entre ustedes dos. Maestro, si usted convence al General, mañana a las nueve estaré en el laboratorio. Y si no estoy, será por falta de devoción mía a esos principios de moral científica a que usted ha apelado. No tengo más que decir.

[34] **Estamos abocados a** estaremos en
[35] **indiscutible** indisputable
[36] **no lo desoiga** no deje de oirlo
[37] **retrasar** atrasar, diferir (*to delay*)
[38] **demorar** retrasar

GENERAL. (*En pie.*) ¿Usted se da cuenta de que está usted incurriendo en un delito[39] de traición a su patria? ¿Y de que, por la gravedad del caso, podría acarrearle[40] hasta la pena de muerte?
FONTECHA. ¡General, no...!
ABEL. General, ¿usted se da cuenta de que esa pena de muerte, al paso que[41] lo es para mí, lo es también para esa idea, que a usted tanto le interesa? Esa idea está aquí, General. El verdugo que me ejecute a mí la ejecuta a ella.
GENERAL. Eso no tiene más que un nombre: coacción[42] contra la patria...
ABEL. General, Profesor, ustedes decidirán si quieren que vaya mañana al laboratorio o no.
GENERAL. Me consta[43] que el Gobierno siempre le ha tenido a usted por[44] desafecto al régimen, por políticamente sospechoso... Pero por respeto a su renombre científico jamás le molestó. Esto ya toca a algo más alto. Profesor Leyva, al salir de aquí daré las órdenes para que sea usted movilizado inmediatamente al servicio del país.
ABEL. ¿Y eso significa?
GENERAL. Significa que usted quedará al servicio del Estado... Su libertad de movimiento, restringida a lo que al Estado convenga. Por lo pronto, podrá usted salir tan sólo para ir a su laboratorio y para volver a su domicilio, y, por supuesto, vigilado.[45] Esto, mientras usted no termine su trabajo satisfactoriamente.
ABEL. No le pregunto en virtud de qué ley...
GENERAL. La única ley es el interés supremo de la patria.
ABEL. ¿Y cuándo empezará mi libertad... condicionada..., llamémosla así?
GENERAL. Inmediatamente. Al salir de aquí dejaré a dos hombres de mi escolta[46] el encargo de asegurar que mis órdenes se cumplen... Su casa queda vigilada desde ahora. Y en seguida consultaré a mis superiores.
ABEL. Permítame una pregunta, General. Si por cualquier irresistible impulso me siento tentado a quebrantar mi reclusión, a salir de esta casa para ir donde me plazca,[47] ¿qué ocurriría...?
GENERAL. Lo reglamentario[48] en estos casos. La guardia se lo impediría a usted por la fuerza...
ABEL. ¡Por la fuerza! ¿Y hasta qué límite llegaría esa fuerza?

[39] **incurrir en un delito** cometer un crimen
[40] **acarrear** causar
[41] **al paso que** mientras
[42] **coacción** coerción, presión
[43] **me consta** se sabe; es cierto
[44] **tenido a usted por:** tener por considerar
[45] **vigilado** velado, guardado (*watched*)
[46] **escolta** *escort*
[47] **me plazca (placer)** me guste
[48] **reglamentario** perteneciente o conforme a las órdenes

GENERAL. Señor mío, no puedo seguir esta conversación insolente. Se lo impediría a usted a toda costa, ¿lo oye? (*A Fontecha*.) Cuando usted guste, Profesor. (*Van hacia la puerta, y cuando ya la abren...*)
ABEL. A toda costa... es decir, a costa... del descubrimiento... ¿Oye usted, maestro Fontecha? A costa del arma nueva, de la salvacion de la patria... ¿Oye usted, General? No se les olvide que es mucha costa... (*Lo dice mirando hacia la puerta. El General da un portazo.*)

Cuestionario

1. En la escena IV, ¿cómo es la discusión entre los hermanos: juiciosa y razonable, o ilógica y emocionada?
2. ¿Qué hacía Abel durante las horas en que no estaba en casa?
3. ¿De qué huye? ¿Por qué?
4. ¿Sentimos crecer la tensión (*el suspenso*) mientras esperamos la explicación de Abel, o no?
5. ¿Parece extraño que al llegar a la solución de su problema de física, Abel tenga miedo?
6. ¿En qué pueden transmutar las ideas puras de la ciencia?
7. ¿Qué puede salir del invento de Abel, lo que le tiene tan preocupado?
8. ¿Le parece que su angustia es legítima? ¿Debe un inventor preocuparse por la cuestión moral?
9. ¿Qué teme Abel que haga un dictador que tenga en su poder un explosivo atómico?
10. ¿Es posible que el autor se refiera a un dictador específico? ¿Cuál?
11. ¿Por qué no puede Abel abandonar la «idea», como sugiere Clemente?
12. ¿Qué obligación siente Abel que le permitirá romper con su trabajo?
13. ¿Nos sorprende leer que el General Ascario es «de impecable uniforme y modales secos»?
14. ¿Por qué quiere el General que Abel termine su trabajo cuanto antes?
15. ¿El profesor Fontecha apela a Abel no desde el punto de vista patriótico, sino desde qué otro punto de vista?
16. ¿Cuál es la condición bajo la cual Abel volverá a trabajar?
17. ¿Cuál es la reacción del General?
18. ¿Por qué no se atreverían a ejecutar a Abel?
19. ¿Qué órdenes dará el General al salir de la casa?
20. ¿En virtud de qué ley puede hacer esto el General?
21. Dado el carácter de Abel, ¿es verosímil su «confrontación» con el General? ¿Es verosímil la reacción de éste?

Ejercicios

I. PARA y POR (GRAM. 7.1—7.10)

A. Observe y explique el uso de **para** y **por** en las siguientes frases tomadas del texto.
1. Hubiera deseado pedirla permiso *por* teléfono, pero . . .
2. Mil gracias, señora, *por* haber tenido la atención de recibirme.
3. Pero *para* el pensamiento feminino no hay más que una (pregunta).
4. Tú no eres de las que lloran *por* nada.
5. Yo no tengo derecho a retardar esa nueva verdad *para* la ciencia.
6. Va y viene *por* el cuarto.
7. Yo también estoy muy preocupado *por* ti.
8. . . . dejando aparte los motivos expuestos *por* el General.

B. Complete con **para** o **por**, según el caso.
1. Perdóneme _____ el desorden de la casa.
2. La carta fue escrita _____ Juan. Es _____ María.
3. _____ un país tropical, hace frío.
4. Ella me dio las gracias _____ las flores.
5. Esta tarjeta es _____ su padre.
6. Usted habla bien el español _____ un extranjero.
7. Está _____ la abolición de la pena de muerte.
8. Nos paseábamos _____ la orilla del río.
9. El perro saltó _____ la ventana.
10. Se arriesgó a ahogarse _____ su novia.
11. Estaba _____ ir al teatro cuando ella llamó.
12. Dice que vendrá a verme mañana _____ la mañana.
13. Me dijeron que un policía preguntaba _____ mí.
14. Vivió en Caracas _____ tres años.
15. Mi mujer reza (*prays*) _____ los dos.

C. Explique la diferencia entre los siguientes pares de frases.
1. Lo hicimos para Juan.
   Lo hicimos por Juan.
2. Me dio el dinero para los billetes.
   Me dio el dinero por los billetes.
3. Paró el coche para encender un cigarrillo.
   Arruinó el coche por encender un cigarrillo.
4. Salgo para el jardín.
   Salgo por el jardín.
5. Me regalaron un perro para mi cumpleaños.
   Me regalaron un perro por mi cumpleaños.

D. Traduzca.
1. I cry for you.
2. I would give anything for a kiss.
3. We received three shares (*acciones*) for every one we had.
4. I found the papers scattered (*esparcir*) through the house.
5. Dictators are not for freedom of speech.
6. The teacher will have the examination corrected by next week.
7. Do it for me.
8. I dictated (*dictar*) a letter for the president.
9. Dionisio is very sensitive (*sensible*) for a boy.
10. He had nothing to eat for two days and nights.
11. They promised to love each other for ever (always).
12. I want you to read ten pages for tomorrow.
13. He sent the letter (by) airmail.
14. I like the mountains *because the climate is dry* (two ways).
15. If you don't feel better by tonight, I am going to send for an ambulance.

II. El Subjuntivo con Expresiones Impersonales (GRAM. 13.9)

A. Emplee el subjuntivo o el indicativo según el caso.
1. Es preciso que (*you study*).
2. Es cierto que (*they read*) bien.
3. Importa que (*they arrive*) a tiempo.
4. Es posible que (*she has gone*).
5. Es verdad que (*I work*) mucho.
6. Es de temerse que (*he will return*) pronto.
7. Se sigue [it follows] que su respuesta (*is*) incorrecta.
8. ¿Es cierto que (*they have*) mucho dinero?
9. Puede ser que usted (*do not know*) la verdad.
10. Era importante que (*you send her*) la tarjeta.

B. Cambie, empleando el subjuntivo o el indicativo.
1. Vendrá mañana.
   (Es probable que, Es de esperar, Es verdad, Ojalá).
2. Estaba enfermo.
   (Era lástima que, No hay duda de, Era increíble, Es posible)
3. Trabaja en una fábrica.
   (Es evidente que, Puede ser, Conviene, Era sorprendente)

C. Traduzca.
1. It will be necessary for Abel to decide very soon.
2. It is important that we write to our Congressmen (*diputados*).
3. It is proper (*conviene*) for you to sign (*firmar*) the letter for me.

4. It is not proper however to sign my checks.
5. It is clear that the General is mad.
6. It's easy for them to criticize the president.
7. It goes without saying (*Se cae de su peso*) that Spanish is a very important language.
8. Is it necessary to practice much to play the piano?
9. It is rare that lions are found in cities.
10. It would be better for you to do it.

III. El imperativo (GRAM. 19.1—19.6)

A. Traduzca las palabras entre paréntesis, usando el imperativo de la tercera persona (**usted**) o de la primera persona plural.
1. Muchas gracias. (*Have*) la bondad de sentarse.
2. Pero (*sit down*).
3. (*Let's abandon*) el proyecto, Paula; (*let's go*) a una playa desierta.
4. (*Pardon*), señora, mi intrusión.
5. (*Tell*) al señor Fontecha que mi marido se retrasó un poco.
6. (*Bring me*) algo de beber.
7. (*Don't go*) hoy al laboratorio.
8. Ese barquito es mío, (*give it to me*).
9. Esa era mi tragedia. No lo (*deny*) ustedes.
10. (*Let's not get up*) tan temprano mañana.

B. Traduzca, empleando el imperativo de la segunda persona.
1. Abel me engaña. —No, Paula, (*don't say*) esas cosas.
2. (*Pardon*), Clemente. No te he sentido entrar.
3. (*Have*) calma, Paula, Clemente.
4. (*Go*) a descansar un poco.
5. (*Come*) aquí. ¿Cómo te sientes?
6. Paula, (*tell me*) la verdad...
7. Abel no va al Instituto. (*Don't hide* (**ocultar**) *it from me.*)
8. Abel, (*don't continue*) fingiendo que ibas a tu trabajo.
9. ¡Pero tenéis que ayudarme, Paula, Clemente! (*Don't let me*) hacerlo, no.
10. (*Look*), Paula. ¿Tú ves ese barquito de cristal?

IV. Repaso de verbos que sufren cambios ortográficos: COGER, VENCER, DISTINGUIR, DELINQUIR (GRAM. 23.3 [pág. 259])

A. Cambie el verbo entre paréntesis a la forma debida.
1. Espero que usted no (**coger**) un resfriado.
2. ¿Dónde (**coger**) la policía al asesino?
3. Es probable que nosotros no (**vencer**).

4. Si yo no (**vencer**) esta vez, nunca volveré a hacerlo.
5. Pues, que (**vencer**) usted.
6. Es necesario (**distinguir**) entre lo bueno y lo malo.
7. Quizá (**distinguirse**) ese poeta más por su prosa.
8. Yo le dije que no (**coger**) esas manzanas.
9. Hace mucho tiempo que yo no (**coger**) su fruta.
10. Por más que (**delinquir**) uno por ignorancia, será castigado.
11. Es mejor que nosotros (**vencer**) las emociones.
12. Dudo que la razón (**distinguir**) al hombre.

B. Traduzca, empleando las dos formas (**tú** y **usted**) en casos del imperativo.
 1. Pick the flowers.
 2. Don't pick them now.
 3. Do not commit an offense.
 4. Conquer them.
 5. Do not conquer them.
 6. Let's not transgress.
 7. Let them catch him.
 8. We distinguished.
 9. I caught them.
 10. They will conquer.

V. Repaso de verbos que alteran el radical (GRAM. 23.4 [pág. 261])

Ejemplos del texto:
 (*decir*) Permítame que la diga ...
 (*sentarse*) Pero siéntese usted.
 (*poder*) Sólo él puede llevarla a cabo.
 (*servir*) Abel se sirve de beber.

Dé la forma apropiada de los verbos entre paréntesis.

 1. (*pedir*) No podría hacerlo aunque tú me lo _____.
 2. (*despertarse*) ¿A qué hora _____ usted por la mañana?
 3. (*divertirse*) Espero que ustedes _____ en Miami.
 4. (*dormir*) Juan no _____ aquella noche porque era cobarde.
 5. (*jugar*) ¿Con quién _____ su hijo?
 6. (*seguir*) El gordo pidió otro plato y _____ comiendo.
 7. (*recordar*) Ustedes probablemente no _____ la fecha de la guerra civil.
 8. (*volver*) Es preciso que mis parientes _____ a Colombia.
 9. (*repetir*) No lo entendí. _____, por favor.
 10. (*vestirse*) Todos la admiran porque _____ bien.

Traduzca.
1. I close the door.
2. We close the door.
3. Sit down (**tú**).
4. He goes to bed.
5. He went to bed.
6. Do not follow me.
7. He died last year.
8. It costs too much.
9. They serve.
10. We serve.
11. I sleep.
12. They came.
13. They are coming.
14. They were coming.
15. I will ask him for it.
16. He lost the money.

VI. Composición

1. Abel lights a cigarette and says to Clemente: "It's better for us to speak in this room. Let's sit down here, but do not say anything about this to Paula." 2. "Listen to me, Clemente. I have spent entire hours at (*en*) the movies, on park benches, and strolling through the countryside; *because I am afraid* (two ways), I flee from myself." 3. For a scientist Abel is very sensitive, and it will be important for him to conquer his fear, even though this seems impossible when we realize what he has discovered. 4. It is a pity that new ideas cannot be used only for the welfare of people, but Abel's problem is that he knows that his invention will permit the dictator to do away with liberty for all. 5. Abel has discovered an explosive so powerful that it can destroy entire cities; that is why he does not continue working in the laboratory. 6. Paula suggests to her husband that there is more in life than what one can discover in physics. It is necessary that science serve us, rather than that we should serve science. 7. Abel doesn't want his son to live in a world in which the power of evil has increased through (the) fault of his father. "No Paula, I will not do it. Help me. Let's run away to a deserted beach."

Vocabulario

bench banco
countryside campo
deserted desierto
destroy destruir
discover descubrir
do away with acabar con
evil el mal
fault culpa
flee (run away) huir

increase aumentarse
light encender
movie el cine
physics la física
powerful poderoso
rather than más bien que
stroll pasear
welfare el bienestar

7

Pedro Salinas

Caín, o una gloria científica

ESCENA VI

Baja corriendo por la escalera PAULA, *con rostro de ansiedad.* ABEL *está en el centro de la habitación encendiendo un pitillo.* PAULA *corre hacia él, que la recibe en sus brazos.*

PAULA. ¿Se han ido? ¿Qué querían? ¿Qué pasa, Abel?
ABEL. Nada, nada. No te pongas nerviosa...
PAULA. ¿Nada? ¿De verdad? (*Silencio.*) Entonces, Abel, puedo seguir lo que estaba haciendo?
ABEL. Sí, claro... ¿Qué es lo que estabas haciendo?
PAULA. El plan del viaje. Tenemos que salir lo antes posible, no sólo de aquí, no, del continente. Embarcarnos... Ya en el mar, no hay miedo más que al mar y eso no es nada. Mira, la casa la puede venir a vivir mi hermana..., no quiero que se quede sola...
ABEL. ¡Ten calma, ten calma, criatura...!
CLEMENTE. (*Sale.*) ¿Qué, se fueron ya?
ABEL. Sí.
PAULA. (*A Clemente.*) Mira, mira, ya tengo el plan del viaje... ¿Verdad, Clemente, que debemos irnos cuanto antes, si puede ser mañana...? Dice Abel que tenga calma... Por supuesto, nos iremos en coche. Es más independiente...[1]

---

[1] **independiente** fácil

ABEL. (*Serio.*) Paula, por ahora hay que aplazar[2] el viaje. Se me ha ocurrido algo mejor...

PAULA. ¡Mejor! Sí, más seguro. (*Llaman a la puerta. Clemente va y abre. Aparecen dos soldados, que saludan respetuosamente.*)

SOLDADO 1.° ¿El Profesor Leyva?

ABEL. Yo soy.

SOLDADO 1.° Tenemos órdenes de vigilar la casa y acompañarle cuando quiera salir de ella, en el coche, al Instituto, señor Profesor.

ABEL. Está bien.

SOLDADO 2.° Se nos ha ordenado también que le tratemos con la mayor consideración y le molestemos lo menos que se pueda... Sólo veníamos a preguntar si la casa tiene más de dos puertas...

ABEL. No, nada más. Esa y la de servicio, en la parte de atrás...

SOLDADO. Muchas gracias, señor Profesor. ¡A la orden!

ABEL. No hay de qué... Si ustedes necesitan algo, pídanselo a las criadas.

SOLDADO 2.° Muchas gracias. ¡Buenas tardes! (*Saludan, abren y se retiran. Paula y Clemente miran asombrados a Abel.*)

PAULA. ¿Esto era lo que se te había ocurrido? ¿Pero es posible? ¿Puede llegar esta gente a ese extremo con una persona como tú? Miserables...

ABEL. Paula, dentro de veinte años no pasará nada de esto. Dentro de veinte años habrá en el mundo un mozo o una moza, que podrán vivir en paz. El mozo, si lo es, se llamará Abel. La niña, caso de que lo sea, se llamará Paula. Pero para que mi predicción se realice, lo necesario es que una persona que está aquí ahora se domine los nervios, se tranquilice, y piense en que su obligación primera es facilitar el acceso al mundo a ese mozo o moza, pase lo que pase. (*Volviéndose a Paula.*) ¿Tú conoces a esa persona? (*Haciéndola una caricia en la mejilla.*) Pues cógela del brazo, llévatela arriba, a tu cuarto, y oblígala a apartar la vista de esto y ponerla muy lejos..., hasta donde te alcance. ¿A ver? Mira muy lejos... (*Paula le mira a él.*) ¡Así! (*La da un beso. Paula sonríe y sube.*)

ESCENA VII

CLEMENTE, *sentado en la butaca*. ABEL *pasea arriba y abajo. Un silencio.*

ABEL. Clemente, tú también tienes tu papel.

CLEMENTE. ¿Yo?

ABEL. Sí. (*Habla andando, como si monologara, arriba y abajo.*) ¿Tú sabes lo que representa mi vida?

CLEMENTE. No te entiendo.

ABEL. Sí, pero no quieres entenderme, porque eres mi hermano. Mi vida es un peligro tan grande, que no veo ahora otro mayor en el mundo. Mi

---

[2] **aplazar** atrasar, diferir

vida sostiene a esta idea que hay aquí dentro... (*Se toca la frente.*) Y esa idea es una amenaza constante a cada día que nace; porque en cualquier hora, de cualquier día, puedo ceder, puedo por la fuerza, o por la convicción, volver al trabajo: encontrar. Y en cuanto encuentre, un nuevo mal, atroz, caerá sobre el mundo. ¡Cuántos millones hay de seres, que no les veo las caras, que no sé de qué color tienen los ojos, y los inocentes van y vienen, y se ríen, y se besan, y se duermen en paz! Desde aquí (*Señalándose la cabeza.*), sin que yo quiera, les amenaza el fin de su alegría, de su vida. Sobre ellos está, colgada, mi idea. Sería su muerte. O peor que su muerte. Si viven serán los sometidos,[3] las almas deformadas, que no pueden crecer más que hacia un lado, como los árboles de las cumbres ventosas,[4] porque la violencia del aire les tuerce[5] toda la vida hacia allí. Vivirán, sí; pero pensando una cosa, tendrían que decir otra; queriendo alzar los ojos, los llevarían siempre humillados; las manos se aguantarían[6] el deseo de la caricia, para aprender el castigo. ¡Y todo por esta idea, que tengo aquí dentro! ... Esta guerra al principio parecerá que sólo es otra más; luego, cuando la hayan ganado, gracias a esta idea que está aquí dentro, se llamará un nuevo régimen político, el bueno, por fin, el que dará la felicidad a todos. Pero yo sé lo que es, hermano mío, y tú lo sabes también, ¿verdad? (*Se abrazan en silencio.*) ¿Se merece el hombre el mayor don que le dieran, la chispa de inteligencia, el don de crear, si con ella enciende las lumbres del mal? ¡No, no y no! No nos merecemos lo mejor, el alma, si en ella se forja la traición al alma. Clemente, sólo veo un escape a mi angustia. Hacerme, humildemente, digno de mi inteligencia, merecerme mi alma, ganármela. Y eso no será por mi obra, sino por la renuncia a mi obra. Siento la voz diciéndome que ha llegado el momento de no hacer, que hay que sacrificarlo todo a un no hacer. Veo a los hombres, al pie de las máquinas, en la tierra, por las nubes, enloquecidos[7] por la acción... Cegados están, si no perciben que tanto hacer desemboca en[8] la muerte. Así será si yo hago, si se realiza esta idea que llevo aquí dentro. Hermano, a ti te confío el cuidado de no dejarme hacer. A ti, que te veo ahora agrandado, infinito, hecho de todos los hermanos inocentes que podrían morir por mi culpa y no morirán. Tú, que estás a mi lado, que sabes exactamente dónde está el peligro, defiende a Paula, defiende a mi hijo, por venir, a todos los que vendrán al mundo. Sálvalos... y sálvame del eterno remordimiento[9] de haber hecho, del infierno sin fin.

CLEMENTE. (*Le mira serenamente.*) Abel, te lo prometo. Porque sé que salvarnos, salvarme yo, tu hermano, será, cueste lo que cueste, salvarte a ti... (*Le mira con emoción y entra en su cuarto.*)

---

[3] **sometidos** vencidos
[4] **cumbres ventosas** copas (*tops*) llenas de viento
[5] **tuerce: torcer** *to twist*
[6] **aguantarse** contenerse, reprimirse
[7] **enloquecidos** vuelto locos
[8] **desemboca en** llega a
[9] **remordimiento** *remorse*

ESCENA VIII

ABEL *se sienta junto a la lumbre, en un rincón de la escena, como mirando al vacío. La luz se apaga, de pronto, y cuando vuelve a encenderse, es con plena luz, luz de mañana, y con la ventana abierta, a un jardín florido.* PAULA, *de luto riguroso,*[10] *acompaña, como viniendo de la puerta de entrada, a una muchacha bellísima, con el largo abrigo de la Salvation Army.*

PAULA. Siéntese, haga el favor.
HADA.[11] ¿De modo que usted es la señora viuda de Leyva?
PAULA. Yo soy.
HADA. Muy joven, muy joven. ¡Lástima!
PAULA. ¿Lástima? No. ¿Por qué?
HADA. Por nada. Pero usted me permitirá que me quite el abrigo. (*Se lo quita y aparece con un vestido de gasas*[12] *y flores, como el que suele*[13] *atribuirse a las hadas. Lo hace con toda naturalidad. Paula no manifiesta gran sorpresa.*)
PAULA. ¡Ah! ¿De modo que usted...?
HADA. Sí, gastamos[14] ese uniforme para andar por el mundo sin llamar la atención. Soy un hada. Un hada de la fraternidad de hadas protectoras para las mujeres que van a tener un hijo, que no verá nunca a su padre.
PAULA. ¡Ah, interesantísima institución!
HADA. ¡Hacemos lo que podemos!
PAULA. Y pueden ustedes mucho, mucho, verdad.
HADA. Dentro de ciertos límites... ¿Cuánto tiempo hace que falta su esposo?
PAULA. Esta tarde a las seis hará un mes... Era de noche, sabe usted, entonces, a esa hora, pero ahora hay luz, los días alargan. Fue de noche.
HADA. Perdone que la recuerde... Voy a explicarle a lo que he venido. Lo que nosotras podemos hacer por nuestras amigas es prepararlas el destino de sus hijos... Darlas a escoger para ellos entre las vocaciones, oficios,[15] artes, capacidades, del hombre, aquella que deseen que tengan.
PAULA. ¡Es posible!
HADA. Lo es. Ya sabe usted que lo que más preocupa a una mujer en su estado es lo que será de su hijo. Pues nosotras podemos hacer que sea lo que usted desee.
PAULA. Eso es admirable. ¿Y lo hacen ustedes con todas las mujeres en mi caso?
HADA. No, no. Sólo con una minoría. Lo echamos a suertes.[16] A usted le ha tocado en el sorteo[17] de hoy. Y puede usted escoger la vocación que quiera para su hijo.

[10] **de luto riguroso**   vestida de negro
[11] **Hada**   *fairy*
[12] **gasa**   *gauze, chiffon*
[13] **suele: soler**   acostumbrar
[14] **gastamos**   llevamos
[15] **oficio**   ocupación, profesión
[16] **Lo echamos a suertes**   *We do it by drawing lots*
[17] **sorteo**   *drawing*

PAULA. ¡Hijo! ¿Ustedes saben ya que va a ser hijo...? ¿Abel?
HADA. Sí, para nosotras no es difícil...
PAULA. ¿De modo que puedo yo asegurarle a mi hijo la felicidad desde ahora, marcarle su destino en el mundo?
HADA. No, señora, yo no la he hablado de felicidad. Sólo de un don. Nosotras asistimos al nacer el hijo y le concedemos un don: que sepa hacer una cosa mejor que los demás. Luego, él, con esa facultad, se labrará[18] su dicha o su desgracia, conforme a lo que haga, a como emplee nuestro don. Muchas veces, por ser demasiado interesada[19] o calculadora, una madre pierde a su hijo. Ya ve usted, anteayer leería[20] que se suicidó el Director de la Asociación de Bancos de Crédito. Pues su madre hace cuarenta años nos pidió que le concediéramos el don del talento financiero. ¡Y así ha terminado el pobre! Ahora usted me dirá su deseo, si es que lo tiene ya en claro...
PAULA. Sí, muy claro. ¿Ustedes leen cuentos de hadas?
HADA. (*Sonriendo.*) No, nosotras los inspiramos...
PAULA. ¿Usted se acuerda de la Cenicienta,[21] de los zapatos de Cenicienta, aquellos zapatos de cristal? ¡He vivido muchos años, pero nunca se me han quitado del recuerdo! Fueron la primera aparición en mi alma de lo imposible, pero no de lo imposible que duele, no, de ese imposible suave que se contempla y no hace daño, infinitamente deseado... y sin pena...
HADA. ¡Cómo no voy a acordarme de esos zapatos, si son obra nuestra! ¡Se los regalamos nosotras![22]
PAULA. ¡Obra de ustedes! Ah..., entonces quizá sea mucho pedir...
HADA. ¿El qué?
PAULA. Que mi hijo haga cosas así... Yo quiero que mi hijo sea... No sé cómo se dice..., bueno, autor de criaturas de cristal, de vidrio..., de figuras, de muñecos,[23] de flores de cristal, de estrellas de cristal..., hechas todas de un soplo...[24] (*Se levanta y va a la chimenea. Coge el barco de cristal y se lo trae al hada. Lo maneja con gran cuidado.*) Que sea capaz de hacer cosas como ésta, pero más bonitas, y muchas, muchas, todo un mundo de vidrio...
HADA. ¡Qué preciosidad![25] Casi, casi labor de nuestros dedos. (*Se lo devuelve y Paula lo vuelve a colocar con grandes precauciones en la repisa.*) Ya comprendo. Es la primera petición para esa particular habilidad que se nos ha hecho. Casi todas las madres se inclinan a pedir para sus hijos dotes[26] de tipo práctico... Los quieren ingenieros, abogados, banqueros, médicos. Su elección de usted es muy rara.
PAULA. No. Yo deseo que mi hijo fabrique estos objetos inútiles por el bien que van a hacer, por lo frágiles[27] que son. ¡Requieren tanto tacto, un

[18] **labrar** hacer, formar
[19] **interesada** egoísta (*selfish*)
[20] **leería** habrá usted leído; debió usted de leer
[21] **Cenicienta** Cinderella
[22] **Se los regalamos** se los dimos a ella
[23] **muñeco** *doll*
[24] **un soplo** aire
[25] **¡Qué preciosidad!** ¡Qué exquisito!
[26] **dote** aquí, don
[27] **por lo frágiles que son** porque son tan frágiles

cuidado infinito, un cariño del gusto y de las manos! ¿Comprende usted?
    HADA. Creo que sí.
    PAULA. No aceptan la violencia ni resisten el choque. Piden delicadeza. Ellos son lo primero que se rompe si se los maltrata, si se los oprime torpemente.[28] Son las avanzadas[29] de lo frágil en la materia. No pueden existir más que en un mundo de paz. Despiertan ternura en los que viven junto a ellos. Para ellos el aire tiene que estar en calma, ser bueno. Ellos enseñan a las manos a tener precauciones, a tomar delicadamente las cosas, a templar[30] la rudeza de los músculos que tienden a oprimir, con una voluntad de no romper nada, de no hacer daño. Siempre se vive mejor rodeado de seres de vidrio. En la guerra lo primero que cae, que se quiebra, que gime,[31] son ellos. Son las primeras víctimas… de… el explosivo…
    HADA. Estoy segura de que su deseo dará una inmensa alegría a mis compañeras. Acudiremos[32] a la cuna de su hijo con un placer muy grande. Esté tranquila. Tendrá todo lo que se necesita para ser un gran…vidriero…, digámoslo así…, para cumplir su sueño, señora. Y ahora he de marcharme. (*Mira a un cuaderno.*) Me quedan dos visitas más. ¡Quién sabe lo que nos van a pedir! A lo mejor[33] un talento especial para ser representante[34] de automóviles. ¡Ojalá fueran todas como usted, señora! (*Paula se va a levantar.*) No, no se mueva.
    PAULA. Voy a acompañarla a la puerta. ¡Estoy tan agradecida!
    HADA. No, no se moleste. Esta vez no usaré la puerta. Tengo prisa. Adiós… y confíe en nosotros. (*Suena una nota como un pizzicato de arpa, y se apaga la luz. Durante toda la escena Abel ha seguido en la butaca sentado, inmóvil, sin dar muestras*[35] *de ver a Paula y Hada, ni ellas por su parte han dado señal de verle.*)

ESCENA IX

Al volver a iluminarse la escena se hará con la luz de prima noche[36] *de la escena penúltima.* ABEL *sigue sentado, absorto.*

    CLEMENTE. (*Sale de su cuarto, con aire agitado.*) Abel.
    ABEL. (*Como despertando.*) ¿Qué?
    CLEMENTE. Acabo de oír un comunicado especial, por la radio, del Gobierno. Movilización general. Se ha despachado[37] un ultimátum a Leucia, y si no se tiene contestación satisfactoria en término de veinticuatro horas, las tropas cruzarán la frontera. ¡Ese hombre está loco! ¡Loco!
    ABEL. ¿Qué hora es? ¿Cuánto falta para las seis?

[28] **torpemente** estúpidamente
[29] **Son las avanzadas de lo frágil** Son la cosa más frágil.
[30] **templar** moderar
[31] **gemir** *to moan, groan*
[32] **acudir** venir; ir
[33] **a lo mejor** probablemente
[34] **representante** agente
[35] **muestras** señales
[36] **prima noche** anochecer
[37] **despachar** enviar

CLEMENTE. Son las seis menos cinco. No faltan más que cinco minutos.
ABEL. (*Levantándose.*) ¡Ah! Clemente. Recuerda lo que me has dicho. En ti confío... ¡Espera! (*Va a un escritorio, saca de un cajón un revólver y se lo da.*) Toma. No vaciles. Lo malo del mundo es que siempre puede ser peor. ¡Que no lo sea, hermano, que no lo sea, por mí! (*Se oye un coche.*) Voy a ver quién es. No quiero que Paula oiga llamar. (*Abre. Aparece el General.*)

ESCENA X

GENERAL. (*Saluda secamente.*) ¡Profesor Leyva!
ABEL. (*Inclinacion de cabeza.*) ¡General!
GENERAL. Me he comunicado telefónicamente con mis superiores. Confirman la orden de movilización que le di. Pero con una modificación. Para mayor facilidad de su trabajo, residirá usted en el mismo Instituto, que no podrá abandonar bajo ningún pretexto, mientras no termine usted el trabajo que tanto interesa a la nación.
ABEL. ¡Vivir allí, día y noche!
GENERAL. Exactamente. Confiamos en que encontrarse entre sus colaboradores, sus aparatos, será un estímulo, que le haga descartar[38] sus extrañas ideas y le empuje a su labor... A nada le obligamos, fuera de esa residencia obligatoria, que después de todo no puede por menos de serle[39] grata. No vamos a ponerle a trabajar a la fuerza, no. Dejaremos simplemente que la luz se vaya haciendo poco a poco en su razón y un día usted por su propia voluntad, consciente del interés que para la patria y la ciencia, a la par,[40] tiene su obra, se ponga a ella y la dé término. Es (*Sonriendo sarcásticamente.*) una especie de tratamiento psicológico...
ABEL. ¿Y en caso de que me resistiera a aceptar...?
GENERAL. Nosotros no usaríamos la fuerza, para llevarle, por propia iniciativa; sería usted quien nos obligaría a hacerlo. Naturalmente, con todas las consideraciones, dentro de la energía necesaria, para no perjudicar[41] a la idea que usted lleva dentro, como antes dijo. Su vida nos es preciosa (*Inclinándose.*), extremadamente preciosa. Ella es la garantía de nuestros proyectos.
ABEL. ¡De acuerdo, General! ¡De los míos también! Es raro que de una sola vida humana, de un simple individuo, se esperen tantas cosas. Pero así es, Clemente (*Volviéndose a él*), así. No son locuras mías. Ya lo has oído...
CLEMENTE. Sí, Abel, ya.
GENERAL. Si usted desea despedirse de su esposa, podemos mandarla un recado...

---

[38] **descartar** apartar, rechazar
[39] **no puede por menos de ser** *cannot help being*
[40] **a lar par** juntamente; igualmente
[41] **perjudicar** causar daño

ABEL. No, gracias. Ella tiene otra cosa que hacer... De mi hermano, sí. Le daré instrucciones...
GENERAL. En voz alta y en presencia nuestra, señor Leyva, si no tiene usted inconveniente...⁴²
ABEL. Ninguno. Ven. (*Clemente se acerca y se abrazan.*) Clemente, en ti está todo. En ti la suerte de lo que más queremos, tú y yo. Pongo mi voluntad en tus manos. ¿La sientes? Que ellas hagan lo que yo quiero con toda mi alma. Todavía el mundo puede no ser peor... ¡Adiós! (*Se yergue*⁴³ *ante su hermano, echando las manos atrás.*)
CLEMENTE. (*Saca rápidamente el revólver y apunta.*) Gracias, Abel, por nuestra salvación. (*Dispara y Abel cae suavemente.*)
GENERAL. (*Abalanzándose*⁴⁴ *sobre Clemente.*) ¡Criminal, asesino, Caín, Caín...! Ha matado a su hermano..., a una gloria científica... (*Clemente mira a su hermano con infinita ternura y deja caer el revólver... Telón.*)

Cuestionario

1. En la escena VI, ¿qué plan quiere seguir Paula?
2. Al final de esta escena, ¿con qué ideal sueña Abel?
3. Abel vuelve a expresar a Clemente su temor respecto al poder de su invento. ¿Qué puede causar en el mundo?
4. ¿Qué cargo tremendo le da Abel a su hermano?
5. ¿Está bien desarrollada la lucha terrible de Abel en la escena VII?
6. Al final de la escena, ¿qué promete hacer Clemente?
7. ¿Qué parece haber pasado entre las escenas VII y VIII?
8. ¿Quién es la muchacha bellísima? ¿Cómo está vestida?
9. ¿Para qué ha venido el Hada?
10. ¿Cuál es el don que pueden conceder las Hadas a los hijos?
11. ¿Cual es el don extraordinario que pide Paula para su hijo?
12. ¿Por qué se lo pide al Hada?
13. ¿Le parece rara esta escena? ¿Por qué?
14. ¿Hay alguna significación en el que lleve el Hada el abrigo de la Salvation Army?
15. Puesto que vive Abel, como se ve en la escena IX, ¿cómo se explica eso de su muerte?
16. ¿Cuál es la nueva orden que le da a Abel el General?
17. ¿Cuál es el tono del discurso del General en la última escena? Si fuera usted Abel, ¿se pondría enojado?
18. Halle dos o tres frases en la última página que expliquen el motivo de la muerte de Abel.

⁴² **inconveniente** objeción
⁴³ **erguir** levantar, alzar
⁴⁴ **abalanzarse** lanzarse, arrojarse

19. ¿Por qué mira Clemente a su hermano «con infinita ternura» después de asesinarle?
20. Explique ahora el título.
21. ¿Cuál es el peso terrible bajo el cual vive Abel?
22. ¿Está desarrollado de una manera convincente el papel de Abel?
23. ¿Es lógica su muerte, o está fuera de la realidad?
24. ¿Cuál sería la actitud de Pedro Salinas ante la guerra si viviese hoy día?
25. ¿Hay otras cuestiones en la vida actual que exijan consideraciones morales?

Ejercicios

I. Modismos

Traduzca las expresiones entre paréntesis, escogiéndolas de la lista siguiente.

acabar de	ponerse	volver a
sino	al fin y al cabo	darse cuenta
haber que	haber de	cuanto antes
asistir	lo de	tener inconveniente
haber	tener por	estar de vuelta

1. (*It is necessary*) probar, Paula.
2. En muchos sitios (*there probably is*) una playa desierta, esperando a unas sombras en la arena.
3. (*After all*), me alegro de que os hayáis enterado.
4. Siéntate aquí con nosotros. Voy a contaros (*that matter of*) estos días...
5. Por razones personales me es imposible (*to work again*).
6. Nuestro amigo (*has just spoken*) en nombre de la ciencia.
7. Yo he venido a apelar a usted para que termine su tarea (*as soon as possible.*)
8. Mandé a mi secretario a preguntar cuándo (*you would be back*).
9. No hay duda. (*I realize*) de mi responsabilidad.
10. Me consta que el Gobierno siempre (*has considered you*) desafecto al régimen.
11. ¿Qué pasa, Abel? Nada, nada. (*Don't become or get*) nerviosa.
12. Y eso no será por mi obra, (*but*) por la renuncia a mi obra.
13. Nosotras (*are present*) al nacer el hijo y le concedemos un don.
14. Y ahora (*I have to*) marcharme.
15. En voz alta y en presencia nuestra, señor Leyva, si (*you don't mind*).

II. Pronombres personales: complemento directo e indirecto. (GRAM. 5.9—5.13)

A. Lea las frases siguientes, sustituyendo los nombres en cursiva por los pronombres apropiados.
   1. Estoy buscando *a mi hermano*.
   2. No coja *las flores*.
   3. Traigo *el periódico a mi padre*.
   4. Pediré *al profesor la mejor nota de la clase*.
   5. No estoy escribiendo *la carta a mi novio*.
   6. Llame usted *a Tomás*.
   7. Visitan *a María y a su hermana*.
   8. ¿Va usted a contar *la historia a sus hijos*?

B. Traduzca las respuestas a las preguntas siguientes.
   1. ¿Qué quieres que haga yo con el periódico?
      a. Read it.
      b. Let her read it.
      c. Bring it to me.
      d. Don't give it to them.
   2. ¿Qué quieres que haga con la carta?
      a. Write it.
      b. Let me write it to her.
      c. Don't write it to him.
      d. Please write it clearly.

C. Lea y conteste siguiendo el modelo:
   ¿Le di el libro?   Sí, me lo dio usted.
   ¿Cuándo se lo di?   Me lo dio ayer.

   1. ¿Le vendí las camisas?
      ¿Cuándo se las vendí?
   2. ¿Le presté el coche?
      ¿Cuándo se lo presté?
   3. ¿Le traje las flores?
      ¿Cuando se las traje?
   4. ¿Me prestó usted el libro? (*Sí, se lo presté*)
      ¿Cuándo me lo prestó?
   5. ¿Me enseñó la pintura?
      ¿Cuándo me la enseñó?
   6. ¿Me dio las órdenes?
      ¿Cuándo me las dio?

D. Traduzca de dos maneras las frases siguientes.

Ejemplo: I sold the car yesterday.
Vendí el coche ayer.
El coche lo vendí ayer.

1. His father built the house.
2. I bought the flowers for my wife.
3. Have you tried (*probar*) these eggs yet?
4. I saw your parents in the restaurant.
5. Did you receive the tickets for the theater?

III. Adjetivos y pronombres posesivos. (GRAM. **5.15—5.19**)

A. Traduzca. Dé dos formas de los pronombres de la tercera persona.
1. This is our house. Where's yours?
2. Her parents are good friends of mine.
3. His hat and coat are new.
4. I don't like that neighbor of yours.
5. What beautiful cars! Which is hers?
6. Our father..., give us this day our daily (*cotidiano*) bread.
7. Give them that doll (*muñeco*). It's theirs.
8. We wouldn't beat (*pegar*) a child of ours like that!
9. What's mine is yours.
10. I don't like their attitude. I hope that his is better.

B. Traduzca las frases siguientes sacadas de la comedia.
1. ¡Es una manía suya!
2. El tuyo ha sido un pensamiento tontísimamente femenino.
3. Y si no estoy, será por falta de devoción mía a esos principios.
4. ¡Cómo no voy a acordarme de esos zapatos, si son obra nuestra!
5. Su vida es la garantía de nuestros proyectos. —¡De acuerdo, General! De los míos también.
6. No son locuras mías.

C. El artículo definido en lugar del adjetivo posesivo con sustantivos que se refieren a partes del cuerpo y a prendas de vestir. (GRAM. **1.4**) Observe y traduzca los ejemplos de la comedia:
1. Se atusa (*smooths*) el bigote.
2. Te ha llenado la cabeza.
3. Se toca en la sien (*temple*).
4. Cogiéndole la cabeza con las manos.
5. ¡Cuántos millones hay de seres, que no les veo las caras!
6. Pero usted me permitirá que me quite el abrigo.

Traduzca:
1. Close your eyes.
2. He puts on his hat before going out.
3. Did you wash your hands?
4. Did you wash his hands?
5. The bandit had his hand in his pocket.
6. Don't leave your gloves on the table.
7. I kiss your hand, madam.
8. Is it necessary to raise our hands (*singular*) in class?

IV. Oraciones condicionales. (GRAM. 13.11—13.19)

A. Diga usted cuál de las formas que se dan entre paréntesis es correcta.
1. Si me (*llamen – llaman*), vengo.
2. Si llueve, no (*iremos – iríamos*)
3. No iríamos si (*llueve – lloviese*).
4. De ser rico, yo (*hago – haría*) un viaje a Europa.
5. Si (*pintó – pintara*) la casa, fue para satisfacer a su mujer.
6. Su vida en esta hacienda se hacía difícil de sorportar si no (*iba – fuese*) acompañada de evasiones al futuro o al pasado.
7. Tú, por ejemplo, Jorge, de haberme escuchado, (*te habrías evitado esto – te habías evitado esto*).
8. Si (*haga – hace*) buen tiempo, daremos un paseo por el parque.

B. Conteste en español.
1. ¿Qué hará usted mañana si no hay clase?
2. ¿Qué hubiera dicho usted al General si hubiese sido Abel?
3. Si se murió Abel, ¿dejó de vivir Paula?
4. Si el hada le ofreciera a usted un don, ¿qué le pediría?
5. ¿Qué habría ocurrido si Abel no hubiese sido asesinado?
6. Si está usted enfermo, ¿me avisará?
7. ¿Qué harán tus amigos si hablas demasiado?
8. ¿Sacaría usted una buena nota si no estudiara?

C. Exprese la idea condicional sin emplear **si**:
1. Podrías ganar mucho dinero si trabajaras este verano.
2. Si yo fuera usted, no le dirigiría a ella ni una palabra.
3. Si yo hubiese nacido rico, hubiera vivido como un rey.
4. Si nos llama antes de venir, le esperaremos.
5. Si así fuera, mejor sería no ir.

D. Traduzca usted.
1. If you have a moment, please come to my office.
2. I don't know whether he will come or not, but I am leaving.

3. Would you feel like Abel if you had discovered the atomic bomb?
4. If his brother killed him, it was only to save the world.
5. I would like to live in a Spanish country for a year if I could.

V. Vocabulario

A. Los cognados. Hay un considerable número de palabras españolas que se parecen en la forma a ciertas palabras inglesas, y que tienen el mismo significado. Constituyen una fuente inmediata de enriquecimiento del vocabulario. Traduzca los cognados siguientes, sacados de la comedia.

deducción	impaciencia	impecable uniforme
científico	costumbre	pensativo
deducir	increíble	oculto
equivocar	fantasía	convencer
refugio	alquimista	subyugar
inmaculado	engendrar	destino
tragedia	razón	especialista
gravedad	minoría	obligatorio

B. Los cognados no siempre tienen el mismo significado en ambos idiomas, y por eso no deben confundirse. Por ejemplo, **bigote** no significa *bigot* sino *mustache*. Utilizando un diccionario, proporcione usted los significados que faltan, según el ejemplo:

$$\text{éxito} = \text{success}$$
$$\textit{exit} = \text{salida}$$

1. **noticia** =
   notice =
2. **disgusto** =
   disgust =
3. **actual** =
   actual =
4. **aplicación** =
   application (for job, etc.) =
5. **pretender** =
   pretend =
6. **vulgar** =
   vulgar (crude) =
7. **extranjero** =
   stranger =
8. **idioma** =
   idiom =

Capítulo 7

9. **librería** =
   library =
10. **asistir** =
    assist =

D. Traduzca las palabras que van en cursiva.

1. ¿Quieres *probar* este traje?
2. Lo encontré por *casualidad*.
3. Estudia para aprender un *oficio*.
4. Eso no puede *suceder* aquí.
5. Es el *único* amigo que tengo.
6. Vivimos en una casa *particular*.
7. Hay ciertas clases sociales que no pueden *soportar* a la gente *vulgar*.
8. Su mujer acaba de morirse. ¡Qué *desgracia*!
9. ¿No deseas *quitar* el sombrero?
10. Escribió una *apología* del cristianismo.

VI. Composición.

Un vocabulario selecto sigue el pasaje.

1. Paula, I have been putting the best (part) of my energy in the search for truth for twenty years, and if I were to stop now, I would die. This idea of mine will not leave me in peace. 2. My son, we consider you the most brilliant specialist in the country, and if you find the solution you are looking for, the result will be incalculable for scientific progress. Do not deny it. 3. Abel, do you realize that you will not be allowed to leave your house until you finish your work? Open your eyes. The General is mad, and he told me several days ago that if you do not obey, it will cost you your life. 4. Paula became nervous when she heard the General's threat, but she tried not to show it. She asked Abel to explain that matter of the guard outside their house, and said that she would not speak to him until the soldiers left. 5. Clemente, I have in my head an idea which, if it should be realized, could actually cause the destruction of the world. The only way that I can get rid of it is for (*que*) you to kill me. That is why you must promise me (it). 6. At five minutes to six Abel takes out a revolver and gives it to Clemente. When the General still insists that he complete his work, Abel embraces his brother, saying: Clemente, the fate of the world is in your hands. 7. "And Cain talked with Abel his brother; and it came to pass, when they were in the field, that Cain rose up against Abel his brother, and slew him."

Vocabulario

cause causar
come to pass acontecer
embrace abrazar
fate la suerte
guard la guardia
mad enojado

result resultado
rid: get rid of quitarse
search: in the search for en busca de
specialist el especialista
stop parar(se)
threat la amenaza

8

José Ortega y Gasset [1883-1955]

En este segundo «siglo de oro» de las letras españolas la figura más saliente en la filosofía ha sido José Ortega y Gasset, que ha logrado penetrar las grandes corrientes de la filosofía universal y así establecer un nexo intelectual y cultural entre España y el resto del mundo occidental. Hombre de vasta erudición, catedrático de metafísica en la Universidad de Madrid, crítico de arte y de literatura, historiador, sociólogo, Ortega ha ejercido una influencia enorme en la vida intelectual y social desde 1914, fecha en que se publica su primer libro, Meditaciones del Quijote, *hasta la Guerra Civil (1936), cuando muchos de sus admiradores se vuelven contra él por razones, en parte, de carácter político. Acaso por las circunstancias anormales de los últimos veinte años de su existencia —guerra, destierro (exile), enfermedades— Ortega no logró expresar sus ideas filosóficas en forma de sistema. Sin embargo, los conceptos más importantes de su pensamiento —el hombre y sus circunstancias, el perspectivismo, y la razón vital— se exponen en obras de carácter filosófico, como* El tema de nuestro tiempo *(1923), y* La historia como sistema *(1941).*

Muchos de los ensayos y libros de Ortega se dedican a esclarecer cuestiones estéticas, como La deshumanización del arte *(1925). Otras obras van dedicadas a temas de tipo sociológico o histórico, entre las cuales se destaca* La rebelión de las masas *(1930), su obra más conocida fuera de España. Éste es un penetrante análisis de la crisis actual del mundo que Ortega explica como una inversión de valores, debida al declinar de la cultura europea. Las masas se niegan a obedecer a las minorías selectas, se creen capaces de seguir adelante por sí solas. Es ésta una de las causas principales de la angustia y la inquietud del mundo actual.*

I

El hecho de las aglomeraciones[1]

Hay un hecho que, para bien o para mal, es el más importante en la vida pública europea de la hora presente. Este hecho es el advenimiento[2] de las masas al pleno poderío social. Como las masas, por definición, no deben ni pueden dirigir su propia existencia, y menos regentar[3] la sociedad, quiere decirse que Europa sufre ahora la más grave crisis que a pueblos, naciones, culturas, cabe padecer.[4] Esta crisis ha sobrevenido[5] más de una vez en la historia. Su fisonomía y sus consecuencias son conocidas. También se conoce su nombre. Se llama la rebelión de las masas.

Para la inteligencia del[6] formidable hecho conviene que se evite dar, desde luego,[7] a las palabras «rebelión», «masas», «poderío social», etc., un significado exclusiva o primariamente político. La vida pública no es sólo política, sino, a la par[8] y aun antes, intelectual, moral, económica, religiosa; comprende los usos[9] todos colectivos e incluye el modo de vestir y el modo de gozar.

Tal vez la manera mejor de acercarse a este fenómeno histórico consista en referirnos a una experiencia visual, subrayando una facción de nuestra época que es visible con los ojos de la cara.

Sencillísima de enunciar, aunque no de analizar, yo la denomino el hecho de la aglomeración, del «lleno». Las ciudades están llenas de gente. Las casas, llenas de inquilinos.[10] Los hoteles, llenos de huéspedes. Los trenes, llenos de viajeros. Los cafés, llenos de consumidores.[11] Los paseos, llenos de transeúntes. Las salas de los médicos famosos, llenas de enfermos. Los espectáculos, como no sean muy extemporáneos, llenos de espectadores. Las playas, llenas de bañistas. Lo que antes no solía ser problema, empieza a serlo casi de continuo: encontrar sitio.

Nada más. ¿Cabe hecho más simple, más notorio, más constante, en la

---

[1] **aglomeración** montón de gente; masa
[2] **advenimiento** llegada, venida
[3] **regentar** mandar, dirigir
[4] **cabe padecer** *befalls (nations, etc.) to suffer*
[5] **sobrevenir** suceder, tener lugar
[6] **Para la inteligencia del** Para comprender este...
[7] **desde luego** naturalmente
[8] **a la par** al mismo tiempo
[9] **usos** modas; costumbres
[10] **inquilinos** personas que alquilan una casa
[11] **consumidores** clientes

vida actual? Vamos ahora a punzar[12] el cuerpo trivial de esta observación, y nos sorprenderá ver cómo de él brota un surtidor[13] inesperado, donde la blanca luz del día, de este día, del presente, se descompone en todo su rico cromatismo interior.

¿Qué es lo que vemos y al verlo nos sorprende tanto? Vemos la muchedumbre,[14] como tal, posesionada de los locales y utensilios creados por la civilización. Apenas reflexionamos un poco, nos sorprendemos de nuestra sorpresa. Pues qué, ¿no es el ideal? El teatro tiene sus localidades para que se ocupen; por tanto, para que la sala esté llena. Y lo mismo los asientos el ferrocarril y sus cuartos el hotel. Sí; no tiene duda. Pero el hecho es que antes ninguno de esos establecimientos y vehículos solía estar lleno, y ahora rebosan,[15] queda fuera gente afanosa[16] de usufructuarlos. Aunque el hecho sea lógico, natural, no puede desconocerse que antes no acontecía y ahora sí; por tanto, que ha habido un cambio, una innovación, la cual justifica, por lo menos en el primer momento, nuestra sorpresa.

Sorprenderse, extrañarse, es comenzar a entender. Es el deporte y el lujo específico del intelectual. Por eso su gesto gremial[17] consiste en mirar el mundo con los ojos dilatados por la extrañeza. Todo en el mundo es extraño y es maravilloso para unas pupilas bien abiertas. Esto, maravillarse, es la delicia vedada[18] al futbolista y que, en cambio, lleva al intelectual por el mundo en perpetua embriaguez[19] de visionario. Su atributo son los ojos en pasmo.[20] Por eso los antiguos dieron a Minerva[21] la lechuza,[22] el pájaro con los ojos siempre deslumbrados.

La aglomeración, el lleno, no era antes frecuente. ¿Por qué lo es ahora?

Los componentes de esas muchedumbres no han surgido de la nada. Aproximadamente, el mismo número de personas existía hace quince años. Después de la guerra parecería natural que ese número fuese menor. Aquí topamos,[23] sin embargo, con la primera nota importante. Los individuos que integran estas muchedumbres preexistían, pero no como muchedumbre. Repartidos por el mundo en pequeños grupos, o solitarios, llevaban una vida, por lo visto,[24] divergente, disociada, distante. Cada cual —individuo o pequeño grupo— ocupaba un sitio, tal vez el suyo, en el campo, en la aldea, en la villa, en el barrio de la gran ciudad.

Ahora, de pronto, aparecen bajo la especie de aglomeración, y nuestros

---

[12] **punzar** *to prick, puncture*
[13] **brota un surtidor** *shoots forth a fountain*
[14] **muchedumbre** multitud, gran cantidad
[15] **rebosar** *to overflow*
[16] **afanosa de usufructuarlos** deseosa o anhelosa de gozarlos
[17] **su gesto gremial** *typical attitude (of all intellectuals)*
[18] **la delicia vedada** el placer prohibido
[19] **embriaguez** *intoxication, ecstasy*
[20] **los ojos en pasmo** *the wonder of the eyes*
[21] **Minerva** la diosa de la sabiduría y de las artes
[22] **lechuza** *barn owl*
[23] **topar con** *to come across, to run into*
[24] **por lo visto** aparentemente, evidentemente

ojos ven dondequiera muchedumbres. ¿Dondequiera? No, no; precisamente en los lugares mejores, creación relativamente refinada de la cultura humana, reservados antes a grupos menores, en definitiva,²⁵ a minorías.

La muchedumbre, de pronto, se ha hecho visible, se ha instalado en los lugares preferentes de la sociedad. Antes, si existía, pasaba inadvertida, ocupaba el fondo del escenario²⁶ social; ahora se ha adelantado a las baterías,²⁷ es ella el personaje principal. Ya no hay protagonistas: sólo hay coro.

El concepto de muchedumbre es cuantitativo y visual. Traduzcámoslo, sin alterarlo, a la terminología sociológica. Entonces hallamos la idea de masa social. La sociedad es siempre una unidad dinámica de dos factores: minorías y masas. Las minorías son individuos o grupos de individuos especialmente cualificados. La masa es el conjunto de personas no especialmente cualificadas. No se entienda, pues, por masas sólo ni principalmente «las masas obreras». Masa es «el hombre medio». De este modo se convierte lo que era meramente cantidad —la muchedumbre— en una determinación cualitativa: es la cualidad común, social, es el hombre en cuanto²⁸ no se diferencia de otros hombres, sino que repite en sí un tipo genérico. ¿Qué hemos ganado con esta conversión de la cantidad a la cualidad? Muy sencillo: por medio de ésta comprendemos la génesis de aquélla. Es evidente, hasta perogrullesco,²⁹ que la formación normal de una muchedumbre implica la coincidencia de deseos, de ideas, de modo de ser en los individuos que la integran. Se dirá que es lo que acontece con todo grupo social, por selecto que pretenda ser. En efecto; pero hay una esencial diferencia.

En los grupos que se caracterizan por no ser muchedumbre y masa, la coincidencia efectiva³⁰ de sus miembros consiste en algún deseo, idea o ideal, que por sí solo excluye el gran número. Para formar una minoría, sea la que sea, es preciso que antes cada cual se separe de la muchedumbre por razones *especiales*, relativamente individuales. Su coincidencia con los otros que forman la minoría es, pues, secundaria, posterior a haberse cada cual singularizado, y es, por tanto, en buena parte una coincidencia en no coincidir. Hay casos en que este carácter singularizador del grupo aparece a la intemperie:³¹ los grupos ingleses que se llaman a sí mismos «no conformistas», es decir, la agrupación de los que concuerdan³² sólo en su disconformidad respecto a la muchedumbre ilimitada. Este ingrediente de juntarse los menos³³ precisamente para separarse de los más va siempre involucrado³⁴ en la formación de toda minoría. Hablando del reducido

---

²⁵ **en definitiva** en suma; es decir
²⁶ **escenario** escena del teatro
²⁷ **baterías** *footlights*
²⁸ **en cuanto** que no sólo...
²⁹ **perogrullesco** tan evidente que llega a ser un lugar común (*commonplace, platitude*)

³⁰ **efectiva** verdadera
³¹ **a la intemperie** claramente
³² **concordar** estar de acuerdo
³³ **los menos** los pocos; la minoría
³⁴ **va siempre involucrado** es cosa común

público que escuchaba a un músico refinado, dice graciosamente[35] Mallarmé que aquel público subrayaba con la presencia de su escasez la ausencia multitudinaria.

En rigor,[36] la masa puede definirse, como hecho psicológico, sin necesidad de esperar a que aparezcan los individuos en aglomeración. Delante de una sola persona podemos saber si es masa o no. Masa es todo aquel[37] que no se valora a sí mismo —en bien o en mal— por razones especiales, sino que se siente «como todo el mundo» y, sin embargo, no se angustia, se siente a sabor[38] al sentirse idéntico a los demás. Imagínese un hombre humilde que al intentar valorarse por razones especiales —al preguntarse si tiene talento para esto o lo otro, si sobresale en algún orden— advierte que no posee ninguna calidad excelente. Este hombre se sentirá mediocre y vulgar,[39] mal dotado; pero no se sentirá «masa».

Cuando se habla de «minorías selectas», la habitual bellaquería[40] suele tergiversar[41] el sentido de esta expresión fingiendo ignorar que el hombre selecto no es el petulante que se cree superior a los demás, sino el que se exige más que los demás, aunque no logre cumplir en su persona esas exigencias superiores. Y es indudable que la división más radical que cabe hacer en la humanidad es ésta, en dos clases de criaturas: las que se exigen mucho y acumulan sobre sí mismas dificultades y deberes y las que no se exigen nada especial, sino que para ellas vivir es ser en cada instante lo que ya son, sin esfuerzo de perfección sobre sí mismas, boyas[42] que van a la deriva.

Esto me recuerda que el budismo ortodoxo se compone de dos religiones distintas: una, más rigorosa y difícil; otra, más laxa y trivial: el Mahayana —«gran vehículo» o «gran carril»[43]— y el Hinayana —«pequeño vehículo», «camino menor»—. Lo decisivo es si ponemos nuestra vida a uno u otro vehículo, a un máximo de exigencias o a un mínimo.

La división de la sociedad en masas y minorías excelentes no es, por tanto, una división en clases sociales, sino en clases de hombres, y no puede coincidir con la jerarquización[44] en clases superiores e inferiores. Claro está que en las superiores, cuando llegan a serlo y mientras lo fueron de verdad, hay más verosimilitud[45] de hallar hombres que adoptan el «gran vehículo», mientras las inferiores están normalmente constituidas por individuos sin calidad. Pero, en rigor, dentro de cada clase social hay masa y minoría auténtica. Como veremos, es característico del tiempo el predominio, aun en los grupos cuya tradición era selectiva, de la masa y el vulgo. Así, en la vida intelectual, que por su misma esencia requiere y supone la cualificación,

---

[35] **graciosamente** *wittily*
[36] **en rigor** en efecto
[37] **todo aquel** cualquier persona
[38] **a sabor** feliz, contento
[39] **vulgar** ordinario
[40] **bellaquería** here, *troublemakers*

[41] **tergiversar** torcer (*to twist*)
[42] **boyas que van la deriva** *buoys drifting in the waves*
[43] **carril** camino
[44] **jerarquización** *hierarchic separation*
[45] **verosimilitud** *likelihood*

se advierte el progresivo triunfo de los seudointelectuales incualificados, incalificables y descalificados por su propia contextura.[46] Lo mismo en los grupos supervivientes[47] de la «nobleza» masculina y femenina. En cambio, no es raro encontrar hoy entre los obreros, que antes podían valer como[48] el ejemplo más puro de esto que llamamos «masa», almas egregiamente[49] disciplinadas.

Ahora bien: existen en la sociedad operaciones, actividades, funciones del más diverso orden, que son, por su misma naturaleza, especiales, y consecuentemente no pueden ser bien ejecutadas sin dotes también especiales. Por ejemplo: ciertos placeres de carácter artístico y lujoso, o bien las funciones de gobierno y de juicio político sobre los asuntos públicos. Antes eran ejercidas estas actividades especiales por minorías calificadas —calificadas, por lo menos, en pretensión.[50] La masa no pretendía intervenir en ellas: se daba cuenta de que si quería intervenir tendría congruentemente[51] que adquirir esas dotes especiales y dejar de ser masas. Conocía su papel en una saludable dinámica social.[52]

Si ahora retrocedemos a los hechos enunciados al principio, nos aparecerán inequívocamente como nuncios[53] de un cambio de actitud en la masa. Todos ellos indican que ésta ha resuelto adelantarse al primer plano social y ocupar los locales y usar los utensilios y gozar de los placeres antes adscritos[54] a los pocos. Es evidente que, por ejemplo, los locales no estaban premeditados[55] para las muchedumbres, puesto que su dimensión es muy reducida y el gentío rebosa constantemente de ellos, demostrando a los ojos y con lenguaje visible el hecho nuevo: la masa, que, sin dejar de serlo, suplanta a las minorías.

Nadie, creo yo, deplorará que las gentes gocen hoy en mayor medida y número que antes, ya que tienen para ello el apetito y los medios. Lo malo es que esta decisión tomada por las masas de asumir las actividades propias de las minorías, no se manifiesta, ni puede manifestarse, sólo en el orden de los placeres, sino que es una manera general del tiempo. Así —anticipando lo que luego veremos—, creo que las innovaciones políticas de los más recientes años no significan otra cosa que el imperio político de las masas. La vieja democracia vivía templada por una abundante dosis de liberalismo y de entusiasmo por la ley. Al servir a estos principios, el individuo se obligaba a sostener en sí mismo una disciplina difícil. Al amparo del principio liberal y de la norma jurídica podían actuar y vivir las minorías. Democracia y ley, convivencia legal, eran sinónimos. Hoy asistimos al triunfo de una hiperdemocracia en que la masa actúa directamente sin ley, por medio de

[46] **contextura** *mental texture*
[47] **superviviente** *surviving*
[48] **valer como** *tomarse por*
[49] **egregiamente** *noblemente*
[50] **calificadas... pretensión** *at least by those who claimed such qualification*
[51] **congruentemente** *necesariamente*
[52] **saludable dinámico social** *sistema social dinámica y saludable*
[53] **nuncio** *anunciador; señal*
[54] **adscritos** *reservados*
[55] **premeditados** *destinados*

materiales presiones, imponiendo sus aspiraciones y sus gustos. Es falso interpretar las situaciones nuevas como si la masa se hubiese cansado de la política y encargase[56] a personas especiales su ejercicio. Todo lo contrario. Eso era lo que antes acontecía, eso era la democracia liberal. La masa presumía que, al fin y al cabo, con todos sus defectos y lacras,[57] las minorías de los políticos entendían un poco más de los problemas públicos que ella. Ahora, en cambio, cree la masa que tiene derecho a imponer y dar vigor de ley a sus tópicos[58] de café. Yo dudo que haya habido otras épocas de la historia en que la muchedumbre llegase a gobernar tan directamente como en nuestro tiempo. Por eso hablo de hiperdemocracia.

Lo propio acaece[59] en los demás órdenes, muy especialmente en el intelectual. Tal vez padezco un error; pero el escritor, al tomar la pluma para escribir sobre un tema que ha estudiado largamente, debe pensar que el lector medio, que nunca se ha ocupado del asunto, si le lee, no es con el fin de aprender algo de él, sino, al revés, para sentenciar[60] sobre él cuando no coincide con las vulgaridades que este lector tiene en la cabeza. Si los individuos que integran la masa se creyesen especialmente dotados, tendríamos no más que un caso de error personal, pero no una subversión sociológica. *Lo característico del momento es que el alma vulgar, sabiéndose vulgar, tiene el denuedo*[61] *de afirmar el derecho de la vulgaridad y lo impone dondequiera.* Como se dice en Norteamérica: ser diferente es indecente. La masa arrolla[62] todo lo diferente, egregio,[63] individual, calificado y selecto. Quien no sea como todo el mundo, quien no piense como todo el mundo corre riesgo de ser eliminado. Y claro está que ese «todo el mundo» no es «todo el mundo». «Todo el mundo» era, normalmente, la unidad compleja de masa y minorías discrepantes, especiales. Ahora todo el mundo es sólo la masa.

Este es el hecho formidable de nuestro tiempo, descrito sin ocultar la brutalidad de su apariencia.

Cuestionario

1. ¿Cuál es la grave crisis que sufre Europa, según Ortega y Gasset?
2. ¿Cómo se llama esta crisis? ¿Se ha limitado sólo a la Europa de 1930?
3. ¿Qué ejemplos concretos ofrece Ortega del hecho de la aglomeración, del «lleno»?
4. ¿Padecemos nosotros actualmente en este país el mismo problema?

---

[56] **encargar**   encomendar (*to entrust*)
[57] **lacras**   defectos, faltas
[58] **tópicos**   *clichés*
[59] **lo propio acaece**   lo mismo sucede

[60] **sentenciar**   *pronounce judgement*
[61] **denuedo**   ánimo, valor
[62] **arrollar**   *to sweep away*
[63] **egregio**   ilustre; excelente

5. ¿Qué efecto logra el autor poniendo el adjetivo «mejor» después del nombre: "la manera mejor de acercarse" (p. 97, l. 16), y más tarde, «precisamente en los lugares mejores»?
6. ¿Le sorprende a usted que un filósofo se exprese en metáforas como la de la página 98, l. 1?
7. Según Ortega, ¿por qué no debemos extrañarnos tanto al ver esta aglomeración?
8. ¿Cómo distingue Ortega entre el intelectual y los demás (pág. 98, l. 16)? ¿Le parece a usted bello y fluido el estilo de este párrafo?
9. Puede decirse que el tema de este mismo párrafo es el acto de *ver*. Escoja usted todas las palabras que se refieren a la vista.
10. Dice Ortega que la aglomeración no era antes frecuente. ¿Por qué lo es ahora?
11. ¿Qué metáfora emplea Ortega para demostrar que la muchedumbre ocupa ya los lugares preferentes de la sociedad (pág. 99, l. 4)?
12. ¿Tiene el vocablo «minorías» aquí el mismo significado que tiene hoy día en este país?
13. Brevemente, ¿qué es masa?
14. Cualquier grupo social se compone de individuos que tienen ciertos deseos e ideas en común. Pues ¿en qué difiere la minoría, un grupo social, de la masa, otro grupo social?
15. ¿Puede ser «masa» una sola persona? ¿Cómo?
16. ¿Le parece a usted apropiada la metáfora que describe al hombre masa: «boyas que van a la deriva»?
17. ¿Cuál es otra metáfora que utiliza Ortega para diferenciar entre el hombre selecto y el hombre masa (pág. 100, l. 23)?
18. ¿Es posible que en una sola clase social haya masa y minoría auténtica? Por ejemplo, ¿puede haber masa en la vida intelectual? Asimismo, ¿puede haber hombre selecto entre los obreros?
19. Antes la masa no pretendía intervenir en ciertas funciones y actividades especiales que eran ejercidas por minorías calificadas. ¿Ha cambiado ahora de actitud?
20. Ortega dice que las masas han sustituido la democracia por una hiperdemocracia. Explique usted.
21. ¿Qué hace la masa respecto a su alma vulgar?
22. ¿Cree usted que sea este ensayo tan oportuno (*timely*) hoy como lo fue en 1930? ¿Hay algún paralelo en el mundo actual con la «rebelión de las masas»?
23. ¿Ha encontrado usted fácil o difícil el estilo de este ensayo? ¿Claro o complicado? ¿Ha desarrollado Ortega su tema de una manera lógica?
24. Ortega emplea la conjunción **sino** (**que**) no menos de ocho veces. ¿Qué revela esto en cuanto a su modo de expresarse?

Ejercicios

I. Vocabulario

A. Busque usted el equivalente de las palabras en cursiva en la columna de la derecha.

1. Conviene que se evite dar, *desde luego*, a la palabra «rebelión», un significado político.
2. Antes ninguno de esos vehículos *solía* estar lleno.
3. ¿*Cabe* hecho más simple, más notorio, en la vida *actual*?
4. *La muchedumbre* se ha hecho visible en la sociedad.
5. Aquí *topamos* con la primera nota importante.
6. La blanca luz del día se descompone en todo su rico *cromatismo* interior.
7. Este hombre se sentirá *vulgar*, pero no se sentirá «masa».
8. La masa presumía que, *al fin y al cabo*, las minorías entendían más de los problemas que ella.
9. Leemos este libro *con el fin de* aprender algo de él.
10. La masa no *ignora* que las minorías son individuos especialmente calificados.

gentío
hay
saber
color
presente
acostumbrar
tropezar
para
naturalmente
después de todo
ordinario

B. Traduzca los modismos o expresiones subrayados en las siguientes oraciones.

1. El ensayo *consiste en* un análisis de un hecho importantísimo en la vida europea.
2. La masa *se daba cuenta de* que si quería intervenir tendría que *dejar de* ser masa.
3. Hoy *asistimos al* triunfo de la democracia de la masa.
4. *Ya no* hay protagonistas.

C. **Cualidad y Calidad** = *quality*.

Cualidad significa «característica», «propiedad»:
La cualidad que me gusta en Juan es su simpatía.
Las cualidades del hierro.
Calidad se aplica a un juicio sobre el valor de las cosas; dicho valor puede variar desde su expresión más alta hasta la más baja:
Esta tela es de mejor calidad que la otra.
Los versos de este poeta no son de primera calidad.

Diga cuál de estos dos nombres es el que se debe usar en las frases siguientes:

1. La carne que compramos no es de buena _____.

2. Su _____ distintiva es la caridad.
3. Se clasifican los autos por su _____.
4. Admiro la _____ de su trabajo.
5. La elasticidad es una de las _____ del caucho (*rubber*).
6. Me gusta el color, pero no me gusta la _____ de este traje.

Calificado y cualificado = *qualified*.

En el ensayo de Ortega, **cualificado** equivale a **calificado,** que significa «de valor; de autoridad o prestigio». Observe los siguientes ejemplos tomados del texto:
Las minorías son individuos o grupos de individuos especialmente cualificados.
Antes eran ejercidas estas actividades especiales por minorías calificadas.

D. **Caber.** Busque usted en un diccionario los varios significados de este verbo y traduzca las oraciones siguientes.
  1. Tu sombrero no me cabe.
  2. El piano no cabe por la puerta.
  3. No cabe duda.
  4. ¿Es bonito ese sitio? —No cabe más.
  5. No ha venido todavía, pero cabe que venga más tarde.
  6. Me cupo la satisfacción de dárselo yo mismo.

E. Las conjunciones **pero, sino, y, e, o, u.** (GRAM. 6.1—6.3). Observe estos ejemplos del texto:
  1. La vida pública no es sólo política **sino** intelectual.
  2. Masa es todo aquel que no se valora a sí mismo ... **sino que** se siente «como todo el mundo».
  3. La división de la sociedad en masas y minorías no es una división en clases sociales, **sino** en clases de hombres.
  4. Comprende los usos colectivos **e** incluye el modo de vestir.
  5. Lo decisivo es si ponemos nuestra vida a uno **u** otro vehículo ...

Traducir.
  1. Cities are not full of people but of automobiles.
  2. He does not belong to the masses but to the select minorities.
  3. He is not an intellectual but neither (*tampoco*) is he a mass man.
  4. This essay was written years ago, but it is still relevant (*pertinente*) to our times.
  5. I didn't steal this watch, but found it in the library.
  6. He was a man of great power and influence.
  7. Is he pessimistic or optimistic?

F. Traducción del verbo **to become**. (GRAM. 16.1—16.9)
Traducir las frases siguientes, dando más de una solución donde lo pida el sentido.
1. Europe has become a country ruled by the masses.
2. Put on your hat. Do you want to get (become) sick?
3. What has become of your oldest brother?
4. He has become a teacher, which means that he'll never get rich.
5. Don Quijote became mad by reading novels of chivalry day and night.
6. They say that this city will become the capital of the state.
7. I became (remained) surprised on hearing that she went to live in Mexico.
8. It is possible for a mass man to become a select man.
9. The professor of Spanish became dean of the university.
10. He has become very conservative.
11. My office has become a classroom.
12. He was always a quiet student, and now he has become a politician.
13. He had not become big and fat.
14. What will become of them when their children get married?
15. The sky became gray.

II. SER y ESTAR (GRAM. 15.1—15.14)

A. Complete las frases con la forma de **ser** o **estar** que requiere el contexto.
1. ¿Cómo _____ usted? Muy bien, gracias.
2. Cuando yo _____ joven, me gustaba nadar y _____ muy contento, pero ahora _____ demasiado viejo.
3. El profesor dice que la tiza (*chalk*) _____ en la mesa, pero no la veo; debe de _____ equivocado (*mistaken*).
4. Mi amigo Juan _____ de Chicago y _____ casado.
5. María _____ muy guapa ayer, ¿verdad?
6. ¿Qué te pasa, hijo? _____ pálido.
7. Si el libro _____ aburrido, es natural que los alumnos _____ aburridos.
8. Sus explicaciones _____ claras y breves; ahora todo _____ más claro que el agua.
9. Su opinión _____ basada en la obra de Platón.
10. ¿Cómo _____ Juan? Es amable, sincero e inteligente.
11. _____ las diez de la noche cuando llegaron.
12. El café _____ frío y la carne _____ seca.
13. Pedro _____ alto aunque sus padres _____ bajos.
14. Cuando salimos del cine _____ de noche y los faroles _____ encendidos.

15. ¿Quién _____ esa rubia que _____ hablando con Raúl? ¿De dónde _____?
16. Las ciudades _____ llenas de gente, y lo que antes no _____ problema, empieza a _____ lo casi de continuo: encontrar sitio.
17. Este país _____ descubierto hace muchos años.
18. El agua de esta fuente _____ fresca y pura.
19. Su cuarto _____ bonito pero _____ sucio.
20. ¿_____ usted por la pena de muerte?

B. Traduzca las frases siguientes.
1. They say he's from Paris. Do you know who he is?
2. He was very mad because I wasn't at home when he called.
3. What time is it. He will be here soon.
4. His room is a mess (*porquería*); it is full of all kinds of junk (*trastos*).
5. Is your father old? No, but he looked old yesterday.
6. These records (*discos*) are mine; where are yours?
7. Here is the theater. Are you ready to go in?
8. I am sorry that I screamed, but I was tired and in a bad mood (*de mal humor*).
9. My life would be very different if I weren't married.
10. I don't want to play; the grass is wet.
11. What is in the trunk? It's very heavy.
12. My son is not a good student.
13. Are you the one who says that the masses are individuals not especially qualified?
14. I couldn't read it because it was torn (*roto*).
15. Spanish is a beautiful language.

III. **Los verbos en -CER y -CIR que sufren cambios ortográficos** (GRAM. **23.3** [pág. 259])

Dé en español las formas siguientes de **conocer** y **padecer.**
1. I know him.
2. I used to know him.
3. I want you to know him.
4. He met me last year.
5. He is suffering.
6. I suffer.
7. I doubt that you suffer.
8. We suffered a grave crisis.

Dé en español las formas siguientes de **traducir.**
1. Translate this sentence.
2. He translated it.
3. Will you translate it?

4. I am glad that you translated it.
5. We used to translate a lot more.
6. Have you translated this?
7. We translated it last week.
8. I doubted that you translated it.

IV. Repaso del subjuntivo

Observe el uso del subjuntivo en las siguientes frases sacadas del texto, y tradúzcalas.

1. Tal vez la manera mejor de acercarse a este fenómeno *consista* en referirnos a una experiencia visual.
2. El teatro tiene sus localidades para que se *ocupen*.
3. Aunque el hecho *sea* lógico, no puede desconocerse que antes no acontecía y ahora sí.
4. *Traduzcámoslo* a la terminología sociológica.
5. Se dirá que es lo que acontece con todo grupo social, por selecto que *pretenda* ser.
6. Para formar una minoría, *sea la que sea*, es preciso que antes cada cual se *separe* de la muchedumbre por razones especiales.
7. La masa puede definirse como hecho psicológico, sin necesidad de esperar a que *aparezcan* los individuos en aglomeración.
8. Es falso interpretar las situaciones nuevas como si la masa se *hubiese cansado* de la política.
9. Yo dudo que *haya habido* otras épocas de la historia en que la muchedumbre *llegase* a gobernar tan directamente como en nuestro tiempo.
10. Si los individuos que integran la masa se *creyesen* especialmente dotados, tendríamos no más que un caso de error personal.

V. Composición

Un vocabulario de palabras claves sigue el pasaje.

The name of Ortega y Gasset has become famous in this century as a great scholar and philosopher, and his books are read everywhere. He speaks here of an important sociological fact which consists of the coming of the masses to social power, or as he calls it, the rebellion of the masses. One thinks first of the masses from the point of view of quantity. Cities, hotels, trains are full of people. What never used to be a problem has now become one (*lo*): finding room for everybody. In present times Ortega would call this the "population explosion." However, he doesn't mean that there are many more people than before, but that they exist in crowds and occupy the places formerly reserved for (*a*) minorities. We must realize that by this word Ortega refers to select individuals who demand more of themselves than others, whereas the mass is "average man," people who are content to be what they are without striving to improve themselves.

However, Ortega is not dividing society into superior and inferior classes. In fact, within every social class there is mass and minority, such as the gradual triumph of the pseudointellectuals in intellectual life. Nor is it rare to find a worker who is especially qualified. What worries Ortega is the coming of the masses to political power, as recent political innovations have indicated. The mass would impose its own ordinary tastes everywhere, and he who isn't like everybody would run the risk of being eliminated. This is the grave crisis confronting our times.

Vocabulario

average medio
confront confrontar
demand of oneself exigir(se)
everywhere en todas partes
however sin embargo
impose imponer
improve mejorar
ordinary vulgar
place sitio
population población
power poderío

qualified cualificado, calificado
quantity cantidad
refer referirse
risk riesgo
scholar sabio
strive esforzarse a, en, por
such as tal cual
triumph triunfo
whereas mientras que
worker obrero
worry preocupar

9

Octavio Paz

Creador de una poesía seria, filosófica, universal, de grandes meditaciones sobre el hombre y su destino, Octavio Paz ha llegado a ser uno de los escritores más sobresalientes de Hispanoamérica, respetado en todos los círculos intelectuales. Nacido en México en 1914, se marchó a España después del bachillerato y fue partidario de la causa republicana durante la Guerra Civil (1936-1939), cuyos horrores dejaron en él una impresión inolvidable, llevándole a escribir su segundo libro de poesías, ¡No pasarán! Después de volver a México, Octavio Paz obtuvo su doctorado en leyes en la Universidad Nacional, y luego pasó el año de 1943 estudiando en los Estados Unidos. Ha viajado por todo el mundo, en parte por desempeñar (carry out) *cargos diplomáticos en Francia, Suiza, el Lejano Oriente, y más recientemente en la India. Ha formado también parte de la delegación de México en las Naciones Unidas.*

Octavio Paz se ha distinguido no sólo en la poesía sino en el ensayo y el cuento, donde se reiteran los temas básicos de la poesía, como los de la soledad y la angustia del hombre en el mundo moderno. Los ensayos de El laberinto de la soledad *(1950), penetrante análisis del carácter y el espíritu mexicano según se revela en su proceso histórico, le han ganado mucha aclamación. El lirismo y el estilo del poeta se ven también en sus cuentos, como la colección* ¿Águila o sol?, *de donde viene «Mi vida con la ola.» Consiste este volumen en cuentos poemáticos de hondo subjetivismo, de fino humorismo, y a veces de técnica surrealista.*

Mi vida con la ola

Cuando dejé aquel mar, una ola se adelantó entre todas. Era esbelta[1] y ligera. A pesar de los gritos de las otras, que la detenían por el vestido flotante, se colgó[2] de mi brazo y se fue conmigo, saltando. No quise decirle nada, porque me daba pena avergonzarla[3] ante sus compañeras. Además, las miradas coléricas de las mayores me paralizaron. Cuando llegamos al pueblo, le expliqué que no podía ser, que la vida en la ciudad no era lo que ella pensaba en su ingenuidad[4] de ola que nunca ha salido del mar. Me miró seria: «No, su decisión estaba tomada. No podía volver.» Intenté dulzura, dureza, ironía. Ella lloró, gritó, acarició, amenazó. Tuve que pedirle perdón.

Al día siguiente empezaron mis penas. ¿Cómo subir al tren sin que nos vieran el conductor, los pasajeros, la policía? Es cierto que los reglamentos[5] no dicen nada respecto al transporte de olas en los ferrocarriles, pero esa misma reserva[6] era un indicio de la severidad con que se juzgaría nuestro acto. Tras mucho cavilar,[7] me presenté a la Estación una hora antes de la salida, ocupé mi asiento y, cuando nadie me veía, vacié el depósito de agua para los pasajeros. Luego vertí[8] cuidadosamente a mi amiga.

El primer incidente surgió cuando los niños de un matrimonio vecino declararon su ruidosa sed. Les salí al paso[9] y les prometí refresco y limonadas. Estaban a punto de aceptar cuando se acercó otra sedienta. Quise invitarla también, pero la mirada de su acompañante me detuvo. La señora tomó un vasito de papel, se acercó al depósito y abrió la llave. Apenas estaba a medio llenar el vaso cuando me interpuse de un salto entre ella y mi amiga. La señora me miró con asombro. Mientras pedía disculpas,[10] uno de los niños volvió a abrir el depósito. Lo cerré con violencia. La señora se llevó el vaso a los labios:

—Ay, el agua está salada.

El niño le hizo eco. Varios pasajeros se levantaron. El marido llamó al Conductor:

—Este individuo echó sal al agua.

---

[1] **esbelta**   *graceful, slender*
[2] **colgar**   pender (*to hang, drape*)
[3] **avergonzar**   causar vergüenza
[4] **ingenuidad**   sencillez; inocencia. *Ingenuousness, naiveté*
[5] **reglamento**   colección de órdenes y reglas que rigen una cosa
[6] **reserva**   reservación
[7] **Tras mucho cavilar**   después de pensar mucho
[8] **verter**   *to pour* (*in*)
[9] **Les salí al paso**   *I intercepted them*
[10] **pedía disculpas**   yo le pedía perdón

El Conductor llamó al Inspector:
—¿Conque usted echó substancias en el agua?
El Inspector llamó al policía en turno:
—¿Conque usted echó veneno al agua?
El policía en turno llamó al Capitán:
—¿Conque usted es el envenenador?
El Capitán llamó a tres agentes. Los agentes me llevaron a un vagón solitario, entre las miradas y los cuchicheos[11] de los pasajeros. En la primera estación me bajaron y a empujones[12] me arrastraron a la cárcel. Durante días no se me habló, excepto durante los largos interrogatorios. Cuando contaba mi caso nadie me creía, ni siquiera el carcelero, que movía la cabeza, diciendo: «El asunto es grave, verdaderamente grave. ¿No había querido envenenar a unos niños?» Una tarde me llevaron ante el Procurador.[13]
—Su asunto es difícil —repitió—. Voy a consignarlo al Juez Penal.[14]
Así pasó un año. Al fin me juzgaron. Como no hubo víctimas, mi condena[15] fue ligera. Al poco tiempo, llegó el día de la libertad. El Jefe de la Prisión me llamó:
—Bueno, ya está libre. Tuvo suerte. Gracias a que no hubo desgracias. Pero que no se vuelva a repetir, porque la próxima[16] le costará caro ...
Y me miró con la misma mirada seria con que todos me veían.
Ese mismo día tomé el tren y luego de una hora de viaje incómodo llegué a México.[17] Tomé un taxi y me dirigí a casa. Al llegar a la puerta de mi departamento oí risas y cantos. Sentí un dolor en el pecho, como el golpe de la ola de la sorpresa cuando la sorpresa nos golpea en pleno pecho. Mi amiga estaba allí, cantando y riendo como siempre.
—¿Cómo regresaste?
—Muy fácil: en el tren. Alguien, después de cerciorarse[18] de que sólo era agua salada, me arrojó en la locomotora. Fue un viaje agitado: de pronto era un penacho[19] blanco de vapor, de pronto caía en lluvia fina sobre la máquina. Adelgacé[20] mucho. Perdí muchas gotas.
Su presencia cambió mi vida. La casa, de pasillos oscuros y muebles empolvados,[21] se llenó de aire, de sol, de rumores y reflejos verdes y azules, pueblo numeroso y feliz de reverberaciones y ecos. ¡Cuántas olas es una ola y cómo puede hacer[22] playa o roca o rompeolas[23] un muro, un pecho, una frente que corona[24] de espumas! Hasta los rincones abandonados, los abyectos

[11] **cuchicheo** *whispering*
[12] **a empujones** bruscamente, violentamente
[13] **Procurador** *District Attorney*
[14] **Juez Penal** *Criminal Court judge*
[15] **condena** juicio, sentencia
[16] **la próxima** la próxima vez
[17] **México** la ciudad de México
[18] **cerciorarse** asegurarse
[19] **penacho** *tuft, plume*
[20] **adelgazar** ponerse delgado
[21] **empolvados** cubiertos de polvo
[22] **hacer** convertir en
[23] **rompeolas** *breakwater*
[24] **corona de espumas** *it crowns with foam*

rincones del polvo y los detritus,²⁵ fueron tocados por sus manos ligeras. Todo se puso a sonreír y por todas partes brillaban dientes blancos. El sol entraba con gusto en las viejas habitaciones y se quedaba en casa por horas, cuando ya hacía tiempo que había abandonado las otras casas, el barrio, la ciudad, el país. Y varias noches, ya tarde, las escandalizadas estrellas lo vieron salir de mi casa, a escondidas.²⁶

El amor era un juego, una creación perpetua. Todo era playa, arena, lecho de sábanas²⁷ siempre frescas. Si la abrazaba, ella se erguía, increíblemente esbelta, como el tallo²⁸ líquido de un chopo; y de pronto esa delgadez florecía en un chorro²⁹ de plumas blancas, en un penacho de risas que caían sobre mi cabeza y mi espalda y me cubrían de blancuras. O se extendía frente a mí, infinita como el horizonte, hasta que yo también me hacía horizonte y silencio. Plena y sinuosa, me envolvía³⁰ como una música o unos labios inmensos. Su presencia era un ir y venir de caricias, de rumores, de besos. Entraba en sus aguas, me ahogaba a medias y en un cerrar de ojos me encontraba arriba, en lo alto del vértigo, misteriosamente suspendido, para caer después como una piedra, y sentirme suavemente depositado en lo seco, como una pluma. Nada es comparable a dormir mecido³¹ en esas aguas, si no es despertar golpeado por mil alegres látigos³² ligeros, por mil arremetidas³³ que se retiran, riendo.

Pero jamás llegué al centro de su ser. Nunca toqué el nudo³⁴ del ay y de la muerte. Quizá en las olas no existe ese sitio secreto que hace vulnerable y mortal a la mujer, ese pequeño botón eléctrico donde todo se enlaza, se crispa³⁵ y se yergue, para luego desfallecer.³⁶ Su sensibilidad, como la de las mujeres, se propagaba en ondas, sólo que no eran ondas concéntricas, sino excéntricas, que se extendían cada vez más lejos, hasta tocar otros astros. Amarla era establecer contactos remotos y estelares,³⁷ vibrar con estrellas lejanas que no sospechamos. Pero su centro . . . no, no tenía centro, sino un vacío parecido al de los torbellinos,³⁸ que me chupaba³⁹ y asfixiaba.

Tendidos el uno al lado del otro, cambiábamos confidencias, cuchicheos, risas. Hecha un ovillo,⁴⁰ caía sobre mi pecho y allí se desplegaba⁴¹ como una vegetación de rumores. Cantaba a mi oído, caracola.⁴² Se hacía humilde y transparente, echada, a mis pies como un animalito, agua mansa. Era tan límpida que podía leer todos sus pensamientos. Ciertas noches su piel se

²⁵ **detritus** *debris, dirt*
²⁶ **a escondidas** en secreto; ocultamente
²⁷ **sábana** *sheet*
²⁸ **tallo. . . chopo** *trunk. . . black poplar*
²⁹ **chorro** *jet, stream*
³⁰ **envolver** cubrir
³¹ **mecer** mover compasadamente (*to rock*)
³² **látigo** azote (*whip*)
³³ **arremetida** ataque
³⁴ **el nudo del ay** la unión de la vida
³⁵ **se crispa y se yergue (erguir)** *twitches and rises*
³⁶ **desfallecer** *to weaken, to fall away*
³⁷ **estelar** de las estrellas
³⁸ **torbellino** *whirlwind*
³⁹ **chupar** absorber
⁴⁰ **ovillo** bola
⁴¹ **desplegar** tender, extender
⁴² **caracola** *snail (shell)*

cubría de fosforescencias y abrazarla era abrazar un pedazo de noche tatuada de fuego. Pero se hacía también negra y amarga. A horas inesperadas mugía, suspiraba, se retorcía. Sus gemidos despertaban a los vecinos. Al oírla el viento del mar se ponía a rascar[43] la puerta de la casa o deliraba en voz alta por las azoteas.[44] Los días nublados la irritaban; rompía muebles, decía malas palabras, me cubría de insultos y de una espuma gris y verdosa. Escupía, lloraba, juraba, profetizaba. Sujeta a la luna, a las estrellas, al influjo de la luz de otros mundos, cambiaba de humor y de semblante de una manera que a mí me parecía fantástica, pero que era fatal como la marea.[45]

Empezó a quejarse de soledad. Llené la casa de caracolas y conchas, de pequeños barcos veleros,[46] que en sus días de furia hacía naufragar (junto con los otros, cargados de imágenes, que todas las noches salían de mi frente y se hundían en sus feroces o graciosos torbellinos). Ah, cuántos pequeños tesoros se perdieron en ese tiempo. Pero no le bastaban mis barcos ni el canto silencioso de las caracolas. Tuve que instalar en la casa una colonia de pescados. Confieso que no sin celos los veía nadar en mi amiga, adornar su cabellera con leves relámpagos[47] de colores.

Entre todos aquellos peces había unos particularmente repulsivos y feroces, unos pequeños tigres de acuario, de grandes ojos fijos y bocas hendidas[48] y carniceras. No sé por qué aberración mi amiga se complacía en jugar con ellos, mostrándoles sin rubor[49] una preferencia cuyo significado prefiero ignorar. Pasaba largas horas encerrada con aquellas horribles criaturas. Un día no pude más; eché abajo la puerta y me arrojé sobre ellos. Ágiles, rientes, se me escapaban entre las manos mientras ella reía y me golpeaba hasta derribarme. Sentí que me ahogaba. Y cuando estaba a punto de morir, morado[50] ya, me depositó suavemente en la orilla y empezó a besarme, diciendo no sé qué cosas. Me sentí muy débil, molido y humillado. Y al mismo tiempo la voluptuosidad me hizo cerrar los ojos. Porque su voz era dulce y me hablaba de la muerte deliciosa de los ahogados. Cuando volví en mí, empecé a temerla y odiarla.

Tenía descuidados[51] mis asuntos. Volví a salir, comencé a frecuentar a los amigos y reanudé viejas y queridas relaciones. Encontré a una amiga de juventud. Haciéndole jurar que me guardaría el secreto, le conté mi vida con la ola. Nada conmueve tanto a las mujeres como la posibilidad de salvar a un hombre. Mi redentora empleó todas sus artes, pero ¿qué podía una mujer, dueña de un número limitado de almas y cuerpos, frente a mi amiga, siempre cambiante y siempre idéntica a sí misma en sus metamorfosis incesantes?

[43] **rascar** rasguñar (*to scratch*)
[44] **azotea** techo plano (*flat roof*)
[45] **marea** *tide*
[46] **barcos veleros** *sail boats*
[47] **relámpago** *flash*
[48] **hendidas y carniceras** *split and carnivorous*
[49] **sin rubor** sin vergüenza
[50] **morado** de color de violeta oscuro
[51] **descuidar** abandonar, desatender (*neglect*)

Vino el invierno. El cielo se volvió gris. La niebla cayó sobre la ciudad. Llovía una llovizna helada. Mi amiga gritaba todas las noches. Durante el día se aislaba, quieta y siniestra, mascullando[52] una sola sílaba, como una vieja que rezonga[53] en un rincón. Se puso fría; dormir con ella era tiritar[54] toda la noche y sentir cómo se helaban paulatinamente[55] la sangre, los huesos, los pensamientos. Se volvió honda, impenetrable, revuelta.[56] Yo salía con frecuencia y mis ausencias eran cada vez más prolongadas. Ella, en su rincón, aullaba[57] largamente. Con dientes acerados[58] y lengua corrosiva roía[59] los muros, desmoronaba las paredes. Pasaba las noches en vela,[60] haciéndome reproches. Tenía pesadillas, deliraba con el sol, con playas ardientes. Soñaba con el polo y en convertirse en un gran trozo de hielo, navegando bajo cielos negros en noches largas como meses. Me injuriaba.[61] Maldecía y reía; llenaba la casa de carcajadas y fantasmas. Llamaba a los monstruos de las profundidades, ciegos, rápidos y obtusos. Cargada de electricidad, carbonizaba[62] lo que tocaba; de ácidos, corrompía lo que rozaba.[63] Sus dulces brazos se volvieron cuerdas ásperas,[64] que me estrangulaban. Y su cuerpo, verdoso y elástico, era un látigo implacable, que golpeaba, golpeaba, golpeaba. Huí. Los horribles pescados reían con su risa feroz.

Allá en las montañas, entre los altos pinos y los despeñaderos,[65] respiré el aire frío y fino como un pensamiento de libertad. Al cabo de un mes regresé. Estaba decidido. Había hecho tanto frío que encontré sobre el mármol de la chimenea, junto al fuego extinto, una hermosa estatua de hielo. No me conmovió su aborrecida belleza. La eché en un gran saco de lona[66] y salí a la calle, con la dormida a cuestas.[67] En un restaurante de las afueras la vendí a un cantinero amigo, que inmediatamente empezó a picarla en pequeños trozos, que depositó cuidadosamente en las cubetas[68] donde se enfrían las botellas. Así acabó mi vida con la ola.

Cuestionario

1. ¿Qué rasgos de mujer real se notan en la ola desde el primer párrafo?
2. ¿Qué efecto dan las frases cortas del final de este párrafo?
3. ¿Cuál fue el primer problema que tuvo el narrador?
4. ¿Qué hizo con la ola?

[52] **mascullar**   hablar entre dientes
[53] **rezongar**   gruñir, refunfuñar (*to grumble*)
[54] **tiritar**   temblar de frío
[55] **paulatinamente**   despacio, poco a poco
[56] **revuelta**   *alienated*
[57] **aullar**   *to howl*
[58] **acerado**   agudo
[59] **roer**   *to gnaw*
[60] **en vela**   despierta
[61] **injuriar**   insultar
[62] **carbonizar**   convertir en carbón; quemar
[63] **corrompía lo que rozaba**   corroía (quemaba) lo que tocaba ligeramente
[64] **cuerdas ásperas**   *rough rope*
[65] **despeñadero**   precipicio
[66] **saco de lona**   *canvas sack*
[67] **a cuestas**   sobre los hombros
[68] **cubeta**   *small cask or barrel*

5. Describa los esfuerzos del hombre para que nadie se acerque al depósito de agua.
6. ¿De qué le acusa la mujer?
7. ¿Con qué tono describe el autor lo que le pasa al hombre después? ¿Cuál es la base del humor de este pasaje?
8. ¿Cómo logró la ola regresar a casa del hombre?
9. Describa cómo la presencia de la ola cambió la vida del hombre. ¿Qué emoción respira este párrafo? (pág. 112, l. 31).
10. ¿Le parece a usted poético el estilo de este párrafo? Señale usted dos imágenes eficaces.
11. En el párrafo siguiente, ¿logra el autor crear la impresión de que «el amor era un juego, una creación perpetua»?
12. ¿Cuáles son algunas de las palabras o frases que acentúan la idea de movimiento y fluidez en este párrafo?
13. La palabra «pluma» (con «penacho») se halla tres veces en este párrafo. ¿Qué sensación contribuye este vocablo?
14. ¿Qué quiere decir el narrador al confesar que «jamás llegué al centro de su ser»? (pág. 113, l. 21).
15. ¿En qué sentido era cósmico este extraño amor?
16. ¿Cómo le parece a usted la imagen «abrazarla era abrazar un pedazo de noche tatuada de fuego»? (pág. 114, l. 1).
17. ¿Cómo era la ola cuando se hacía negra y amarga? ¿Por qué cambiaba de humor de una manera fantástica?
18. ¿Qué hizo el hombre cuando ella se quejó de soledad?
19. ¿Qué hizo que el hombre se pusiese locamente celoso? ¿Es realista su reacción violenta?
20. El narrador habla de las metamorfosis incesantes de la amada. Dé un ejemplo.
21. Describa el principio del párrafo «Vino el invierno» (pág. 115, l. 1). ¿Cómo son las frases —largas o cortas? ¿Es el ritmo lento o rápido? ¿Con qué imagen termina el párrafo?
22. Describa cómo ha cambiado la ola al venir el invierno.
23. ¿Logra convencernos el narrador de que ya le es imposible vivir con la ola?
24. ¿Cómo se desembarazó (*get rid of*) por fin de ella el narrador?
25. ¿Es demasiado fantástico este cuento para poder gozarlo?
26. ¿Es el tono serio, humorístico, o una mezcla de los dos?

Ejercicios

I. Vocabulario

A. Una fuente fecunda para enriquecer el vocabulario es la formación de familia de palabras por sufijos. En el cuento se encuentran **carcelero** (de cárcel) y **cantinero** (de cantina). El sufijo —**ero** significa el oficio y —**ería** el establecimiento o lugar. Dado el nombre de la cosa, forme usted las dos otras palabras según el modelo. Consulte un diccionario cuando sea necesario.

La Cosa	La Persona	El Establecimiento
pan	**panadero**	**panadería**
libro		
carne		
joya		
sombrero		
perfume		
ropa		
dulces		
fruta		
papel		
zapato		
barba		
pelo (peluca)		
reloj		

B. Conteste en español.
1. ¿Dónde trabaja un tendero?
2. ¿Cómo se llama la persona que cuida el jardín?
3. ¿Qué se encuentra en una gallinería?
4. ¿Qué es un pasajero?
5. ¿Dónde trabaja una lavandera?
6. ¿Por qué quieren los niños al chocolatero?
7. ¿Dónde pasa el cocinero la mayor parte de su tiempo?
8. ¿Cómo se llama el hombre que trabaja con el hierro?
9. Después de graduarse en ingeniería, un hombre es _____
10. ¿Cómo se llama el lugar donde trabaja un carpintero?

II. Expresiones

Observe las siguientes expresiones sacadas del texto, y luego traduzca las frases.

al día siguiente
a pesar de
costarle (a uno) caro
cada vez más
estar a punto de
tener suerte
respecto a
mismo (*same, very*)
soñar con
no poder más
volver a *plus inf.*
a medio llenar

1. The wave was becoming more and more bitter.
2. The children were about to drink the water when a woman cried out.
3. Don't do it again, because the next time it will cost you dearly.
4. In spite of the cold she wanted to go to the beach.
5. On the following morning I found a beautiful statue of ice.
6. The very thought of finding her there next to the fish upset (*chocar*) me.
7. One day I could take (go on) no more; I left and when I returned, I began to fear and to hate her.
8. The judge told me that I was very lucky with regard to the incident on the train.
9. If you ever dream about a beautiful wave, don't go near the sea.
10. The glass was scarcely half filled when I cried out.

III. El Imperfecto y el Pretérito (GRAM. 14.6—14.14)

A. Vuelva usted a leer el primer párrafo del cuento, observando y explicando el uso de estos dos tiempos.

Traduzca: No quise decirle nada.
Tuvo que pedirle perdón.
¿Qué significaría el imperfecto de estos verbos?
Observe la frase al final del párrafo: **Ella lloró, gritó, acarició, amenazó.** Compare ésta con la frase, **Escupía, lloraba, juraba, profetizaba** (pág. 114, l. 6). ¿Cómo se explica que todos los verbos de este último párrafo (**Tendidos el uno al lado del otro . . .** (pág. 113) sean el imperfecto?

B. Dé la forma apropiada (imperfecto o pretérito) de los verbos entre paréntesis. El pasaje es el principio del Génesis.

En el principio (*criar*) Dios los cielos y la tierra. Y la tierra (*estar*) desordenada y vacía, y las tinieblas (*estar*) sobre la haz del abismo, y el Espíritu de Dios (*moverse*) sobre la haz de las aguas. Y (*decir*) Dios: Sea la luz: y (*ser*) la luz. Y (*ver*) Dios que la luz (*ser*) buena: y (*apartar*) Dios la luz de las tinieblas. Y (*llamar*) Dios a la luz Día, y a las tinieblas (*llamar*) Noche: y (*ser*) la tarde y la mañana un día.

Y (*decir*) Dios: Haya expansión en medio de las aguas, y separe las aguas de las aguas. E (*hacer*) Dios la expansión, y (*apartar*) las aguas que (*estar*) debajo de la expansión, de las aguas que (*estar*) sobre la expansión.

C. Dé la forma apropiada de los verbos entre paréntesis. Si es posible emplear el imperfecto o el pretérito, diga por qué.
1. Al día siguiente (*empezar*) mis penas.
2. Cuando nadie me (*ver*), yo (*vaciar*) el depósito de agua.
3. Mientras la señora me (*mirar*), uno de los niños (*volver*) a abrir el depósito.

4. Los agentes me (*llevar*) a un vagón solitario.
5. Cuando yo (*contar*) mi caso nadie me (*creer*), ni siquiera el carcelero, que (*mover*) la cabeza, diciendo: «El asunto es grave.»
6. Luego de una hora de viaje incómodo yo (*llegar*) a México. (*Tomar*) un taxi y (*dirigirse*) a casa.
7. Dijo que su decisión (*estar*) tomada.
8. El amor (*ser*) un juego, una creación perpetua. Todo (*ser*) playa, arena. Ella (*extenderse*) frente a mí, infinita como el horizonte, hasta que yo también (*hacerse*) horizonte.
9. Pero nunca (*tocar*) yo el centro de su ser. Pero ella no (*tener*) centro.
10. Todos los días ella y yo (*cambiar*) confidencias. Ella (*cantar*) a mi oído. (*Ser*) tan límpida que yo (*poder*) leer todos sus pensamientos.
11. La ola (*empezar*) a quejarse de soledad. Yo (*tener*) que instalar en la casa una colonia de pescados.
12. (*Venir*) el invierno. El cielo (*volverse*) gris. La niebla (*caer*) sobre la ciudad. Mi amiga (*gritar*) todas las noches. (*Volverse*) honda, impenetrable.

D. Traducir.
1. When I was young, I went to the beach often.
2. Did you speak to him? What was he doing?
3. Where were you going when I met you?
4. I recognized him because they told me that he was short and bald (*calvo*).
5. She used to go out with me until I fell in love with a wave.
6. When I was in Rome, I saw that movie eight times.
7. I knew that it was hot there, but it wasn't until (*hasta*) much later that I learned that it was also muggy (*haber humedad*).
8. At what time did you go to bed when you were ten years old?
9. I tried to kiss her but she refused.
10. My father had two beautiful horses, but he sold them.
11. I met her in Madrid where I was attending the university.
12. I was in my office when he called. He told me that he was tired and upset (*trastornado*).
13. It had been raining for ten hours when they decided to leave.
14. It was midnight and they still were not asleep.

IV. Los otros tiempos (GRAM. 14.1—14.5; 14.15—14.21)

A. Traduzca.
1. Te veo mañana.
2. Ayer me insulta y ahora me invita a la cena.
3. ¿Comemos?
4. Hace diez años que estoy casado.

5. No recibí buenas notas este año y por poco me suspenden.
6. ¿Qué le pasa a Juan? Estará enamorado.
7. ¿Quieres prestarme tu diccionario?
8. Serán las seis de la tarde.
9. Serían las dos cuando llegaron.
10. Mi marido no está aquí. Se habrá ido a la oficina.
11. Así que hubimos comido, salimos a la calle.
12. Si yo no hubiese tenido miedo, habría tomado el avión.

B. Traduzca.
1. She must have been a beautiful baby.
2. I wouldn't do that if I were you.
3. Will you take this book to the library?
4. Would you have seen that film?
5. He feels tired all the time because he is probably bored.
6. He ran into the street and a car almost hit (*pillar*) him.

V. El Participio Pasado (GRAM. 22.1—22.5)

Ejemplos del texto: **Tenía descuidados mis asuntos.**
Hecha un ovillo, caía sobre mi pecho...
Su decisión estaba tomada.

A. Explique la diferencia entre los siguientes pares de frases.
1. He traducido diez páginas.
   Tengo traducidas diez páginas.
2. ¿Ha pagado usted todavía las cuentas?
   ¿Tiene usted pagadas todavía las cuentas?
3. Hemos caminado cuatro kilómetros.
   Llevamos caminados cuatro kilómetros.
4. ¿Ha preparado la lección?
   ¿Tiene preparada la lección?

B. Combine usted el participio pasado del verbo entre paréntesis con alguna forma conjugada de los verbos **haber, tener,** o **llevar.** En caso de más de una solución, sírvase indicarla.
1. El profesor _____ (*escribir*) dos libros sobre la Guerra Civil.
2. La chica _____ (*escandalizar*) a todo el barrio.
3. Mi hermano _____ (*gastar*) la fortuna de la familia.
4. Mi mujer y yo _____ (*aceptar*) la invitación.
5. Yo _____ (*resolver*) las dificultades cuando me puse enfermo.
6. Nosotros _____ (*comer*) en un restaurante español.
7. El ejército _____ (*sitiar*) a la ciudad.
8. Don José _____ (*recorrer*) la mitad de la ciudad buscándole.
9. El padre ya _____ (*casar*) a todas sus hijas.

10. El poeta nos hace entrever la profundidad de los problemas que todos _____ (cerrar) en nosotros.

C. Exprese la idea de las siguientes frases substituyendo las palabras en cursiva por el participio pasado en sentido absoluto.

   Ejemplo: **Después de terminar** la tarea, se acostó.
   Terminada la tarea, se acostó.

   1. *Así que pintó* la habitación, se fue a la taverna.
   2. *Después que se habían ido* ellas, la casa parecía vacía.
   3. *Al vender* los muebles, la mujer quiso alquilar un apartamento.
   4. *Habiendo determinado* la ruta que había de seguir, partió al día siguiente.
   5. *Tras de concluir* la obra, hizo un viaje a Europa.
   6. *Después de encarcelar* al ladrón, el juez habló con su familia.

VI. El infinitivo con verbos de causa (HACER) o voluntad (MANDAR, DEJAR, PROHIBIR, etc.). (GRAM. 21.4)

Esta construcción tiene con frecuencia un equivalente pasivo en inglés.
Ejemplo del texto: Llené la casa de pequeños barcos veleros, que en sus días de furia ella *hacía naufragar*.

A. Traduzca las frases en inglés que corresponden a la oracion española, siguiendo el modelo.

Hice que María barriese su cuarto.	I had Mary sweep her room.
I had it swept	**Lo hice barrer.**
I had her (indirect object) sweep it.	**Se lo hice barrer.**

   1. Mandó a los soldados que evacuasen la ciudad.
      a. He ordered it evacuated.
      b. He ordered them to evacuate it.
   2. Hace que los alumnos traduzcan el ensayo.
      a. He has it translated.
      b. He has them translate it.
   3. No permite que su hijo use la máquina de escribir.
      a. He doesn't allow it to be used.
      b. He doesn't allow him to use it.
   4. Hice que el zapatero remontase los zapatos.
      a. I had them repaired.
      b. I had him repair them.

B. Traducir. (ALSO GRAM. 21.3, 20.5)
   1. He had (got) himself hurt (*herir*) in the war.

Capítulo 9

2. They had themselves shaved.
3. She let herself be deceived.
4. We had our car washed.
5. He made himself respected.
6. I hear the bells chime (*repicar*).
7. I hear them chiming.
8. I saw the child cross the street.
9. I saw him cross it.
10. I heard him come in at midnight.

VII. Composición

Exprese de dos maneras las palabras en cursiva.

I thought that this story was strange but fascinating, and that it was very well written. A man who lets himself be loved by a wave *must be* crazy, but this wave becomes at times as real as any woman in love.

It all happened at the beach. *After I had come out* of the water, the wave seized my arm and left with me, in spite of the shouts of the others. I tried to make her return, but she refused. I can still hear her *shouting and weeping.*

I didn't know what to do on the train. When no one was looking at me, I poured her into the water cooler, but *as soon as I did that,* they had me arrested. I must have been lucky because I succeeded in returning home in a short time. The wave was waiting for me, and from that moment her presence changed my whole life. Everything looked beautiful, and life was sweet. The sun would remain with us for hours until the scandalized stars saw it leave my house, secretly. On those days the wave would kiss and caress me, but cloudy days irritated her, and she used to spit and cry.

Then winter came. The wave became cold and miserable. She had nightmares and dreamed about black skies. I began to leave more frequently, and my absences were more and more prolonged. *I had neglected* my affairs and my friends. At the end of a month I returned. I found the wave on the fireplace, *having turned into* (made) a statue of ice. I took her to a friend of mine who cut her into small pieces, and thus I ended my life with the wave.

Vocabulario

affair asunto
arrest arrestar
caress acariciar

cloudy nublado
cut picar
fascinating fascinante

happen suceder
love: in love enamorado
neglect descuidar
nightmare pesadilla
piece trozo
pour verter

scandalize escandalizar
secretly a escondidas
seize colgarse de
shout grito; gritar
spit escupir

10

Ana María Matute

En la historia novelística contemporánea de España, Ana María Matute ocupa un lugar importantísimo, y su fama va creciendo cada vez más en todas partes. Muchacha precoz que nació en Barcelona en 1926, dedicó a una temprana edad su atención a la pintura y la música, y escribió su primera novela, Pequeño teatro, cuando no tenía más que diecisiete años. En 1948 se dio a conocer con la publicación de Los Abel, que trata de uno de sus temas predominantes: la mezcla de odio y amor en las relaciones entre hermanos, amantes o amigos. Se preocupa también Ana María Matute por la soledad o incomunicación entre los seres humanos, y por la necesidad de huir de la vida corriente, como se ve en Fiesta al noroeste (1953). Hasta ahora su producción literaria es muy impresionante: ha escrito nueve novelas y cinco libros de relatos. Entre los muchos premios que ha ganado figuran el Planeta, el Café Gijón, el Nacional de Literatura, el prestigioso Nadal (Primera memoria, 1960), y en 1965 el Lazarillo por sus cuentos que tratan de los niños.

Mujer de gran sensibilidad, hondamente intuitiva, Ana María Matute busca y encuentra en sus novelas la imagen de su propia realidad espiritual. Una cierta actitud negativa y determinista corre a lo largo de toda su obra, sea al tratar la soledad del hombre o al describir el mundo de los niños. Su estilo es vigoroso, vibrante, poético, abundante en imágenes briosas (spirited). Un buen ejemplo de la sensibilidad psicológica y estética de Ana María Matute se encuentra en el cuento siguiente, tomado de su reciente libro de relatos, El arrepentido y otras narraciones (1967).

Los de la tienda

EL AIRE del mar levantaba un polvo blanquecino de la planicie[1] donde se elevaban las chabolas.[2] A la derecha estaba la montaña rocosa y a la izquierda se iniciaba el suburbio de la población,[3] con los primeros faroles de gas y las tapias[4] de los solares. Luego, las callejas oscuras, de piedras resbaladizas[5] y húmedas; las tabernas, las freidurías,[6] las casas de comidas.[7] Allí empezaba el barrio marinero, con la capilla de San Miguel y San Pedro. Después el mar. Desde las chabolas, en las mañanas claras, se oía, a veces, la campana de la capilla.

La tienda de comestibles se abría justamente en el centro de aquel mundo. A medias en el camino de las chabolas y de las primeras casas de pescadores. Era una tienda no muy grande, pero abarrotada.[8] Embutidos,[9] latas de conservas, velas, jabón, cajas de galletas, queso, mantequilla, estropajos, escobas... Todo se apilaba en orden, en estantes o pirámides, en torno al mostrador de madera abrillantada por el roce.[10] Detrás del mostrador se abría la puerta de la vivienda de Ezequiel, de Mariana, su mujer, y del ahijado.[11]

Al ahijado lo trajeron del pueblo de Mariana, cuando desesperaron de tener hijos propios. Se llamaba Dionisio y era hijo de una cuñada viuda y pobre, que aún tenía cuatro niños más pequeños. La madre se avino[12] desde el primer día a la adopción, y ahora, a veces, le escribía cartas breves, de letra ancha y palabras extrañamente partidas,[13] donde le hablaba de la huerta, de sus hermanos y de la gran calamidad de la vida. Seis años tenía Dionisio cuando dejó el pueblo, y otros seis llevaba de ahijado con Ezequiel y Mariana. De su madre tenía una idea triste y borrosa;[14] de su pueblo, el recuerdo de las casas con sus porches, de la plaza y de la huerta en primavera, con el olor

---

[1] **planicie** llanura; espacio llano y extenso
[2] **chabola** choza, o casa muy pequeña en el campo
[3] **población** pueblo
[4] **tapias de los solares** muros (paredes alrededor de los terrenos
[5] **resbaladizas** *slippery*
[6] **freiduría** tienda donde se vende pescado frito
[7] **casa de comidas** establecimiento donde se sirven comidas baratas
[8] **abarrotar** atestar (*to cram*); llenar con exceso
[9] **Embutidos... escobas** *sausages, canned goods, candles, soap, boxes of biscuits, cheese, butter, mops, brooms*
[10] **abrillantada por el roce** *gleaming from frequent rubbing*
[11] **ahijado** *godchild*
[12] **avenirse** ponerse de acuerdo
[13] **partidas** separadas, divididas
[14] **borroso** confuso, impreciso

ácido y hermoso de la tierra mojada. Ahora, en cambio, conocía bien el olor a pimentón, jabón y especias[15] de la tienda; y el aire salado que subía de allá detrás, arrastrando el polvo blanco, reseco,[16] en la planicie de las chabolas.

   Dionisio no recibía sueldo,[17] pero Ezequiel le decía siempre que el día de mañana,[18] suya y de nadie más sería la tienda. Dionisio comía a dos carrillos,[19] como Ezequiel. Como él, al comer, se untaba[20] de aceite la barbilla y el borde de los labios. Y como él se preparaba, a media mañana y a media tarde, grandes bocadillos[21] de jamón, de sobreasada,[22] de queso o de membrillo. Dionisio podía comer todo cuanto quisiera, a todas horas. Además, de siete a nueve, subía a peinarse con colonia de la de a granel,[23] que olía fuertemente a violetas. Se quitaba la bata,[24] y, con las manos bien limpias, se iba a la Academia a estudiar Contabilidad.

   Todo hubiera ido bien para Dionisio, que no deseaba nada, a no ser por Manolito y su pandilla.[25] Manolito y su pandilla vivían en las chabolas.

   Eran una banda de muchachos tostados por el sol, delgados, duros y rientes, que le subyugaban. Manolito y su pandilla se reunían en el descampado,[26] tras la planicie de las chabolas; y tenían secretos, y salvajes y fascinantes juegos. Manolito y su pandilla hicieron pensar a Dionisio en los amigos. Amigos, juegos, aventuras. Todo aquello que aún desconocía.

   Dionisio intentó muchas veces su amistad. Pero Manolito y su pandilla raramente le toleraban. Dionisio era «el de la tienda».

   La tienda era un lugar codiciado y aborrecido, a un tiempo, por los de las chabolas. Así lo comprendió Dionisio, poco a poco. En la tienda no se fiaba,[27] y la tienda era necesaria. En la tienda había todo lo que se necesitaba, pero de la tienda no se podían llevar nada que no fuese al contado. (Al contado, naturalmente, para los de las chabolas.)

   —Mira, Dionisio —decía Ezequiel en voz baja a su ahijado—. A don Marcelino y a doña Asunción, sí se les puede apuntar y fiar, porque son ricos. A los de las chabolas, no, porque son pobres. No olvides esto nunca.

   Dionisio acabó comprendiéndolo, aunque a primera vista le pareciese una contradicción. También comprendió el despego[28] hacia él por parte de los de las chabolas. Recordaba una tarde que entró Manolito por algo, mientras él se untaba un panecillo con sobreasada.[22] Para esparcirla más

[15] **especias** *spices*
[16] **reseco** muy seco
[17] **sueldo** paga, salario
[18] **el día de mañana** algún día
[19] **comer a dos carrillos** comer con voracidad
[20] **untar** mojar; cubrir
[21] **bocadillo** sandwich
[22] **sobreasado ... membrillo** *high-seasoned sausage ... quince*
[23] **la de a granel** *the kind that comes unbottled*
[24] **bata** *smock; bathrobe*
[25] **pandilla** conjunto o banda de varias personas formada generalmente con mal fin
[26] **descampado** campo sin árboles ni viviendas
[27] **no se fiaba** no se vendía a crédito
[28] **despego** falta de afecto o cariño

convenientemente, la aplastaba[29] con la ayuda de su dedo pulgar. El dedo lo llevaba envuelto en un esparadrapo[30] sucio, porque se dio un tajo al cortar cien gramos de queso. Sintió en la frente algo extraño, como un desazonado[31] cosquilleo. Levantó la cabeza y vio los ojos redondos y escudriñadores de Manolito, fijos en él: en su dedo pulgar envuelto en un esparadrapo sucio, en la sobreasada aplastada contra el pan. Y sintió algo que le hizo volverse de espaldas. Ezequiel, entre tanto, preguntaba desabridamente[32] a Manolito qué quería.

—Un paquete de sal... —dijo Manolito.

Y Ezequiel indagó,[33] aún más seco:

—¿Traes el dinero?

No: no le querían los de las chabolas. No le querían, y por ello, quizá, deseaba aún más pertenecer a su banda. Sobre todo en el verano, cuando bajaban a bañarse a la playa, dando gritos debajo del gran sol. Pero no le querían, estaba visto. Por más que[34] las pocas veces que le admitieron con ellos llegó a casa con la cabeza llena de sabiduría, y casi no pudo dormir por la noche.

Un día Ezequiel le dio veinte duros. Así: veinte duros, como veinte soles. Cierto que él siempre le andaba pidiendo:

—Padrino, que no llevo nunca nada en el bolsillo... Padrino, déme usted algo, aunque sea para no gastar. Mire que todos los chicos de la Academia llevan siempre dinero...

Ezequiel movía negativamente la cabeza y respondía:

—Dinero, no, Dioni. Ya sabes que la tienda será tuya algún día. Comes hasta reventar,[35] y no te matas trabajando. ¿Qué más quieres?

Ante estas razones, Dionisio callaba, porque no sabía contestar. (Podía haber dicho, quizá: «Para presumir.»[36] Pero, claro, no se atrevía.) Y de repente, una mañana, mientras él barría la tienda, Ezequiel le dijo:

—Anda, para que te calles de una vez: ahí va eso. ¡Pero pobre de ti si lo gastas! ¡Lo guardas bien guardado, donde ni lo veas!

Veinte duros. Así: de golpe, en un solo billete. Dionisio se quedó sin respiración.

—Gracias, padrino... ¡Qué bárbaro![37]

—Pero que no lo gastes, ¿eh? ¡Que no lo gastes...! Dionisio, efectivamente, lo guardó. La verdad era que, excepto pertenecer a la banda del Manolito, no deseaba nada.

Guardó el dinero en el armario, entre las camisas, y con saber que estaba

[29] **aplastar** *to flatten, crush*
[30] **esparadrapo** *adhesive tape, bandage*
[31] **desazonado cosquilleo** *irritating uneasiness (lit., tickling)*
[32] **desabridamente** secamente; con disgusto
[33] **indagar** investigar
[34] **Por más que** *even*
[35] **reventar** estallar (*to burst*)
[36] **presumir** alardear (*to boast, show off*)
[37] **¡Qué bárbaro!** ¡tremendo! ¡estupendo!

Capítulo 10

allí se contentaba. Los primeros días se acercaba a verlo, de cuando en cuando. Recordaba entonces una historia que leyó, de un avaro que guardaba su oro y lo acariciaba. Pero sonreía y se sentía satisfecho.

Fue lo menos quince o veinte días más tarde cuando ocurrió lo imprevisto. Era un lunes por la tarde. Salía de la tienda y decidió hacer novillos[38] y darse una vuelta por la planicie. Ya estaba muy próximo el verano, y aún brillaba el sol, allá lejos, sobre la superficie rizada[39] del mar. Cuando llegó a la altura de las chabolas, oyó el griterío. Se acercó corriendo, detrás de los muchachos que acudían en tropel.

La desgracia había caído sobre la chabola del Manolito. Su padre, que era albañil,[40] se cayó del andamio, partiéndose tres costillas y una pierna. Lo habían llevado al hospital, y su mujer salía dando gritos, acompañada por las vecinas. En una esquina, sentado en el suelo, con las manos en los bolsillos, lejano a todos, con su carita dura y pálida, estaba Manolito. Dionisio se sintió invadido de una gran piedad. Corrió a él, y se le plantó delante, mirándole. Quería decir algo pero no sabía. Al fin, Manolito levantó los ojos (como aquel día que le vio preparándose el bocadillo). Ante sus ojos negros, Dionisio se quedó sin habla.

—¡Lárgate, cerdo![41] —escupió Manolito—. ¡Que te largues . . . !

Se fue despacio. Sentía en la espalda, en la nuca, el peso de una gran desolación.

Aquella noche tomó su resolución. Casi no sentía sacrificio alguno. Se levantó más temprano que de costumbre, y antes de bajar a la tienda, salió por la puerta trasera y corrió a las chabolas. Iba con la mano metida en el bolsillo y apretaba en el puño el billete de veinte duros.

Cuando llegó a la chabola de Manolito el corazón parecía latir en su misma garganta.

—¡Manolo! —llamó con voz trémula—. ¡Sal, Manolo, que tengo que darte un recado!

Manolo salió, medio desnudo, con los ojos entrecerrados. También la hermana menor, y otros dos más pequeños todavía, asomaron la cabeza.

—¿Dónde está tu madre? —le preguntó Dionisio.

El Manolito se encogió de hombros,[42] y sus labios se doblaron con desprecio:

—Ande va a estar . . .[43] ¡En el hospital!

Dionisio sintió que toda la sangre le subía a la cara:

—Oye, Manolo . . . , yo venía a decirte . . . , vamos, mira: esto he ahorrado yo, pero si tú quieres . . . yo te lo presto y cuando puedas, vamos, no me corre ninguna prisa . . . ni siquiera que me lo devuelvas . . .

---

[38] **hacer novillos**   faltar a la escuela
[39] **superficie rizada**   *rippling (curly) surface*
[40] **albañil**   *mason, bricklayer*
[41] **¡Lárgate, cerdo!**   *Beat it, pig!*
[42] **se encogió de hombros**   *shrugged his shoulders*
[43] **Ande va a estar**   *Where d'ya think?*

Le tendía el billete de veinte duros. Manolo se había quedado quieto, abierta su pequeña boca, oscura y manchada. Miraba el dinero con ojos fijos, como de vidrio. Avanzó despacio una mano delgada, llena de tierra. Dionisio le puso el dinero en la palma y echó a correr.

El corazón le dolía al entrar en la tienda. Ezequiel le dio un pescozón:[44]
—¡Dónde habrás andado, golfante . . . ![45] ¡Hala, a barrer!

Estuvo toda la mañana como en sueños. Cada vez que sonaba la campanilla de la puerta sentía flaquear[46] sus piernas.

Pero Manolito no empujó la puerta hasta mediada la tarde. Su figurilla se recortó[47] contra la luz del sol, en el umbral. El corazón le dio un vuelco a Dionisio,[48] y sólo acertó a pensar: «Qué piernas tan flacas tiene Manolito.» No: no parecía el capitán de la banda. Era como un pájaro, un triste y oscuro pájaro perdido.

Ezequiel le miró con desconfianza. El Manolito, con su voz clara y despaciosa, pidió arroz, azúcar, aceite, velas . . . A media retahíla,[49] Ezequiel le cortó, como siempre:

—Oye, tú, ¿traes dinero?

Para decir *dinero* Ezequiel se frotaba las yemas[50] del índice y del pulgar, uno contra el otro. Manolito asintió, con voz firme:

—Sí; lo traigo. Ponga usted, además . . .

Algo zumbaba en los oídos de Dionisio, y no podía escuchar más. Un ahogo,[51] raro y dulce, le subía por la garganta. Quería esconderse, que no le vieran los ojos del Manolito. Las rodillas le temblaban y se sentó allí, detrás del mostrador, en un cajón de *coca-colas* vacío. Sólo veía a Ezequiel, de pie, colocando las cosas, con aire aún receloso.

Manolito pagó, alargando un billete de veinte duros. Dionisio vio las manos de Ezequiel: rojizas, de uñas rotas. Una mano de Ezequiel cogió el billete: «su» billete de veinte duros. Ezequiel lo palpó, lo alzó y lo miró al trasluz.[52]

—¡Largo de ahí, golfo![45] —chilló—. ¡Largo de ahí, si no quieres que te eche de un puntapié![53]

Dionisio parpadeó,[54] despacio. La luz del sol, en rayos finos, se filtraba a través de los rimeros[55] de cajas de galletas. Una rata gorda, negra, corría por detrás de los montones de jabón.

—¡Que te largues, te digo! ¡Te creerás que me puedes engañar a mí!

---

[44] **pescozón**   golpe en el cuello
[45] **golfante**   golfo (*little scoundrel*)
[46] **flaquear**   mostrar debilidad; flojear (*to weaken*)
[47] **se recortó**   *was outlined*
[48] **El corazón... a Dionisio**   Dionisio tuvo un presentimiento súbito.
[49] **retahíla**   serie de cosas, de nombres, etc.
[50] **yemas**   *tips*
[51] **ahogo**   aflicción, opresión
[52] **al trasluz**   contra la luz
[53] **de un puntapié**   con un golpe dado con la punta del pie
[54] **parpadear**   pestañear (*to blink*)
[55] **rimero**   pila o montón

¡Ya decía yo! ¡Ya me parecía a mí! Este billete es más falso que el alma de Judas...

Aún dijo Ezequiel muchas cosas más. Dionisio quiso levantarse, mirar por encima del mostrador. Pero algo había en el olor de la tienda —el pimentón, el jabón, las especias...— que aturdía,[56] que se pegaba a la garganta, a los ojos, como un humo. Las rodillas se le volvieron blandas, como de algodón.

Después oyó la campanilla de la puerta. Por fin, Manolito se había marchado.

Cuestionario

1. Describa lo específico y lo general del panorama visto en el primer párrafo.
2. ¿Está pintado este cuadro con un pincel pesado o ágil?
3. ¿Qué viviendas se destacan en la planicie?
4. ¿Qué se abría en el centro de este panorama?
5. ¿En qué sentido son rivales y opuestas las chabolas y la tienda de comestibles?
6. ¿Le parece a usted típica esta tienda de pueblo? ¿Es raro que la vivienda de Ezequiel se halle en la tienda?
7. ¿Quién es Dionisio? ¿Cuántos años hace que vive con Ezequiel y Mariana?
8. ¿Cómo utiliza la autora el sentido de olor para explicar que Dionisio va olvidándose de su vida pasada?
9. ¿Cómo trata Ezequiel a su ahijado? ¿Es éste un esclavo que lleva una vida muy dura?
10. ¿Por qué estudia contabilidad?
11. Describa la banda de muchachos. ¿Por qué no juega Dionisio con ellos? ¿Desea ser su amigo y compañero?
12. ¿Por qué es la tienda un lugar aborrecido por los de las chabolas?
13. ¿Puede Dionisio comprender la distinción o jerarquía de clases que hace Ezequiel?
14. ¿Qué incidente recordaba Dionisio? ¿Por qué sintió algo como una gran inquietud?
15. ¿Qué le parece a usted la observación psicológica de que Dionisio deseaba pertenecer aún más a la banda porque no le querían?
16. ¿Qué le dio Ezequiel un día? ¿Por qué se quedó Dionisio sin respiración? ¿Se lo había pedido antes?
17. ¿Bajo qué condición le dará Ezequiel el dinero?
18. ¿Se contentaba Dionisio con guardar el billete, en vez de gastarlo?
19. ¿En qué día ocurrió lo imprevisto? ¿Cómo se explica que Dionisio no estuviera en la escuela?

[56] **aturdir**   atolondrar (*to stun*)

20. ¿Qué desgracia había caído sobre la chabola del Manolito?
21. ¿Cómo se sintió Dionisio al ver a Manolito? ¿Decidió hablar con él o dejarle solo?
22. ¿Cómo le saludó Manolito? ¿Debe sorprendernos esta actitud?
23. ¿Qué resolución tomó Dionisio aquella noche?
24. ¿Fue difícil para Dionisio darle a Manolo sus veinte duros?
25. Describa la reacción de Manolo.
26. ¿Cómo se sentía Dionisio después de vuelto a la tienda?
27. Al entrar Manolito en la tienda, ¿qué pensamiento se le ocurrió a Dionisio?
28. ¿Le parece a usted natural la excitación de Dionisio?
29. ¿Qué exclamó Ezequiel después de mirar el billete? ¿Por qué?
30. Describa el efecto de esta escena en Dionisio. ¿Qué significación tiene el olor de la tienda?
31. ¿Le sorprendió el final del cuento? ¿Fue inesperado?
32. ¿Cree usted que Ezequiel sabía que el billete era falso cuando se lo dio a Dionisio?
33. ¿Le parece a usted sencillo el estilo de este cuento?
34. ¿Conoce bien la autora la psicología de los niños?

Ejercicios

I. Las preposiciones A y DE (GRAM. 7.11—7.25)

A. Conteste en español.
 1. ¿Quién le enseña a hablar y leer español?
 2. ¿De dónde es usted?
 3. ¿Tiene miedo de acercarse a mí?
 4. ¿Conoce a la muchacha del pelo rubio?
 5. ¿Necesita Vd. un barbero?
 6. ¿Tiene Vd. hermanos?
 7. ¿Estará Vd. en casa esta noche?
 8. ¿Vio Vd. a alguien en la tienda?
 9. ¿Pidió prestado (*did you borrow*) el dinero a su padre?
 10. ¿Está llena de libros la biblioteca?

B. Llene los espacios en blanco con la preposición que pida el sentido. (Algunas frases no exigen la preposición.)
 1. Tuve dolor de cabeza seguido _____ fiebre.
 2. Mi vecino tiene _____ siete hermanos.
 3. Dionisio vio entrar _____ Manolito en la tienda.
 4. ¿Qué va usted _____ hacer este verano?
 5. ¿Conoces _____ un buen médico?
 6. El señor Jones sirve _____ mi consejero.

7. Llenaron la caja _____ regalos.
8. El dictador está rodeado _____ los revolucionarios.
9. Cubrí el libro _____ mucho papel porque llovía a cántaros (*pouring*).
10. La viuda está vestida _____ negro.
11. ¿Hay _____ alguien _____ la puerta?
12. Pasa los veranos en su casa _____ campo.
13. Mis padres son _____ Europa.
14. Fue a la ciudad _____ comprar su vestido de boda.
15. No conozco _____ nadie en esta escuela.
16. Demostró su odio _____ los extranjeros.
17. El profesor salió seguido _____ algunos estudiantes.
18. Empezó _____ respirar rápidamente.
19. Besó _____ sus hijos.
20. Se le quitó _____ María la venda (*bandage*).

C. Traduzca usted.
1. Dionisio ran to him with the money.
2. Have you seen Mary today? No, neither her nor her sister.
3. She's the lady with the red dress.
4. Let's visit our aunt next year.
5. Who is at the door?
6. We know a girl who has red eyes.
7. What happened at the church?
8. She taught us to dance.
9. He has come to take the child from her.
10. I didn't see anyone there.
11. I love my horse.
12. Somebody called at the door.
13. He is loved by everybody.
14. My wife is the one with the blue hat.
15. He killed the soldier with a knife.
16. He has two nieces.
17. My room is filled with smoke.
18. He served as ambassador to France.
19. I met my friend's girlfriend at the station.
20. He asked his father for the car.

II. Los Verbos Reflexivos (GRAM. 17.1—17.11)

A. Observe usted la función del pronombre reflexivo y traduzca las siguientes frases del cuento al inglés para verificar su significado.
1. El aire del mar levantaba un polvo blanquecino de la planicie donde

se elevaban las chabolas. (¿Por qué no se dice *se levantaba* en la primera línea?)
2. Desde las chabolas *se oía*, a veces, la campana de la capilla.
3. Todo *se apilaba* en orden.
4. Detrás del mostrador *se abría* la puerta de la vivienda de Ezequiel.
5. *Se llamaba* Dionisio y era hijo de una cuñada.
6. *Se quitaba* la bata, y, con las manos bien limpias, *se iba* a la Academia.
7. En la tienda no *se fiaba*, y la tienda era necesaria.
8. Pero, claro, no *se atrevía*.
9. —Anda, para que *te calles* de una vez: ahí va eso.
10. Su padre *se cayó* del andamio.
11. —¡*Lárgate*, cerdo! —excupió Manolito— ¡Que te largues . . . !
12. Las rodillas *se le volvieron* blandas, como de algodón.

B. Conteste en español.
1. ¿A qué hora se abren las tiendas de su ciudad?
2. ¿Cómo se llama usted?
3. ¿A qué hora se durmió usted anoche?
4. ¿En qué año se casaron sus padres?
5. ¿Se quejan los alumnos de notas y exámenes?
6. ¿Se ha comprado usted un nuevo sombrero?
7. ¿Se comió usted el almuerzo?
8. ¿Se hablan su profesor y usted de vez en cuando?
9. ¿Se come bien en esta ciudad?
10. ¿Se le olvidó a usted su libro?

C. Traducir.
1. She dressed her child.
   She got dressed.
2. They killed him.
   He killed himself.
3. The priest married them.
   They got married.
4. She put them to bed.
   She went to bed.
5. He seated me at one side.
   I sat down at one side.
6. Calm him down.
   Calm down.
7. She doesn't worry me.
   She doesn't get worried.
8. I washed my hands.
   I washed his hands.

134 Capítulo 10

   9. He cut my face.
      He cut his face.
   10. I took off my coat.
       I took off her coat.

D. Sustitúyase el complemento directo por el pronombre personal correspondiente.

   Ejemplo: Ella se comió *la naranja*.
   Ella se la comió.

   1. Me corté *el pelo*.
   2. Se compraron *los libros*.
   3. Se lavó *el pelo*.
   4. Se comieron *las aceitunas*.
   5. Se llevaron *los zapatos*.
   6. Nos tomamos *la cerveza*.
   7. ¿Te lavaste *las manos*?
   8. Nos comimos *cuatro manzanas*.

E. Exprese las siguientes ideas impersonalmente.

   Ejemplo: Olvidé la llave.
   Se me olvidó la llave.

   1. Ella perdió el billete.
   2. Rompimos los discos.
   3. Apagué la pipa.
   4. Quemaron el manuscrito.
   5. ¿Olvidaste la carta?

   Empleando la misma construcción impersonal, traduzca las frases siguientes.

   1. I tore my shirt.
   2. John dropped (*caerse*) the cup.
   3. An idea ocurred to us.
   4. They forgot the name of the store.
   5. He lost his watch.

F. Traducir. Emplee el pronombre reflexivo como equivalente de la voz pasiva donde lo pida el caso.

   1. He doesn't dare admit that they love each other.
   2. I realize that shirts aren't sold here.
   3. One can go to Europe in five hours.
   4. False bills are found everywhere.
   5. We fell asleep talking to each other.
   6. He gets bored watching television.

7. It has been said that Spaniards are very proud.
8. What do you call yourselves?

III. Composición

The story opens with a panoramic view in which the author's camera moves from the plain covered with dust to the chapel that rises above the dark streets. If one walks along the road he will come to Ezequiel's store, which serves as the setting of this story. He and his wife have no children of their own, so they brought their godchild to live with them. His name is Dionisio, and he has been living at the store for six years. He is more fortunate than many other boys; he can eat all that he wants, and every morning, after washing his hands and taking off his work clothes, he goes to the Academy to study accounting.

Life would be good for Dionisio if it were not for Manolito, the boy with the dirty hands, and his gang. They had a hatred for the people (those) of the store, because they didn't sell on credit there. At least one didn't trust those of the shacks. Dionisio didn't know anyone his own age, and he wanted to play with them, but he didn't dare to ask (it of) Manolo.

Dionisio was very sensitive for his age, so when he learned that Manolito's father had fallen from the scaffold, he decided to "play hooky" in the afternoon and go to see Manolo. He felt invaded by a great pity, but as he approached, Manolito spat out, "Beat it!" The boys looked at each other for a moment, and then Dionisio said calmly, "Listen, Manolo, take this twenty dollar (*duro*) bill which Ezequiel gave me a few days ago." He put the money in his hand and ran.

Poor Manolo. On the next day when he went to the store and ordered many things, Ezequiel seized the bill, looked at it against the light, and screamed, "This bill is more false than the soul of Judas." One can imagine how Dionisio felt. His knees became soft (on him), like cotton. Then the doorbell was heard. Manolito had gone.

Vocabulario

accounting contabilidad
bell campanilla
chapel capilla
fortunate afortunado
gang banda
(one's) own propio
panoramic panorámico
plain llanura
play hooky hacer novillos

scaffold andamio
scream chillar
seize coger
sell (on credit), trust fiar
sensitive sensible
setting escena
shack chabola
soft blando
spit escupir

11

Jorge Luis Borges

Distinguido escritor argentino (nacido en 1899), Borges es una de las figuras más cosmopolitas de la literatura mundial. Terminó su bachillerato en Suiza, viajó por Francia, Alemania y España, y al regresar a Buenos Aires en 1921 se convierte en el corifeo (leader) *de los poetas de vanguardia. Fundó muchas revistas y colaboró en otras. En 1957 ganó el más alto premio para un literato, el Premio Nacional de Literatura por su libro* El Aleph *(1949). Borges posee una cultura extraordinaria y variada; ha leído extensivamente en diversas materias, y ha traducido obras de James y Melville, de Kafka, de Faulkner y Virginia Woolf. Con su libro* Ficciones *ganó en 1961 el Premio Internacional Formentor, otorgado por editores de Alemania, España, Estados Unidos, Francia, Inglaterra e Italia.*

Con ser grandes los méritos de Borges en la poesía y el ensayo, su fama internacional se debe principalmente a sus relatos extraños y poéticos. Borges es un gran maestro tanto del cuento fantástico como del policiaco. Son estos cuentos una maravillosa combinación de irrealidad y temas metafísicos, y los argumentos, situaciones, desenlaces (endings) *generalmente inesperados y sorprendentes y el suspenso sugieren el arte de Poe y de Kafka. El laberinto, que sirve de símbolo del universo en los cuentos de Borges, figura también en el relato que va a continuación.*

Abenjacán el bojarí, muerto en su laberinto

... son comparables a la araña, que edifica una casa.
—ALCORÁN, XXIX, 40.

Ésta —dijo Dunraven con un vasto ademán que no rehusaba[1] las nubladas estrellas y que abarcaba el negro páramo,[2] el mar y un edificio majestuoso y decrépito que parecía una caballeriza venida a menos—[3] es la tierra de mis mayores.

Unwin, su compañero, se sacó la pipa de la boca y emitió sonidos modestos y aprobatorios. Era la primera tarde del verano de 1914; hartos[4] de un mundo sin la dignidad del peligro, los amigos apreciaban la soledad de ese confín de Cornwall. Dunraven fomentaba[5] una barba oscura y se sabía autor de una considerable epopeya que sus contemporáneos casi no podrían escandir[6] y cuyo tema no le había sido aún revelado; Unwin había publicado un estudio sobre el teorema que Fermat[7] no escribió al margen de una página de Diofanto. Ambos —¿será preciso que lo diga?— eran jóvenes, distraídos y apasionados.

—Hará un cuarto de siglo —dijo Dunraven— que Abenjacán el Bojarí, caudillo o rey de no sé qué tribu nilótica,[8] murió en la cámara central de esa casa a manos de su primo Zaid. Al cabo de los años, las circunstancias de su muerte siguen oscuras.

Unwin preguntó por qué, dócilmente.

—Por diversas razones —fue la respuesta—. En primer lugar, esa casa es un laberinto. En segundo lugar, la vigilaban un esclavo y un león. En tercer lugar, se desvaneció[9] un tesoro secreto. En cuarto lugar, el asesino estaba muerto cuando el asesinato ocurrió. En quinto lugar...

Unwin, cansado, lo detuvo.

—No multipliques los misterios —le dijo—. Éstos deben ser simples. Recuerda la carta robada de Poe, recuerda el cuarto cerrado de Zangwill.[10]

—O complejos —replicó Dunraven—. Recuerda el universo.

---

[1] **que no rehusaba** que incluía
[2] **páramo** terreno desierto, elevado y sin vegetación.
[3] **venida a menos** arruinada, decaída
[4] **hartos** cansados
[5] **fomentaba** hacía crecer
[6] **escandir** medir el verso (*to scan*)
[7] **Fermat, Pierre de (1601-1665)** Matemático francés. **Diofanto**, matemático griego del siglo III después de Jesucristo.
[8] **nilótica** del río Nilo
[9] **se desvaneció** se desapareció
[10] **Zangwill, Israel (1864-1926)** Novelista y dramaturgo inglés.

Capítulo 11

Repechando[11] colinas arenosas, habían llegado al laberinto. Éste, de cerca, les pareció una derecha y casi interminable pared, de ladrillos sin revocar,[12] apenas más alta que un hombre. Dunraven dijo que tenía la forma de un círculo, pero tan dilatada era su área que no se percibía la curvatura. Unwin recordó a Nicolás de Cusa, para quien toda línea recta es el arco de un círculo infinito ... Hacia la medianoche descubrieron una ruinosa puerta, que daba a un ciego y arriesgado zaguán.[13] Dunraven dijo que en el interior de la casa había muchas encrucijadas,[14] pero que, doblando siempre a la izquierda, llegarían en poco más de una hora al centro de la red.[15] Unwin asintió. Los pasos cautelosos[16] resonaron en el suelo de piedra; el corredor se bifurcó en otros más angostos. La casa parecía querer ahogarlos, el techo era muy bajo. Debieron avanzar uno tras otro por la complicada tiniebla. Unwin iba adelante. Entorpecido[17] de asperezas y de ángulos, fluía sin fin contra su mano el invisible muro. Unwin, lento en la sombra, oyó de boca de su amigo la historia de la muerte de Abenjacán.

—Acaso el más antiguo de mis recuerdos —contó Dunraven— es el de Abenjacán el Bojarí en el puerto de Pentreath. Lo seguía un hombre negro con un león; sin duda el primer negro y el primer león que miraron mis ojos, fuera de los grabados[18] de la Escritura. Entonces yo era niño, pero la fiera[19] del color del sol y el hombre del color de la noche me impresionaron menos que Abenjacán. Me pareció muy alto; era un hombre de piel cetrina,[20] de entrecerrados ojos negros, de insolente nariz, de carnosos labios, de barba azafranada,[21] de pecho fuerte, de andar seguro y silencioso. En casa dije: «Ha venido un rey en un buque.» Después, cuando trabajaron los albañiles, amplié ese título y le puse el Rey de Babel.

La noticia de que el forastero se fijaría[22] en Pentreath fue recibida con agrado; la extensión y la forma de su casa, con estupor y aun con escándalo. Pareció intolerable que una casa constara de una sola habitación y de leguas de corredores. «Entre los moros se usarán tales casas, pero no entre cristianos», decía la gente. Nuestro rector, el señor Allaby, hombre de curiosa lectura, exhumó la historia de un rey a quien la Divinidad castigó por haber erigido un laberinto y la divulgó desde el púlpito. El lunes, Abenjacán visitó la rectoría; las circunstancias de la breve entrevista no se conocieron entonces, pero ningún sermón ulterior aludió a la soberbia, y el moro pudo contratar albañiles. Años después, cuando pereció Abenjacán, Allaby declaró a las autoridades la substancia del diálogo.

[11] **repechar** subir
[12] **sin revocar** *uncemented (bricks)*
[13] **zaguán** vestíbulo
[14] **encrucijada** *intersection*
[15] **la red** *net, network*
[16] **cauteloso** cuidadoso; con precaución
[17] **Entorpecido de asperezas** *Slowed down by the rough going*
[18] **grabado** *engraving*
[19] **la fiera** animal salvaje, feroz
[20] **cetrino** de color verdoso amarillento
[21] **azafranada** del color del azafrán (*saffron*)
[22] **fijarse** establecer la residencia

Abenjacán le dijo, de pie, estas o parecidas palabras: «Ya nadie puede censurar lo que yo hago. Las culpas que me infaman[23] son tales que aunque yo repitiera durante siglos el Último Nombre de Dios, ello no bastaría a mitigar uno solo de mis tormentos; las culpas que me infaman son tales que aunque yo lo matara con estas manos, ello no agravaría los tormentos que me destina la infinita Justicia. En tierra alguna[24] es desconocido mi nombre; soy Abenjacán el Bojarí y he regido las tribus del desierto con un cetro[25] de hierro. Durante muchos años las despojé,[26] con asistencia de mi primo Zaid, pero Dios oyó mi clamor y sufrió que se rebelaran. Mis gentes fueron rotas y acuchilladas; yo alcancé a huir con el tesoro recaudado[27] en mis años de expoliación. Zaid me guió al sepulcro de un santo, al pie de una montaña de piedra. Le ordené a mi esclavo que vigilara la cara del desierto; Zaid y yo dormimos, rendidos. Esa noche creí que me aprisionaba una red de serpientes. Desperté con horror; a mi lado, en el alba, dormía Zaid; el roce[28] de una telaraña en mi carne me había hecho soñar aquel sueño. Me dolió que Zaid, que era cobarde, durmiera con tanto reposo. Consideré que el tesoro no era infinito y que él podía reclamar una parte. En mi cinto estaba la daga con empuñadura[29] de plata; la desnudé[30] y le atravesé la garganta. En su agonía balbuceó[31] unas palabras que no pude entender. Lo miré; estaba muerto, pero yo temí que se levantara y le ordené al esclavo que le deshiciera la cara con una roca. Después erramos bajo el cielo y un día divisamos[32] un mar. Lo surcaban[33] buques muy altos; pensé que un muerto no podría andar por el agua y decidí buscar otras tierras. La primera noche que navegamos soñé que yo mataba a Zaid. Todo se repitió pero yo entendí sus palabras. Decía: *Como ahora me borras[34] te borraré, dondequiera que estés.* He jurado frustrar esa amenaza; me ocultaré en el centro de un laberinto para que su fantasma se pierda.»

Dicho lo cual,[35] se fue. Allaby trató de pensar que el moro estaba loco y que el absurdo laberinto era un símbolo y un claro testimonio de su locura. Luego reflexionó que esa explicación condecía[36] con el extravagante edificio y con el extravagante relato, no con la enérgica impresión que dejaba el hombre Abenjacán. Quizá tales historias fueran comunes en los arenales egipcios,[37] quizá tales rarezas correspondieran (como los dragones de Plinio)[38] menos a una persona que a una cultura ... Allaby, en Londres,

[23] **infamar** deshonrar, causar infamia
[24] **alguna** ninguna
[25] **cetro** bastón o vara, insignia del poder supremo
[26] **despojar** *to strip*
[27] **recaudar** cobrar (*to collect*)
[28] **el roce ... telaraña** *contact of a spider web*
[29] **empuñadura** puño (de la daga): *hilt*
[30] **desnudar** sacar
[31] **balbucear** *to stammer*
[32] **divisar** ver, percibir
[33] **surcar** navegar por (el mar)
[34] **borrar** hacer desaparecer (*to erase, rub out*)
[35] **Dicho lo cual** al decir esto
[36] **condecir** armonizar o ir bien
[37] **arenales egipcios** terreno arenoso (de arena) de Egipto
[38] **Plinio** naturalista romano, autor de una *Historia Natural*

revisó[39] números atrasados del *Times*; comprobó la verdad de la rebelión y de una subsiguiente derrota del Bojarí y de su visir, que tenía fama de cobarde.

    Aquél, apenas concluyeron los albañiles, se instaló en el centro del laberinto. No lo vieron más en el pueblo; a veces Allaby temió que Zaid ya lo hubiera alcanzado y aniquilado. En las noches el viento nos traía el rugido del león, y las ovejas del redil[40] se apretaban con un antiguo miedo.

    Solían anclar en la pequeña bahía, rumbo a[41] Cardiff o a Bristol, naves de puertos orientales. El esclavo descendía del laberinto (que entonces, lo recuerdo, no era rosado, sino de color carmesí)[42] y cambiaba palabras africanas con las tripulaciones[43] y parecía buscar entre los hombres el fantasma del rey. Era fama que tales embarcaciones traían contrabando, y si de alcoholes o marfiles prohibidos, ¿por qué no, también, de hombres muertos?

    A los tres años de erigida la casa, ancló al pie de los cerros[44] el *Rose of Sharon*. No fui de los que vieron ese velero[45] y tal vez en la imagen que tengo de él influyen olvidadas litografías de Aboukir o de Trafalgar, pero entiendo que era de esos barcos muy trabajados que no parecen obra de naviero, sino de carpintero y menos de carpintero que de ebanista.[46] Era (si no en la realidad, en mis sueños) bruñido,[47] oscuro, silencioso y veloz, y lo tripulaban árabes y malayos.

    Ancló en el alba de uno de los días de octubre. Hacia el atardecer, Abenjacán irrumpió[48] en casa de Allaby. Lo dominaba la pasión del terror; apenas pudo articular que Zaid ya había entrado en el laberinto y que su esclavo y su león habían perecido. Seriamente preguntó si las autoridades podrían ampararlo. Antes que Allaby respondiera, se fue, como si lo arrebatara[49] el mismo terror que lo había traído a esa casa, por segunda y última vez. Allaby, solo en su biblioteca, pensó con estupor que ese temeroso había oprimido en el Sudán a tribus de hierro y sabía qué cosa es una batalla y qué cosa es matar. Advirtió, al otro día, que ya había zarpado[50] el velero (rumbo a Suakin en el Mar Rojo, se averiguó después). Reflexionó que su deber era comprobar la muerte del esclavo y se dirigió al laberinto. El jadeante[51] relato del Bojarí le pareció fantástico, pero en un recodo[52] de las galerías dio con el león, y el león estaba muerto, y en otro, con el esclavo, que estaba muerto, y en la cámara central con el Bojarí, a quien le habían destrozado la cara. A los pies del hombre había un arca taraceada[53] de nácar, alguien había forzado la cerradura y no quedaba ni una sola moneda.

[39] **revisar**   examinar
[40] **redil**   aprisco (*sheepfold*)
[41] **rumbo a**   camino a; dirigiéndose a
[42] **carmesí**   *crimson*
[43] **tripulacion**   *crew*
[44] **cerro**   colina, altura
[45] **velero**   barco de vela
[46] **ebanista**   *cabinetmaker*
[47] **bruñido**   pulido (*polished, burnished*)
[48] **irrumpir**   entrar violentamente
[49] **arrebatar**   *to carry off*
[50] **zarpar**   levar anclas (*to weigh anchor*)
[51] **jadeante**   *panting, breathless*
[52] **recodo**   ángulo
[53] **arca taraceada de nácar**   *chest with mother-of-pearl inlay*

Los períodos finales, agravados de pausas oratorias, querían ser elocuentes; Unwin adivinó que Dunraven los había emitido muchas veces, con idéntico aplomo y con idéntica ineficacia. Preguntó, para simular interés:
—¿Cómo murieron el león y el esclavo?
La incorregible voz contestó con sombría satisfacción:
—También les habían destrozado la cara.
Al ruido de los pasos se agregó el ruido de la lluvia. Unwin pensó que tendrían que dormir en el laberinto en la «cámara central» del relato, y que en el recuerdo[54] esa larga incomodidad sería una aventura. Guardó silencio: Dunraven no pudo contenerse y le preguntó, como quien no perdona una deuda:
—¿No es inexplicable esta historia?
Unwin le respondió, como si pensara en voz alta:
—No sé si es explicable o inexplicable. Sé que es mentira.
Dunraven prorrumpió en malas palabras e invocó el testimonio del hijo mayor del rector (Allaby, parece, había muerto) y de todos los vecinos de Pentreath. No menos atónito que Dunraven, Unwin se disculpó. El tiempo, en la oscuridad, parecía más largo; los dos temieron haber extraviado[55] el camino y estaban muy cansados cuando una tenue claridad superior les mostró los peldaños iniciales de una angosta escalera. Subieron y llegaron a una ruinosa habitación redonda. Dos signos perduraban del temor del malhadado[56] rey: una estrecha ventana que dominaba los páramos y el mar y en el suelo una trampa[57] que se abría sobre la curva de la escalera. La habitación, aunque espaciosa, tenía mucho de celda carcelaria.
Menos instados[58] por la lluvia que por el afán de vivir para la rememoración y la anécdota,[59] los amigos hicieron noche[60] en el laberinto. El matemático durmió con tranquilidad; no así el poeta, acosado[61] por versos que su razón juzgaba destestables:

> Faceless the sultry and overpowering lion,
> Faceless the stricken slave, faceless the king.

Unwin creía que no le había interesado la historia de la muerte del Bojarí, pero se despertó con la convicción de haberla descifrado. Todo aquel día estuvo preocupado y huraño,[62] ajustando y reajustando las piezas, y tres o cuatro noches después, citó a Dunraven en una cervecería de Londres y le dijo estas o parecidas palabras:

---

[54] **en el recuerdo** al recordarlo después
[55] **extraviar** perder
[56] **malhadado** desdichado, infeliz
[57] **trampa** *trap door*
[58] **instar** impulsar, incitar
[59] **la rememoración y la anécdota** para poder recordar y relatar la historia
[60] **hicieron noche** pasaron la noche
[61] **acosar** perseguir con empeño (*to pursue relentlessly*)
[62] **huraño** insociable

Capítulo 11

—En Cornwall dije que era mentira la historia que te oí. Los *hechos* eran ciertos, o podían serlo, pero contados como tú los contaste, eran, de un modo manifiesto, mentiras. Empezaré por la mayor mentira de todas, por el laberinto increíble. Un fugitivo no se oculta en un laberinto. No erige un laberinto sobre un alto lugar de la costa, un laberinto carmesí que avistan[63] desde lejos los marineros. No precisó[64] erigir un laberinto, cuando el universo ya lo es. Para quien verdaderamente quiere ocultarse, Londres es mejor laberinto que un mirador[65] al que conducen todos los corredores de un edificio. La sabia reflexión que ahora te someto me fue deparada[66] antenoche, mientras oíamos llover sobre el laberinto y esperábamos que el sueño nos visitara; amonestado[67] y mejorado por ella, opté por olvidar tus absurdidades y pensar en algo sensato.

—En la teoría de los conjuntos,[68] digamos, o en una cuarta dimensión del espacio —observó Dunraven.

—No —dijo Unwin con seriedad—. Pensé en el laberinto de Creta. El laberinto cuyo centro era un hombre con cabeza de toro.

Dunraven, versado en obras policiales, pensó que la solución del misterio siempre es inferior al misterio. El misterio participa de lo sobrenatural y aun de lo divino; la solución, del juego de manos.[69] Dijo, para aplazar lo inevitable:

—Cabeza de toro tiene en medallas y esculturas el minotauro. Dante lo imaginó con cuerpo de toro y cabeza de hombre.

—También esa versión me conviene —Unwin asintió—. Lo que importa es la correspondencia de la casa monstruosa con el habitante monstruoso. El minotauro justifica con creces[70] la existencia del laberinto. Nadie dirá lo mismo de una amenaza percibida en un sueño. Evocada la imagen del minotauro (evocación fatal en un caso en que hay un laberinto), el problema, virtualmente, estaba resuelto. Sin embargo, confieso que no entendí que esa antigua imagen era la clave y así fue necesario que tu relato me suministrara[71] un símbolo más preciso: la telaraña.

—¿La telaraña? —repitió, perplejo, Dunraven.

—Sí. Nada[72] me asombraría que la telaraña (la forma universal de la telaraña, entendamos bien, la telaraña de Platón) hubiera sugerido al asesino (porque hay un asesino) su crimen. Recordarás que el Bojarí, en una tumba, soñó con una red de serpientes y que al despertar descubrió que una telaraña le había sugerido aquel sueño. Volvamos a esa noche en que el Bojarí soñó con una red. El rey vencido y el visir y el esclavo huyen por el desierto con un

---

[63] **avistar**   ver, divisar
[64] **precisar**   necesitar
[65] **mirador**   *watchtower*
[66] **deparar**   proporcionar (*to furnish*)
[67] **amonestar**   *to admonish*
[68] **conjuntos**   *combinations and variations*
[69] **juego de manos**   prestidigitación
[70] **con creces**   con exceso; más de lo necesario
[71] **suministrar**   dar, proporcionar
[72] **nada**   no

tesoro. Se refugian en una tumba. Duerme el visir, de quien sabemos que es un cobarde; no duerme el rey, de quien sabemos que es un valiente. El rey, para no compartir el tesoro con el visir, lo mata de una cuchillada; su sombra lo amenaza en un sueño, noches después. Todo esto es increíble; yo entiendo que los hechos ocurrieron de otra manera. Esa noche durmió el rey, el valiente, y veló Zaid, el cobarde. Dormir es distraerse del universo, y la distracción es difícil para quien sabe que lo persiguen con espadas desnudas. Zaid, ávido, se inclinó sobre el sueño de su rey. Pensó en matarlo (quizá jugó con el puñal), pero no se atrevió. Llamó al esclavo, ocultaron parte del tesoro en la tumba, huyeron a Suakin y a Inglaterra. No para ocultarse del Bojarí sino para atraerlo y matarlo construyó a la vista del mar el alto laberinto de muros rojos. Sabía que las naves llevarían a los puertos de Nubia[73] la fama del hombre bermejo,[74] del esclavo y del león, y que, tarde o temprano, el Bojarí lo vendría a buscar en su laberinto. En el último corredor de la red esperaba la trampa. El Bojarí lo despreciaba infinitamente; no se rebajaría a tomar la menor precaución. El día codiciado[75] llegó; Abenjacán desembarcó en Inglaterra, caminó hasta la puerta del laberinto, barajó[76] los ciegos corredores y ya había pisado, tal vez, los primeros peldaños cuando su visir lo mató, no sé si de un balazo,[77] desde la trampa. El esclavo mataría[78] al león y otro balazo mataría al esclavo. Luego Zaid deshizo las tres caras con una piedra. Tuvo que obrar así; un solo muerto con la cara deshecha hubiera sugerido un problema de identidad, pero la fiera, el negro y el rey formaban una serie y, dados los dos términos iniciales, todos postularían el último. No es raro que lo dominara el temor cuando habló con Allaby; acababa de ejecutar la horrible faena[79] y se disponía a huir de Inglaterra para recuperar el tesoro.

Un silencio pensativo, o incrédulo, siguió a las palabras de Unwin. Dunraven pidió otro jarro de cerveza antes de opinar.

—Acepto —dijo— que mi Abenjacán sea Zaid. Tales metamorfosis, me dirás, son clásicos artificios del género, son verdaderas *convenciones* cuya observación exige el lector. Lo que me resisto a admitir es la conjetura de que una porción del tesoro quedara en el Sudán. Recuerda que Zaid huía del rey y de los enemigos del rey; más fácil es imaginarlo robándose todo el tesoro que demorándose[80] a enterrar una parte. Quizá no se encontraron monedas porque no quedaban monedas; los albañiles habrían agotado un caudal[81] que, a diferencia del oro rojo de los Nibelungos,[82] no era infinito. Tendríamos así a Abenjacán atravesando el mar para reclamar un tesoro dilapidado.[83]

[73] **Nubia** provincia de la república del Sudán
[74] **bermejo** rubio rojizo
[75] **codiciar** ansiar
[76] **barajó** *he found his way through*
[77] **balazo** disparo; bala
[78] **mataría** *probably killed*
[79] **faena** tarea, trabajo
[80] **demorar** retrasar; detenerse
[81] **caudal** fortuna
[82] **Nibelungos** En la leyenda alemana; enanos posesores de grandes riquezas subterráneas y que tuvieron por rey a Nibelungo.
[83] **dilapidado** disipado, agotado

Capítulo 11

—Dilapidado, no —dijo Unwin—. Invertido[84] en armar en tierra de infieles una gran trampa circular de ladrillo destinada a apresarlo y aniquilarlo. Zaid, si tu conjetura es correcta, procedió urgido por el odio y por el temor y no por la codicia. Robó el tesoro y luego comprendió que el tesoro no era lo esencial para él. Lo esencial era que Abenjacán pereciera. Simuló ser Abenjacán, mató a Abenjacán y finalmente *fue Abenjacán*.

—Sí —confirmó Dunraven—. Fue un vagabundo que, antes de ser nadie en la muerte, recordaría haber sido un rey o haber fingido ser un rey, algún día.

Cuestionario

1. ¿Cómo se sabe desde el principio del cuento que se trata de África?
2. ¿Qué es el Corán (o Alcorán)?
3. ¿Dónde tiene lugar la acción de esta historia?
4. ¿Qué le sugiere a usted el uso del verbo «fomentar» aplicado a la barba de Dunraven?
5. ¿Cuál es la profesión de los dos amigos? ¿Con qué tono describe el autor los talentos de cada uno?
6. Según Dunraven, ¿por qué siguen oscuras las circunstancias de la muerte de Abenjacán el Bojarí?
7. ¿Cuál diría usted es la circunstancia más misteriosa?
8. ¿Cómo les parece a los hombres la forma del laberinto?
9. ¿Merece el interior el nombre de laberinto?
10. Los amigos avanzan por «la complicada tiniebla». ¿Qué significa esta frase?
11. ¿Cuál es el más antiguo de los recuerdos de Dunraven respecto a Abenjacán en el puerto de Pentreath?
12. ¿Qué frases emplea el autor para describir el color de la fiera y del esclavo?
13. ¿Cómo es la descripción de Abenjacán: impresionista o realista?
14. ¿Cómo puede ser «insolente» su nariz?
15. ¿Qué piensan los de Pentreath de la casa de Abenjacán?
16. ¿Le parece a usted que Borges describe la actitud de los ingleses de una manera irónica?
17. ¿Por qué recurso (*device*) nos deja el autor saber la historia de Abenjacán?
18. ¿Por qué se rebelaron las tribus?
19. ¿Qué se llevó consigo Abenjacán?
20. ¿Será típico del lenguaje de este moro la expresión: «vigilar la cara del desierto»? (pág. 139, l. 12).

[84] **Invertido** *Invested*

21. Según la explicación de Abenjacán, ¿qué lo había hecho soñar su sueño horripilante (*terrifying*)?
22. ¿Abenjacán menciona un aspecto del carácter de Zaid que será importante en la solución del misterio. ¿Cuál es?
23. ¿Por qué asesinó a Zaid?
24. ¿Cuáles fueron las palabras que balbuceó Zaid en su agonía?
25. ¿Por qué hizo erigir Abenjacán el laberinto?
26. ¿Cuál era la reacción de Allaby al oir el extraño relato de Abenjacán? ¿Qué hizo para verificar esta historia?
27. ¿Qué parecía buscar el esclavo cuando descendía del laberinto de vez en cuando?
28. ¿Por qué dedica el autor todo un párrafo al velero *Rose of Sharon*?
29. ¿Qué terrible noticia trae Abenjacán a Allaby?
30. ¿Por qué le parece a Allaby paradójico el terror de Abenjacán?
31. ¿Qué encontró Allaby en el laberinto?
32. ¿Le parece a usted muy simple la frase que trata del descubrimiento de los muertos?
33. ¿Cómo habían muerto Abenjacán, el esclavo y el león?
34. Después de oir esta historia, ¿tiene miedo Unwin de pasar la noche en el laberinto?
35. ¿Qué signos del temor del rey encontraron los amigos en la habitación redonda?
36. ¿Estaba lujosamente amueblada esta habitación?
37. ¿Cuál fue el motivo que les hizo pasar la noche en el laberinto?
38. ¿A qué compara el autor la solución del misterio?
39. ¿Cuál era la mayor mentira de esta historia, según Unwin?
40. ¿En qué pensó Unwin para ayudarle a resolver el problema?
41. ¿Qué correspondencia ve Unwin entre los dos laberintos?
42. ¿Qué símbolo preciso le dio a Unwin la clave para llegar a la solución?
43. ¿Puede usted explicar cómo la telaraña haya podido sugerir al asesino su crimen?
44. Según Unwin, ¿para qué fue construido el laberinto?
45. Cómo sucedió el asesinato?
46. ¿Acepta Dunraven la solución de su amigo?
47. Según Unwin, ¿en qué habría gastado Zaid el tesoro?
48. ¿Ha logrado Borges desarrollar de una manera lógica la solución del misterio?
49. ¿Es natural que sea Unwin quien ha resuelto el misterio?
50. ¿Pudo Borges sostener el interés y la tensión a través de la historia?
51. ¿Qué tiene que ver la cita al principio del cuento con esta historia?
52. ¿A qué famoso detective novelístico nos hace recordar Unwin?

Ejercicios

I. Los Adjetivos (GRAM. 8.1—8.14)

A. Dé la razón por la posición de los adjetivos en las siguientes frases sacadas del texto. En caso de ser posible otra posición sírvase indicarla.
1. Era la primera tarde del verano.
2. Unwin emitió sonidos modestos y aprobatorios.
3. Dunraven fomentaba una barba oscura y se sabía autor de una considerable epopeya.
4. Murió en la cámara central de esa casa.
5. Descubrieron una ruinosa puerta que daba a un ciego y arriesgado zaguán (*vestibule*).
6. Era un hombre de piel cetrina, de entrecerrados ojos negros, de insolente nariz, de carnosos labios, de pecho fuerte, de andar seguro y silencioso.
7. Quizá tales historias eran comunes.
8. Luego reflexionó que esa explicación condecía (armonizaba) con el extravagante edificio y el extravagante relato, no con la enérgica impresión que dejaba el hombre Abenjacán.
9. Subieron y llegaron a una ruinosa habitación redonda.
10. No se rebajaría a tomar la menor precaución.

B. Ponga la forma correcta de los adjetivos entre paréntesis delante o detrás de los sustantivos que se dan en cursiva.
1. (hermoso, francés) Me gusta aquella *pintura*.
2. (último) Los *días* del invierno.
3. (sencillo) Llevan las mujeres *trajes* de mañana.
4. (grande, circular) Erigió una *trampa* de ladrillo.
5. (solo) Una *mancha* noté en la composición del tranvía.
6. (ardiente, chico) De sus ojos caían dos *lágrimas*.
7. (alto, rojo) Construyó el laberinto de *muros*.
8. (malo) Si su marido es un *hombre*, usted por eso no se abata.
9. (irritado, seco) Clavó en mí sus *ojos*.
10. (aquel, antiguo) Si es posible, iremos a ver *ruinas*.
11. (largo y difícil) No me gustan los *exámenes*.
12. (mucho, otro) Vimos *gente* en la feria.
13. (alto, verde) Tengo que cortar la *hierba*.
14. (cualquiera) *Persona* sabe eso.
15. (lindo, mismo) La *actriz* vino a nuestra ciudad.

C. Traducir.
1. My former teacher wrote a famous, philosophical work.
2. The poor woman will lose her only child some day.

3. He read a hundred pages of this French romantic novel.
4. I met a charming girl the other day.
5. Azorín spoke of the sad and painful (*doloroso*) Spanish reality.
6. In spite of her bad reputation, she is a good woman.
7. Spaniards are a proud people.
8. This is the third time that she has worn this exquisite dress.
9. He lives in a large house surrounded (*rodeada*) by high walls and beautiful gardens.
10. The fields are full of yellow dandelions (*amargones*).

II. Los Relativos (GRAM. 5.20—5.35)

Obsérvense los ejemplos del cuento:
1. Nicolás de Cusa, *para quien* toda línea recta es . . .
2. El rector exhumó la historia de un rey *a quien* la Divinidad castigó . . .
3. Londres es mejor laberinto que un mirador *al que* conducen todos los corredores . . .
4. El laberinto *cuyo* centro era un hombre con cabeza de toro.
5. Duerme el visir, *de quien* sabemos que es un valiente.

A. Combine los siguientes pares de frases según los modelos. La segunda frase se hace la cláusula subordinada.

  1. Éste es el traje. Lo voy a comprar.
  Éste es el traje que voy a comprar.
  2. Vivimos en una casa. Detrás de ella hay un lago.
  Vivimos en una casa detrás de la cual hay un lago.

1. Es el médico. Lo necesito.
2. Éste es el autobús. Vamos al centro en él.
3. Mi hermano es abogado. Tiene treinta años.
4. He perdido mis gafas. No puedo leer sin ellas.
5. Ésta es mi novia. Le hablo de ella todo el tiempo.
6. Ésa fue la razón. No me gradué por ella.
7. Va al cine cada dos días. Esto no le gusta a su padre.
8. Estoy sentado a la mesa. Delante de ella hay un mapa.
9. Es el hermano de mi madre. Aquél viene a vernos hoy.
10. Ésos son los compañeros. Estudiaba con ellos.

B. Diga cuáles de los relativos que se dan entre paréntesis son aceptables, señalando en particular aquellos que a usted le parezcan incorrectos.
  1. (que, la que, la cual) La hija del profesor, _____ es muy bonita, estudia química.
  2. (lo que, que, lo cual) Habló todo el día, _____ le cansó mucho.
  3. (que, quien, lo que) Ésta es la muchacha con _____ me casé.

4. (las cuales, las que, que) Ahí tiene las novelas _____ me gustaron mucho.
5. (todo lo que, cuanto, toda la cual) Dígame _____ pueda acerca de la conferencia.
6. (Los que, Cuantos, Quienes) _____ no asistieron a la reunión fueron castigados.
7. (que, lo que, el cual) No comprendo _____ me dices.
8. (quien, que, la cual) La tía de Juan, a _____ le gusta fumar una pipa, le dio una caja de cigarros.
9. (que, quienes, los cuales) Los alumnos de _____ usted me habló vinieron a verme ayer.
10. (que, donde, la que) El laberinto en _____ se murió el rey es como una telaraña.
11. (lo cual, cuanto, que) Me dio _____ recibió.
12. (quien, cuyo, el cual) Éste es el hombre detrás de _____ yo estaba sentado.
13. (El que, Quien, Cuanto) _____ acaba de llegar es el Sr. Salinas.
14. (cuantas, todas, las cuales) Me dejó comer _____ manzanas pude coger.
15. (la que, que, de que) La gramática _____ estudio es difícil.
16. (que, donde, lo que) El país de _____ vienen está en Europa.
17. (que, el que, el cual) El edificio hacia _____ se dirigía es el Banco Central.
18. (que, el que, lo que) Ustedes entienden bien el español, _____ es una gran cosa.
19. (que, a quienes, los cuales) Son los muchachos _____ conocimos ayer.
20. (el que, la que, que) El rector de nuestra universidad, _____ es la más grande del mundo, es muy joven.

C. Traducir
1. For whom the bell tolls (*doblar*).
2. This is the tower from which one can see the whole city.
3. What you want is impossible.
4. Who is that girl you were talking to?
5. He is the king whom God punished for his crime.
6. If you find a rich girl, which isn't easy, marry her.
7. The facility with which he writes amazes (*asombrar*) me.
8. Did you see the man I was talking to?
9. My father's sister, who is of course my aunt, is ninety years old.
10. Do you have the basket (*cesta*) in which you are going to put all the eggs that you bought?
11. The reason for which he left town is obvious.

12. Our professor is a man whose books we have read, but about whom we know very little.
13. The problem to which you refer is not easy.
14. The city is full of those who laugh last (*los últimos*).
15. I understood all that he said.

III. Repaso

A. El llamado «futuro (y el condicional) de probabilidad.» (GRAM. **14.15**—**14.17**; **14.21**).
Ejemplos del texto:

—Hará un cuarto de siglo— dijo Dunraven.
It must be about (probably) a quarter of a century ago.
El esclavo mataría al león y otro balazo mataría al esclavo.
The slave must have killed the lion and another bullet must have killed the slave.

Traduzca al inglés.
1. «Entre los moros se usarán tales casas, pero no entre cristianos», decía la gente.
2. Supongo que lo habrán terminado.
3. Llamo a mi marido. Se habrá levantado.
4. Serían las diez cuando mi amigo salió.
5. Habrá mucha gente que no haya leído todavía la novela *Don Quijote*.
6. Mató al rey y escondería el tesoro en la tumba.

Traduzca al español.
1. She must have been a great actress.
2. I guess he'll solve the mystery because he is a mathematician.
3. He probably built the labyrinth to kill his cousin.
4. My friend didn't come today. He must be sick.
5. They fled from the city about a year ago.
6. She is probably married.

B. El participio pasado en construcción absoluta (GRAM. **22.5**).
Ejemplos del texto:

Dicho lo cual, se fue.
When he had said (having said) this, he left.
A los tres años de erigida la casa,...
Three years after the house had been erected,...

Traduzca al inglés.
1. Evocada la imagen del minotauro, el problema, virtualmente, estaba resuelto.

2. Dados los dos términos iniciales, todos postularían el último.
3. Concluidas estas palabras, Pepe observó a sus oyentes.
4. Después de pagadas las cuentas, fui al banco a pedir prestado mil dólares.
5. Una vez firmado el testamento, volvió al hospital.

Traduzca al español, empleando la construcción absoluta.
1. Having read the newspaper, he put it on the table.
2. When the mystery had been solved, Unwin returned to London.
3. After the treasure had been found, the king gave half to his slave.
4. Freed from jail, the man swore that he would never steal again.
5. The war having ended, the soldiers did not delay in returning home.

IV. Composición

Dunraven pointed out to his friend the majestic and decrepit building which twenty-five years before had been the king's labyrinth. Unwin, a brilliant young scientist whose work is not known yet, listened to the fantastic story of Abenjacán, el Bojarí, which was difficult to believe.

Abenjacán, a strong man with small black eyes, told the local rector that the desert tribes having revolted, it was necessary that he and his cousin Zaid flee. They slept in the desert that night, but after awakening from a terrible dream, he decided to kill Zaid and keep the treasure for himself. He ordered the slave whom he had brought with him to smash Zaid's face with a rock. Abenjacán must have been superstitious, because once he had arrived at Pentreath, he built the labyrinth in order that Zaid's ghost could not reach him, which seems very odd.

Abenjacán lived in this absurd labyrinth for three years. He probably had everything that he needed because he scarcely left the place. One day, however, he rushed into Allaby's house to say that Zaid had entered the labyrinth and that his slave and his lion had perished. Before Allaby could calm him, Abenjacán ran out (left running), and on the next day Allaby found him dead in the central room of the incredible house.

The two friends spent the night there and when Unwin woke up he had solved the mystery. In the first place, he said, a fugitive wouldn't hide in such a large building for which he had spent a small fortune; those who sail along the coast could see it easily. Unwin decided that it was Zaid who had thought of killing Abenjacán, but could not. He stole the money and he and the slave fled to England, where Zaid built the labyrinth not to hide from Abenjacán but to attract him and kill him. When Abajacán finally found them and entered the labyrinth, Zaid killed him and then he must have killed the slave and his lion. It was easy to see why Unwin said that the most important clue in solving this mystery was the spiderweb.

Vocabulario

attract atraer
clue la clave
decrepit decrépito
desert desierto
ghost el fantasma
hide ocultarse
incredible increíble
majestic majestuoso
odd raro
point out señalar

revolt rebelarse
rush irrumpir
sail navegar
scientist científico
smash deshacer
solve resolver
spiderweb telaraña
such a tan
superstitious supersticioso
tribe la tribu

12

Salvador de Madariaga

Español de nacimiento (1886), francés de educación, inglés por muchos años de residencia, Salvador de Madariaga es uno de los representantes más típicos del europeo internacionalista en este siglo. Se ha llamado a sí mismo «ciudadano del mundo.» Su dominio absoluto del francés e inglés le permite escribir en estas dos lenguas con la misma facilidad que en su propia lengua castellana. En inglés apareció la primera versión de sus ensayos Shelley and Calderón *(1920), después redactados* (edited) *en español por el mismo autor. Lo mismo ocurrió con* The Genius of Spain *(1923), y con* Englishmen, Frenchmen, Spaniards *(1928). Madariaga fue embajador de la República española en Wáshington en 1931 y en París en 1932. En los años después de la Guerra Civil, ha residido principalmente en Inglaterra, y ha sido conferenciante y colaborador de las mejores revistas en los Estados Unidos y otros países.*

Salvador de Madariaga es hombre y escritor de gran vitalidad cuyo internacionalismo está compensado por un temperamento muy español. Una de sus mejores obras es la aguda interpretación psicológica de Don Quijote y de Sancho (Guía del lector del «Quijote», *1926) y sus más recientes obras históricas sobre Colón, Hernán Cortés, Bolívar, han ampliado su poderosa personalidad de escritor e historiador. Salvador de Madariaga ha llegado a ser el mayor intérprete de la cultura española para un público extranjero; sus cualidades distintivas —cultura y espíritu cosmopolitas— se encuentran en el ensayo siguiente, que por ser largo hemos abreviado un poco.*

El genio español

LA DECADENCIA política del un tiempo mayor imperio[1] de la era moderna ha llevado a ciertas gentes poco enteradas a menospreciar,[2] y aun a desdeñar, el genio español, una de las más ricas esencias nacionales cuya síntesis constituye el genio europeo. Y sin embargo, la lengua española debiera ser indicio suficiente de su importancia. *El estilo es el hombre*, dijo Buffon.[3] Lo mismo pudo haber dicho: *el lenguaje es la nación*. Pero aquí, una salvedad.[4] No es el lenguaje mera multitud de palabras ordenadas por medio de una gramática, sino fenómeno natural cuya evolución se rige por la acción de fuerzas internas o psicológicas sobre una materia externa o filológica. Mientras las primeras son nacionales y autóctonas,[5] la segunda puede ser, y generalmente es hoy, extraña y adventicia.[6] Lo que nos interesa, pues, aquí, no es cuerpo, sino el espíritu de la lengua. La clasificación de los pueblos según el origen filológico de la lengua que hablan, reposa sobre una base falsa, a saber: que la comunidad de origen lingüístico es más importante que las diferencias producidas en siglos de evolución sobre el tronco filológico común; siendo así que aquélla es un fenómeno puramente accidental (generalmente debido a conquista común por un pueblo más civilizado), mientras que éstas son esenciales y debidas a los distintos caracteres nacionales. Es evidente que un escocés[7] pelirrojo y un negro de Virginia no tienen nada racial de común, aunque ambos hablen lenguas derivadas de la que hablaba Chaucer. El hecho de que del mismo tronco latino, franceses, españoles, italianos y portugueses hayan hecho diverger lenguajes tan distintos en ritmo y carácter, basta[8] para destruir la leyenda de la «raza latina», en cuanto esta expresión quiere significar semejanza de genio entre las naciones de habla romance. Este punto tiene su importancia a causa de la sutil asociación de ideas que liga el vocablo «latino» con los vocablos «clásico» y «antigüedad». Ahora bien, si no faltan argumentos en pro de una interpretación del genio francés como descendiente más o menos directo de la *sagesse*[9] y de la agudeza intelectual de Atenas; si cabe decir que el genio de Italia se halla en armonía con los ideales griegos de la vida, nada hay en Europa más distante del genio griego que el genio español. Ciertos rasgos romanos —estoicismo, énfasis,

---

[1] **del un tiempo mayor imperio** *of the at one time greatest empire*
[2] **menospreciar** despreciar; desdeñar
[3] **Buffon** célebre naturalista francés del siglo XVIII
[4] **salvedad** reserva, condición (*reservation*)
[5] **autóctono** indígena, nativo
[6] **adventicia** no indígena
[7] **escocés (pelirrojo)** *Scotchman* (de pelo rojo)
[8] **basta** es suficiente
[9] **sagesse** (*francés*) sabiduría

Capítulo 12

sentenciosidad —no faltan en el alma española; pero si por *latino* se entiende cultura y pulimento[10] clásicos, pocos países hay en Europa menos *latinos* que España.

De aquí que el castellano, aunque latino de cuerpo, sea en su espíritu un lenguaje dotado de fuerte genio propio, hondamente distinto, no sólo del francés y del italiano, sino de esa vaga entidad étnica que se llama *latinidad*. Olvidemos por un momento su desdichada preponderancia comercial; desechemos[11] las despiadadas estadísticas que lo muestran segundo en extensión y tercero en población entre los lenguajes europeos, y considerémoslo sólo como instrumento de expresión del espíritu humano: ¿Dónde hallar, entre las modernas, lengua más hermosa?

En la amplitud de su registro musical, supera al francés, al alemán y al italiano, y, por lo menos, iguala al inglés. Tiene sobre el italiano la superioridad de una armazón[12] más fuerte y de una arquitectura más acusada.[13] El alemán es órgano potente y el francés exquisito violín; pero uno y otro tienen las limitaciones inherentes a sus cualidades.

El inglés sabe ser ligero y airoso, y en su mejor forma elisabética tiene un encanto espontáneo que es a la gracia de la poesía francesa lo que el aroma de las violetas a un perfume de la Rue de la Paix. En general, sin embargo, sólo el peso del pensamiento consigue suavizar los ángulos de su andadura[14] monosilábica y rara vez se abandona pasivamente a una soñadora pasividad.

El castellano sabe de todos estos estilos. Navega majestuosamente por mares de elocuencia miltoniana,[15] y rivaliza de plenitud musical con las cadencias de órgano del alemán.

Conocida es su energía. En su voluntarioso octosílabo posee un instrumento sin rival para expresarse con vigor varonil así como para acuñar[16] contundentes[17] fórmulas proverbiales. Es sabido que Corneille[18] se esforzó en imitar estas súbitas descargas de energía de nuestro verso dramático en numerosos lugares de sus obras. Pero Racine, aunque genio muy diferente y mucho menos dado al efecto escénico, no parece haber dejado de inspirarse en modelos españoles para alguna de sus frases más tersas. Así, su famoso

Trop pour la concubine et trop peu pour l'épouse[19]

se me antoja[20] directamente imitado de *Las paredes oyen*, de Alarcón:[21]

[10] **pulimento** *polish*
[11] **desechar (las despiadadas . . .)** abandonar, apartar (las crueles. . .)
[12] **armazón** *frame*
[13] **acusar** manifestar, revelar
[14] **andadura** *pace; gait*
[15] **miltoniana** de John Milton, el insigne poeta inglés del siglo XVII
[16] **acuñar** *to coin*
[17] **contundente** decisivo, impresionante
[18] **Corneille (y Racine)** célebres dramaturgos franceses del siglo XVII
[19] **Trop pour...** Demasiado para la concubina y demasiado poco para la esposa
[20] **se me antoja** me parece
[21] **Alarcón (Juan Ruiz de)** poeta dramático español, nacido en México (1580-1639)

> Grande para dama soy
> Si pequeña para esposa.

Mas también la energía es cualidad demasiado conocida en el lenguaje castellano, y al insistir sobre ella corremos el riesgo de hacer olvidar la ternura que alcanza en San Juan de la Cruz,[22] su clásica elegancia en Fray Luis de León, su férvida y aldeana sencillez en Santa Teresa, su refinada cortesanía en Garcilaso, su convincente sobriedad en Lope, su honda emoción lírica en ciertos sonetos de Quevedo, su complejidad y riqueza de recursos en los modernos. No todas estas cualidades, sin embargo, le son inherentes por igual. De escoger una como la más representativa del carácter y de la lengua de Castilla, quizá quedara, aun por encima de la energía que le es típica, cierta facultad de no fácil definición, una especie de genio para la expresión directa que le permite conseguir grandes efectos emotivos o espirituales por medio de palabras humildes y cotidianas. Así en Bécquer:

> Cerraron sus ojos
> Que aún tenía abiertos;
> Taparon su cara
> Con un blanco lienzo;[23]
> Y unos sollozando,
> Otros en silencio,
> De la triste alcoba
> Todos se salieron.

Lenguaje que sabe ser a la vez tan sencillo y tan bello tiene que ser por fuerza creación de gran espíritu nacional. Y así, aunque no hubiera otros hechos que lo confirmasen, bastaría el estudio de la lengua española para dejar sentado[24] que España, aunque no en el primer rango de las potencias políticas y económicas, es y sigue siendo una de las grandes potencias espirituales del mundo.

Para dar idea de su grandeza, echemos una ojeada[25] a ciertos hechos históricos que nos servirán de meros índices cuantitativos para determinar la escala y proporciones de la aportación[26] de España a la vida espiritual europea.

Si consideramos la historia de las grandes empresas europeas, hallamos a España como la protagonista del acontecimiento más importante en la historia desde la disolución del Imperio romano. El descubrimiento de América no fue mero premio de lotería que el Destino dejara[27] caer en el

---

[22] **San Juan de la Cruz...Quevedo** brillantes poetas místicos y líricos de los siglos XVI y XVII
[23] **lienzo** tela de algodón
[24] **dejar sentado** demostrar
[25] **echar una ojeada** dar una mirada rápida
[26] **aportación** contribución
[27] **dejara caer en el regazo** had allowed to fall in the lap

Velázquez. La rendición de Breda. (*Oficina Nacional Española de Turismo, New York*)

regazo de España. Fue, sobre todo, una obra maestra de fe y de imaginación creadora. La era de viajes y descubrimientos españoles a que dio lugar es además, en su conjunto, la epopeya más grande que la raza humana ha realizado. No faltaron en ella lapsos de crueldad y de cupidez.²⁸ Pero si, quitándoles la exageración casi legendaria de que han sido objeto, se reducen a sus verdaderas proporciones en relación a las normas del tiempo y a la conducta de otras razas colonizadoras, fuerza será reconocer que los hechos punibles²⁹ de los conquistadores no bastan para empañar³⁰ el esplendor de su obra total —vasta epopeya que no ha hallado todavía un Homero digno de su grandeza.

Si de la historia pasamos a la literatura, hallaremos el genio español no menos fuerte y original. España puede ufanarse³¹ de haber creado el Romancero,³² no tanto poema épico como épica vegetación de su fértil suelo. Conservado por la tradición oral en la memoria del pueblo, el Romancero

²⁸ **cupidez** codicia (*greed*)
²⁹ **punible** *punishable*
³⁰ **empañar** obscurecer
³¹ **ufanarse** jactarse (*to boast*)
³² **Romancero** colección de romances poéticos que se derivan de poemas épicos antiguos (*ballads*)

remontó el vuelo³³ y pasó las fronteras, yendo a inspirar extrañas literaturas —Heine y Victor Hugo, Southey, Byron y Walter Scott.

Comparte España con Inglaterra la distinción de haber dado origen a un teatro nacional. El Siglo de Oro es una de las grandes épocas literarias del mundo, comparable con la Era Elisabética de Inglaterra o con el Siglo de Luis XIV en Francia. Aunque rico en novelas, en poesía lírica y toda suerte de producción literaria, el Siglo de Oro merece su fama ante todo por el incomparable esplendor de su teatro.

Prosigamos³⁴ nuestra exposición de índices cuantitativos. Si se escogieran de entre las literaturas europeas las seis figuras más eminentes, es probable que la elección recaería sobre un grupo como el siguiente: Shakespeare, Cervantes, Goethe, Dante, Rabelais, Tolstoi. Quizá cabría discusión sobre tal o cual nombre; pero hay dos de ellos que están seguros de su fama, y son el del poeta inglés y el del novelista español.

Y si el autor está seguro de su fama, no lo está menos el libro. ¿Quién vacilaría en declarar que el libro más grande que ha dado Europa es nuestro *Don Quijote*, esta novela, primera en fecha y primera en mérito, de la que todas las demás, en más de un sentido, *descienden?*

Goya. *La gallina ciega.* (*Oficina Nacional Española de Turismo, New York*)

³³ **remontó el vuelo**   se elevó; subió   ³⁴ **Prosigamos**   continuemos, sigamos

Capítulo 12

Si ahora quisiéramos juzgar a las naciones por su capacidad para crear seres vivos —esos seres del arte que viven con vida más rica, plena y larga que los de la Naturaleza—, aquí también hallaríamos a España en primera fila. Nómbrense los cuatro personajes más grandes de la literatura europea: Hamlet y Fausto figuran en el grupo; los otros dos habrán de venir de España: Don Quijote y Don Juan. Y cuenta que³⁵ son los más vigorosos. Hamlet tiene demasiado de ensueño y Fausto demasiado de idea, mientras que Don Quijote y Don Juan son hombres de carne y hueso, de nuestra carne y de nuestro hueso, y seguirán viviendo y creciendo mientras muevan al hombre el amor a la justicia y el amor a la mujer.

Así, pues, basta una rápida serie de evaluaciones sumarias para demostrar que España figura entre las primeras potencias espirituales de Europa. Cada una de estas potencias trae al genio europeo una aportación propia, un espíritu nacional complejo, rebelde a definición exacta, apenas sugerible por la evocación de un rasgo esencial. Suprímase Francia, y Europa carecerá de³⁶ ese sentido geométrico que entre la confusión de las formas naturales ve y define las inmóviles líneas de los principios. Suprímase Italia, y el sentido del pulimento y de la cultura urbana y del goce intelectual de la vida desaparecen del mundo europeo. Suprímase Rusia, y se cortará el tronco que liga a la rama europa con la raíz asiática. Suprímase España, y ¿qué pierde Europa?

Podemos abordar³⁷ la cuestión con una observación negativa. Donde el aporte³⁸ de España a Europa es mínimo es en la región de los principios y de la teoría. Suélese desde luego menospreciar la labor científica de España, y en éste, como en otros muchos campos, va ya siendo urgente la revisión de las opiniones que universalmente pasan por buenas. Ello no obstante, no creo pecar de temerario³⁹ al afirmar que en lo científico España se dedica con preferencia a la ciencia aplicada. Si bien ha dado a la filosofía y a la ciencia no pocos talentos menores, España no puede ufanarse de haber producido un solo genio filosófico o científico de primera magnitud. Hombre de la eminencia intelectual de Newton, Pascal, Descartes, Kant o Poincaré no se ha dado⁴⁰ jamás al Sur de los Pirineos. Tampoco cabe decir que dentro de las fronteras culturales de España haya nacido o se haya desarrollado vigorosamente alguna escuela de ciencia o filosofía. No sólo han faltado los corifeos⁴¹ intelectuales capaces de dirigirla, sino que el extremado individualismo que se observa en el pensamiento no menos que en la vida española, impidió siempre que se fundieran en un movimiento colectivo las diversas tendencias intelectuales de los pensadores españoles. De modo que, en conjunto, puede afirmarse que por mucho que⁴² las ciencias aplicadas —Geografía, Historia

---

³⁵ **cuenta que**   además; por cierto
³⁶ **Europa carecerá de**   le faltará a Europa
³⁷ **abordar**   dirigirse a; acercarse a
³⁸ **aporte**   contribución
³⁹ **pecar de temerario**   *to be too rash*
⁴⁰ **no se ha dado**   no se ha producido
⁴¹ **corifeo**   jefe, líder
⁴² **por mucho que**   *no matter how much*

Natural, Derecho, Medicina— deban a España, el aporte español al espíritu europeo es mínimo en la esfera del pensamiento abstracto.

Esta conclusión señala la primera característica del genio español. Este genio es concreto y aplicado. Evita la abstracción, rehuye la especulación pura y aborrece el bizantinismo.[43] En este respecto, existe semejanza estrecha entre el genio español y el inglés, puesto que ambos se complacen en[44] la práctica y la acción. Pero apuntemos una diferencia esencial. La observación directa muestra que el ideal del inglés es ético, social y positivo; el del español, estético, individual y personal. La norma del inglés es la virtud; la del español, el honor; el inglés va a la acción para conquistar las cosas: el español para vencer a los hombres. Porque el interés primordial del español es el hombre.

El hombre. Definamos esta palabra, de uso demasiado frecuente para ser entendida por todos de modo igual. Y ¿qué mejor definición del sentido que le dan los españoles que la página inicial del *Sentimiento trágico de la vida*, de D. Miguel de Unamuno? He aquí esta página, escrita bajo el significativo título de: «El hombre de carne y hueso.»

«*Homo sum; nihil humani a me alienum puto;*[45] dijo el cómico latino. Y yo diría más bien: *nullum hominem a me alienum puto;* soy hombre, a ningún otro hombre estimo extraño. Porque el adjetivo *humanus* me es tan sospechoso como su sustantivo abstracto *humanitas*, la humanidad. Ni lo humano ni la humanidad, ni el adjetivo simple, ni el adjetivo sustantivado, sino el sustantivo concreto: el hombre. El hombre de carne y hueso, el que nace, sufre y muere —sobre todo muere—, el que come y bebe y juega y duerme y piensa y quiere, el hombre que se ve y a quien se oye, el hermano, el verdadero hermano.»

«Porque hay otra cosa, que llaman también hombre, y es el sujeto de no pocas divagaciones más o menos científicas. Y es el bípedo implume[46] de la leyenda, el ζῷον πολιτικόν[47] de Aristóteles, el *homo sapiens* de Linneo,[48] o, si se quiere, el mamífero[49] vertical. Un hombre que no es de aquí o de allí, ni de esta época o de la otra, que no tiene sexo ni patria, una idea, en fin. Es decir, un no hombre.»

Así, en lo que es y en lo que no es, define admirablemente Unamuno el hombre de la vida y de la filosofía española, el hombre de carne y hueso, el ser que constituye el principal, si no el único asunto del arte y de la literatura de

[43] **bizantinismo** discusión caracterizada por sutilezas de detalle, apartándose del asunto.
[44] **se complacen en** encuentran placer o satisfacción en
[45] **Homo sum...** "I am a man; I deem nothing human to be foreign to me". (Terence)
[46] **implume** unfeathered
[47] ζῷον πολιτικόν Aristotle's political animal (man)
[48] **el homo sapiens de Linneo** the biological man of Linnaeus (1707-1778), a Swedish naturalist and botanist.
[49] **mamífero** mammal

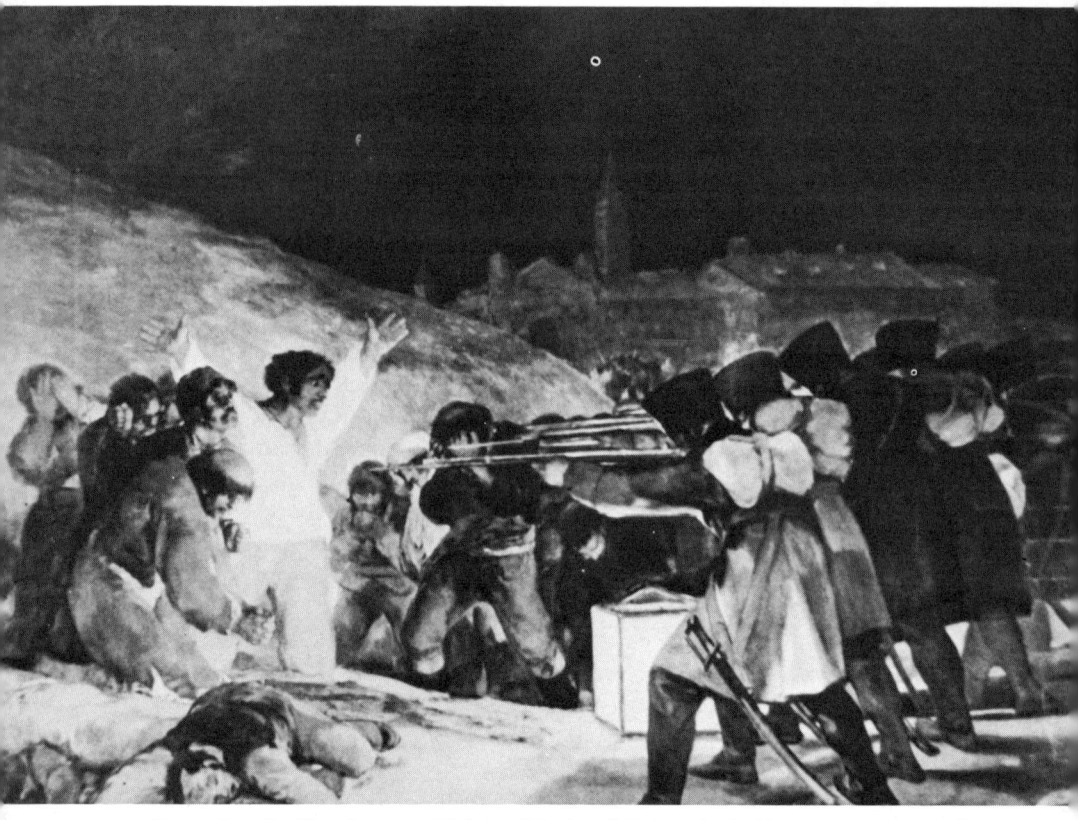

Goya. Los fusilamientos. (Oficina Nacional Española de Turismo, New York)

España. No hay nación, como no sea[50] Shakespeare, toda una nación por sí solo, que revele una tendencia más acusada a representar tipos concretos humanos. Obsérvese cómo todo el arte español se halla poblado de personajes definidos con tan vigoroso relieve que hacen palidecer por contraste el fondo en que campean.[51] Ya en sus albores,[52] la literatura española aparece habitada por un héroe puramente humano: el Cid. La tragi-comedia[53] de Calisto y Melibea ocurre entre un grupo maravilloso de hombres y mujeres concebidos con verdadera inspiración dramática, sin que haya en todo el libro una sola palabra que no esté puesta en boca de uno de los personajes. Apuntemos de pasada a este respecto las novelas picarescas, tan llenas de gente, y *Don Quijote,* cuyos dos protagonistas, por su mismo relieve soberano, obscurecen a la multitud de personas que pululan[54] en sus animadas páginas. El teatro español ha creado, en verdad, pocos caracteres. Pero este hecho se explica mejor como exceso que como defecto de potencia creadora. Que no faltaba esta potencia lo prueban figuras como Pedro Crespo, de *El Alcalde de Zalamea;*

[50] **como no sea** *unless it be*
[51] **campean** aparecen
[52] **albores** el comienzo
[53] **La tragi-comedia...** *La Celestina,* publicada en 1499
[54] **pulular** *to swarm*

Segismundo, de *La vida es sueño*,⁵⁵ Enrico, de *El condenado por desconfiado*;⁵⁶ muchas de las mujeres del teatro de Tirso y, sobre todo, don Juan. Pero el teatro español tenía que satisfacer el pantagruélico⁵⁷ apetito del público, nunca ahíto⁵⁸ de comedias nuevas, y de aquí una producción dramática atropellada,⁵⁹ cuya divisa⁶⁰ podría haber sido el «en horas veinticuatro»,⁶¹ de Lope. En estas condiciones no era posible el desarrollo del carácter. La mayoría de los personajes de aquel teatro deben considerarse como meros ejercicios o bocetos⁶² de carácter, más bien que como creaciones completas. La afición del público a la vida humana, es decir, a contemplar seres humanos en acción, requería una renovación constante de casos y situaciones que no era menester desarrollar, ya que bastaba apuntarlas para dar gusto a un público acostumbrado al placer dramático. Para los fines de este trabajo, bastará hacer constar⁶³ que el teatro español constituye una inmensa cantera⁶⁴ de material humano, más o menos elaborado por apremiados⁶⁵ autores.

Velázquez. Las Meninas (detalle).
(*Oficina Nacional Española de Turismo, New York*)

⁵⁵ **El Alcalde y La vida es sueño** célebres dramas de Calderón de la Barca, siglo XVII
⁵⁶ **El condenado...** de Tirso de Molina, creador de don Juan Tenorio, siglo XVII.
⁵⁷ **pantagruélico** muy grande; desmedido
⁵⁸ **ahito** harto (*surfeited, stuffed*)
⁵⁹ **atropellada** apresurada, rápida
⁶⁰ **divisa** lema, mote (*motto*)
⁶¹ **en horas veinticuatro** se refiere a la prisa con la cual Lope de Vega escribió muchas de sus comedias
⁶² **boceto** *sketch*
⁶³ **hacer constar** revelar, declarar
⁶⁴ **cantera** *quarry*
⁶⁵ **apremiados** apresurados (que tienen prisa)

Capítulo 12

Mas no ha menester limitarse a las letras. ¿Qué es la pintura española sino una admirable galería de retratos? Frailes de Zurbarán;[66] príncipes, bufones, dioses paganos, Cristos de Velázquez; apóstoles y Magdalenas, de Ribera; santos, caballeros y sacerdotes, de El Greco; damas y generales, de Goya, ¿qué tienen de común para que, con ser de tan diferentes estilos, nos parezcan todos gentes de una misma familia? Sencillamente que bajo los diferentes atavíos[67] de su época y estado, todos son hombres y mujeres de carne y hueso. Compárese el Cid, de Guillén de Castro con el de Corneille y se observará la diferencia entre un hombre que es ante todo quien es, o, como decimos en España, como Dios lo hizo, y un héroe preocupado de vivir con arreglo a[68] las normas teóricas de su categoría ética. Los artistas franceses nos dan el tipo tras el hombre; los españoles buscan el hombre tras el tipo. El rasgo dominante del arte español consiste, pues, precisamente en no ser artístico sino vital. El artista español hace del arte instrumento de la vida y no de la vida la materia prima[69] del arte. He aquí por qué el arte de España no descansa en la composición, el estilo o la riqueza de resonancias culturales e intelectuales, sino en un llamamiento directo del corazón del asunto al corazón del público. Su fin es, pues, el fin supremo de todo gran arte: fijar y recrear la vida.

Velázquez. Los borrachos. (*Oficina Nacional Española de Turismo, New York*)

[66] **Zurbarán, etc.** célebres pintores españoles de los siglos XVII y XVIII (Goya)
[67] **atavío** vestido, adorno
[68] **con arreglo a** según
[69] **materia prima** *raw material*

Este fin exige una imaginación creadora de singular libertad. Con tanto vigor y constancia ha luchado la España política contra la libertad de pensamiento, que el atribuir libertad especial al genio español puede parecer a los no informados paradójico si no absurdo. Sería excesiva digresión el discutir aquí la cuestión de las limitaciones españolas al pensamiento, en relación con las normas de otros países en iguales momentos de la historia. Quedémonos con el hecho de que pocos pueblos pueden rivalizar con España en libertad de imaginación creadora, es decir, en limpieza de esos prejuicios intelectuales, morales y aun estéticos, que suelen enturbiar y torcer la imagen que el artista se hace de las cosas. Cierto que a veces un gran creador español se pone a la obra animado de un propósito moral o intelectual; ya el mostrar el vicio en todo su horror y la virtud en todo su atractivo —como Juan Ruiz[70] y la mayoría de los autores picarescos; ya al dar al traste con[71] los libros de caballerías— como Cervantes; ya el probar tal o cual proposición de dogma o fe —como Tirso o Calderón. Pero quizá exceptuado Calderón, cuya labor traban[72] a veces sus inclinaciones didácticas y aun más las cadenas de un dogma rígidamente definido y sostenido, es curioso observar cuán poco

El Greco. La Trinidad.   El Greco. San Andrés.

(*Oficina Nacional Española de Turismo, New York*)

[70] **Juan Ruiz (arcipreste de Hita)** notable poeta satírico del siglo XIV, autor del *Libro de buen amor*.

[71] **dar al traste con** terminar con (*to do away with*)

[72] **trabar** estorbar, impedir

Capítulo 12

estorban a la labor creadora de nuestros artistas estas tendencias extrañas al arte. Cubre todo el arte español un velo tejido,[73] ya por un conjunto de ideas librescas de carácter retórico, más o menos directamente heredadas de los clásicos, ya por la influencia de la Inquisición, refrenadora de veleidades[74] morales o intelectuales. Pero, bajo este velo, qué libremente concebidos y qué atrevidamente expresados los objetos del arte, hombres o ideas. Y ante todo, qué verazmente persigue el instinto creador español la forma más libre y alta de la belleza.

A thing of beauty is a joy for ever, dijo Keats.

Al hacer del hombre —el hombre completo de carne y hueso— el objeto esencial de su arte y de sus pensamientos, España se distingue de la corriente predominante en Europa. Bajo la austera disciplina de la razón, Europa se esfuerza en reprimir en el hombre todo aquello que no se somete fácilmente a la regla y la medida. Esta severa abnegación es la garantía de todo progreso filosófico o científico, de todo pensamiento abstracto. La facultad típica de la Europa central consiste en su capacidad para el pensamiento abstracto, facultad que trasciende a[75] su arte y literatura. Dante, Goethe y Rabelais construyen su arte sobre filosofías bien definidas. Europa es, pues, objetiva y obliga al hombre a reprimirse para que la mente entienda. Inglaterra, por otra parte, eminentemente activa, se propone ante todo ajustar al individuo a un sistema social a fin de llevar a su auge[76] la eficiencia y la suavidad de la cooperación en la vida colectiva. El arte inglés se desarrolla por consiguiente bajo influencias morales-sociales. España, entre tanto, guarda intacto su respeto hacia el hombre integral. El punto de partida de su filosofía y de su arte no es ni la mente, como en Europa, ni la colectividad, como en Inglaterra, sino el hombre mismo. Su genio es homocéntrico[77]. Tal es causa de su fuerza y la de su flaqueza.[78] Medido en área el genio español es pobre. Medido en profundidad, es rico. Descuida[79] los desarrollos que un intelecto siempre alerta abre continuamente ante franceses, alemanes e italianos —esos experimentos sobre forma y sensación a los que tanto debe el arte europeo; no persigue esas aplicaciones del arte y del pensamiento a la vida social que dan tanto peso y valor a la literatura inglesa; no se dispersa en sutiles análisis de los millares de fuerzas menores que convergen en el ciudadano civilizado y de él irradian sobre la sociedad, sino que considera al hombre como a un todo en sus luchas con las grandes fuerzas elementales: el Mal, la Muerte, el Amor.

[73] **velo tejido** (sujeto del verbo *cubre*) *veil woven (now by...)*
[74] **refrenadora de veleidades** freno de caprichos (*a check on whims*)
[75] **trasciende a** *permeates*
[76] **auge** cima, cumbre, plenitud
[77] **homocéntrico** concentrado en el hombre
[78] **flaqueza** debilidad
[79] **descuidar** desatender (*to neglect*)

El Mal, la Muerte y el Amor son los hilos del cañamazo[80] del tiempo. Son, pues, también las musas españolas, y a cada una de estas musas corresponde uno de los tres libros simbólicos que constituyen la literatura española: un Libro de los Proverbios, un Eclesiastés, un Cantar de los Cantares.

Cuestionario

1. Según Madariaga, ¿por qué fue desdeñado el genio español?
2. ¿Qué importancia tiene el lenguaje de una nación? ¿Cómo define Madariaga este lenguaje?
3. ¿Qué piensa el autor de la clasificación de los pueblos según el origen de la lengua que hablan?
4. Por ejemplo, ¿son semejantes todos los que hablan una lengua romance?
5. Madariaga utiliza la conjunción **sino** con frecuencia. ¿Qué revela este uso acerca de su estilo?
6. ¿En qué sentido puede decirse que España no es un país muy latino?
7. ¿Qué aspecto del lenguaje español quiere el autor olvidar?
8. ¿En qué se destaca la lengua española?
9. ¿Qué metáfora se emplea para comparar el castellano con el inglés y el alemán?
10. ¿Qué cualidad del lenguaje castellano ha sido imitada? ¿Por quiénes?
11. ¿Cuáles son algunas otras cualidades del lenguaje que deben mencionarse también?
12. ¿Qué desea señalar Madariaga citando los versos de Bécquer?
13. ¿Cuál es el tema de estos versos? ¿Se lo expresa en lenguaje abstracto?
14. ¿Cuál fue el acontecimiento más importante en la historia desde la disolución del Imperio romano?
15. ¿A qué era dio lugar este descubrimiento?
16. ¿Cómo trata el autor el problema moral de esta era?
17. ¿Qué otra contribución ha hecho el genio español?
18. ¿Qué es el Romancero? ¿Qué influencia tuvo en Europa?
19. ¿Cuál es la importancia del Siglo de Oro en la historia literaria de España?
20. ¿Por qué género de literatura, más que ningún otro, merece este período su fama?
21. ¿Le parece a usted incontrovertible la selección que hace Madariaga de las seis figuras más eminentes de las literaturas europeas?
22. ¿Cuál es el libro más grande que ha dado Europa?
23. ¿Se destaca España también por su capacidad para crear seres vivos? Entre los cuatro personajes más grandes de la literatura europea, ¿cuáles son españoles?

[80] **hilos de cañamazo** *threads of canvas*

24. ¿Cuál es la frase que mejor describe o define a estos hombres? Explique usted el significado de la frase (pág. 158, l. 6-10).
25. ¿Dónde es mínima la contribución de España a Europa?
26. ¿Cuáles han sido algunos de los filósofos más eminentes de Europa? ¿Ha producido España a alguno de ellos?
27. ¿A qué rasgo del carácter español atribuye Madariaga la falta de grandes escuelas de ciencia o filosofía?
28. ¿Cuál es el aporte (contribución) de España a las ciencias aplicadas?
29. Según la conclusión de Madariaga, ¿cuál es la primera característica del genio español?
30. ¿A qué otro genio nacional es semejante el de España en este respecto? ¿Por qué?
31. Sin embargo, ¿en qué difieren?
32. ¿De qué obra se sirve Madariaga para dar una definición del hombre?
33. ¿Cuál es lo esencial de la definición de Unamuno acerca del hombre?
34. ¿Cómo difiere el hombre unamuniano del bípedo de los filósofos?
35. ¿Quién es el primer héroe español puramente humano?
36. Nombre a algunos otros héroes de carne y hueso en la literatura española.
37. ¿Por qué no era posible el desarrollo del carácter en el teatro español?
38. ¿Cuáles son algunos de los tipos humanos en la pintura española?
39. ¿Qué tiene en común esta galería de retratos?
40. ¿En qué consiste el rasgo dominante del arte español?
41. ¿Cuál es el fin de este arte?
42. ¿Por qué dice Madariaga que el atribuir libertad especial al genio español puede parecer paradójico?
43. Según Madariaga, ¿le falta a España libertad de imaginación creadora?
44. ¿Con qué propósito moral o intelectual han escrito Cervantes y otros creadores españoles?
45. ¿Qué influencia ejerció la Inquisición en el arte?
46. ¿Cómo se distingue España de la corriente predominante en Europa respecto al hombre de carne y hueso?
47. ¿En qué consiste la facultad típica de la Europa central?
48. ¿Cómo es el arte inglés?
49. ¿En qué sentido es el genio español pobre? ¿En qué rico?
50. ¿Cuáles son las tres musas españolas, según Madariaga?
51. ¿Qué le parece a usted el estilo de este ensayo? ¿Se desarrollan las frases de una manera lógica y clara? ¿Es fácil el vocabulario?

Ejercicios

I. El artículo definido (GRAM. 1.1—1.12)

A. Póngase la forma apropiada del artículo donde sea necesario.
    1. ¿Conoces a _____ señores Álvarez?

2. Hoy es _____ domingo.
3. El libro está escrito en _____ francés.
4. No tenga cuidado, _____ Sr. Martín.
5. Le quitaron _____ documentos.
6. Hay que tener _____ paciencia.
7. ¿Ha visto el examen de _____ historia?
8. Tengo que preparar _____ cena.
9. Madariaga ha escrito un ensayo sobre _____ genio español.
10. _____ contribución de España a Europa ha sido grande respecto a _____ pintura y _____ literatura.
11. Voy a _____ iglesia _____ domingos.
12. Estuvo aquí _____ año pasado.
13. El médico no habla bien _____ inglés.
14. _____ caballos son animales domesticados.
15. Al entrar me quité _____ sombrero.
16. Me enviaron _____ libros que había pedido.
17. Estamos aprendiendo _____ español.
18. Nuestra clase está en _____ aula (*lecture hall*) principal.
19. Pensamos ir a nuestra casa de _____ verano _____ mes que viene.
20. _____ más interesante de esta película es la música.

B. Traduzca usted.
1. Men do not like to shave.
2. Let's go to class.
3. He has a gold tooth.
4. Language is the nation.
5. President Morales is coming here next week.
6. He will arive on June 3 at 10:00 P.M.
7. He is against communism.
8. Do you want cream and sugar?
9. Wait a moment, Mr. Smith.
10. They are admiring these paintings and Goya's.
11. Bread and milk are good for children.
12. The worst thing is that he doesn't speak English.
13. The bird's wing (*ala*) was broken.
14. This is winter.
15. She sent me to buy eggs and coffee.
16. You don't realize how pretty she is.
17. Are you going to school today?
18. Don Enrique is the teacher's brother.
19. It always rains (on) Sundays.
20. I sold these books and the ones I got for Christmas.
21. Beauty is truth, truth is beauty, said Keats.

22. It's not the same thing.
23. Close your eyes and go to sleep.
24. They want to visit Equatorial Africa.
25. We invited Father Leres to come with us.

II. El artículo indefinido (GRAM. 2.1—2.9)

A. Ponga la forma apropiada del artículo indefinido donde sea necesario.
1. ¿Es _____ abogado su padre?
2. Sí, es _____ abogado conocido.
3. Ustedes pueden escribirlo con _____ lápiz.
4. Compraron ayer una silla y _____ cama.
5. Aquella muchacha es _____ prima del profesor.
6. ¡Qué _____ hermoso paisaje.
7. Es _____ lástima que no vuelvas _____ otra vez.
8. No tengo _____ billete.
9. Se le rompió al pájaro _____ ala.
10. ¿Quiere usted darme _____ pesetas?
11. Su esposa es _____ protestante devota.
12. Mi novia es _____ ángel.
13. No salga hoy sin _____ impermeable.
14. ¿Tienes _____ fósforo?
15. No me ha dicho _____ palabra.
16. Mi padre no me envió ni _____ dólar esta semana.
17. ¿Qué haces en esta calle? Busco _____ casa.
18. Pagó _____ mil dólares por el auto.
19. Tenemos _____ buen amigo en Madrid.

B. Traducir.
1. A boy and girl played with my son.
2. Do you have an axe (*hacha*)?
3. Ana María Matute is a contemporary novelist.
4. I read another story.
5. I don't want a pen without ink.
6. My brother is a captain.
7. I wouldn't give him the book in such a state.
8. José is a friend of María.
9. What a difficult lesson!
10. He is a man of much talent.
11. He left without saying a word.
12. Is there a lawyer in this town?
13. I don't want a car with red wheels.
14. My father opened up (*poner*) a store.
15. Do you have a cigarette?

16. I bought a few flowers for my wife.
17. He gave her a kiss.
18. They made a very bad impression.
19. Madariaga has written an interesting essay.
20. Do you have a very high fever?

III. Expresiones Indefinidas; La Negación (GRAM. 3.1—3.4)

A. Conteste negativamente las preguntas siguientes:
1. ¿Conoce usted a alguien que hable japonés?
2. ¿Ha visto jamás un día como éste?
3. ¿Vamos a algún sitio?
4. ¿Han venido ya sus padres?
5. ¿Necesitas algo?
6. ¿Ha visto a alguno de sus amigos esta mañana?
7. ¿Le gusta a usted también?
8. ¿Ha dicho Elena algo interesante?
9. ¿Me ha llamado alguien?
10. ¿Necesitas algún libro?

B. Traduzca, dando dos formas de las frases negativas siempre que sea posible.
1. Do you see anyone?
2. I see no one.
3. Did you ever go there?
4. I have never seen so many paintings in my life.
5. Neither have I.
6. Did you see any of them in the museum?
7. Someone is calling you.
8. What did you say? Nothing.
9. Haven't you any ties? I don't have any.
10. He says nothing to anybody.
11. He never says anything to any of them.
12. Do you want to meet some of them?
13. I have read nothing good this year.
14. Did you write to someone yesterday, John?
15. I never write to anyone.

IV. Repaso de SINO (GRAM. 6.1) y el Subjuntivo

A. **Sino.** Madariaga emplea esta conjunción con mucha frecuencia. Traduzca los siguientes ejemplos:
1. Lo que nos interesa, pues, aquí, no es el cuerpo, sino el espíritu de la lengua.

2. De aquí que el castellano sea en su espíritu un lenguaje distinto, no sólo del francés y del italiano, sino de esa vaga entidad étnica que se llama *latinidad*.
3. ¿Qué es la pintura española sino una admirable galería de retratos?
4. El rasgo dominante del arte español consiste, pues, precisamente en no ser artístico sino vital.

Traduzca, empleando **pero** o **sino**.
1. Language is not a mere collection of words but a natural phenomenon.
2. Madariaga finds Spanish similar in many ways not to French and Italian but to English.
3. Spain has contributed much to literature and art but not to science.
4. Madariaga has not spoken of José Ortega y Gasset, but we know that he is one of the best known philosophers of the twentieth century.

B. Observe los varios usos del subjuntivo, traduciendo las siguientes frases del ensayo.
1. Es evidente que un escocés pelirrojo y un negro de Virginia no tienen nada racial de común, aunque ambos *hablen* lenguas derivadas de la que hablaba Chaucer.
2. Y así, aunque no *hubiera* otros hechos que lo confirmasen, bastaría el estudio de la lengua española . . .
3. Si ahora *quisiéramos* juzgar a las naciones por su capacidad para crear seres vivos, aquí también hallaríamos a España en primera fila.
4. *Suprímase* España, y ¿qué pierde Europa?
5. No hay nación que *revele* una tendencia más acusada a representar tipos concretos humanos.
6. La tragi-comedia ocurre entre un grupo maravilloso de hombres y mujeres, sin que *haya* en todo el libro una sola palabra que no *esté* puesta en boca de uno de los personajes.
7. *Apuntemos* de pasada a este respecto las novelas picarescas.

Traduzca, empleando el subjuntivo donde lo pida el caso.
1. If you had the time, would you read the whole novel *Don Quijote*?
2. He went to see El Greco's paintings without my knowing it.
3. There is nothing that reveals the Spanish genius more than its art and literature.
4. Madariaga speaks of philosophers without mentioning Ortega y Gasset.
5. Although there exist many beautiful languages, none is more musical than Spanish.

V. Composición

Salvador de Madariaga has written many books and essays on the psychology of the Spanish genius. Although what he says may seem exaggerated, no one can deny that the greatest empire of the sixteenth century was that of Spain. Nor will one deny that some of the most famous writers, poets, and artists that the world has ever known were Spanish.

Genius, however, is not limited to people and events. According to the author, the Spanish language would be a sufficient indication of Spain's importance. Its energy is well known, and Racine seems to have been inspired by Spanish models. Let us not forget, moreover, that it can achieve great spiritual effects by means of simple, everyday words, as we see in Bécquer's poetry.

Madariaga naturally casts a glance at the great Spanish voyages and discoveries, like that of America. In this same era Spain shares with England the distinction of having established a national theater. Because of great dramatists like Calderón and Lope de Vega, lyric and mystic poets and famous painters, the sixteenth and seventeenth centuries have been called the Golden Century.

Perhaps there are some who will argue that *Don Quijote* is not the greatest book that Europe has produced. Nevertheless it has been called the first modern European novel, and its influence has been extensive on many other literatures. That wonderful knight errant, who tried to undo the wrongs of the world and bring back justice and truth, and the libertine Don Juan, are two of the greatest heroes in world literature. One could mention many more names and works, but it is necessary to add here that the Spanish genius is concrete and avoids abstraction. The primordial interest of the Spaniard is man, not the abstract animal of some philosophers, but the man of flesh and blood of Unamuno. In making this man the essential object of its art and thoughts, Spain has distinguished itself from the predominating European current.

Vocabulario

achieve conseguir
argue sostener
bring back restaurar
cast a glance echar una ojeada
current la corriente
deny negar

discovery descubrimiento
distinguish distinguir
dramatist dramaturgo
establish establecer
event acontecimiento
everyday cotidiano

indication indicio
knight errant caballero andante
limit limitar
means medio
moreover además
mystic místico

share compartir
spiritual espiritual
undo deshacer
wonderful maravilloso
wrong agravio

SECOND PART
A Review of Grammar

The Articles

The Definite Article

1.1 The article is generally repeated before each noun.

Llevan al perro y a la gata consigo.	They take the dog and cat with them.

When, however, the nouns are closely connected in meaning and considered as a single entity, the article may be omitted before all but the first one.

La admiración y respeto que todos le deben.	The admiration and respect which everyone owes him.

1.2 The definite article is used with all titles, except **don** and **Santo,** when speaking about a person.

El señor Cela es un célebre autor español.	Mr. Cela is a famous Spanish author.
El gobernador Smith tiene sólo treinta y cinco años.	Governor Smith is only thirty-five years old.
Don Juan Tenorio existe en casi todas las literaturas.	Don Juan Tenorio exists in almost every literature.
Vamos a la oficina del profesor Salinas.	We are going to Professor Salinas' office.

The definite article is omitted before titles, however, when speaking *to* a person.

Buenos días, profesor Salinas.	Good morning, Professor Salinas.
¿Va usted al hospital, doctor Díaz?	Are you going to the hospital, Dr. Díaz?

1.3 The definite article is used with nouns in an abstract or general sense as representative of the entire class or species to which it belongs.

Me gustan las flores.	I like flowers (all flowers, flowers in general).
La vida y la muerte son temas comunes de la poesía.	Life and death are common themes of poetry.
La leche es buena para la salud.	Milk is good for one's health.
La ciencia ha sometido al espacio.	Science has conquered space.

However, when the noun is used in a partitive sense, that is, when *some* or *any* is implied, the article is *not* used.

¿Tiene usted flores en el jardín?	Do you have (any) flowers in your garden?
Toma café y tostadas para el desayuno.	He has (some) coffee and (some) toast for breakfast.

1.4 The definite article is often used instead of the possessive adjective with a noun that represents a part of the body or an article of clothing, when this noun is the object of a verb or preposition.

Me pongo *el* sombrero.	I am putting on my hat.
Se quitó *el* abrigo.	He took off his coat.
Metió *la* mano en *el* bolsillo.	He put his hand in his pocket.
Abrí *los* ojos.	I opened my eyes.

Although the reflexive pronoun is used in this construction to refer back to the subject, it is frequently omitted, especially when the possessor is obvious, as in the last two examples above. An indirect object pronoun is needed to indicate a possessor other than the subject of the sentence:

No *les* veo las caras.	I don't see their faces (the faces to them).
Le quitó el abrigo.	He took her coat off.

1.5 The definite article is used with expressions of time.
    a. With days of the week and seasons of the year (except after **ser**), and with dates of the month. (Spanish does not translate the English *on* with days and dates.)

Enseña los martes y los jueves.	He teaches on Tuesdays and Thursdays.
La primavera es siempre hermosa.	Spring is always beautiful.
Llegaremos el doce.	We will arrive on the twelfth.
El lunes es el primer día de la semana.	Monday is the first day of the week.
But:	
Hoy es lunes.	Today is Monday.
Hace calor porque ya es verano.	It is hot because it is summer now.

    b. The definite article must be used when expressions like **semana, mes, año**, and a **day of the week** are modified by an adjective.

Volvió el año pasado.	He returned last year.
La verá la semana que viene.	He will see her next week.

    c. The definite article is used with the time of day.

Es la una.	It is one o'clock.

Son las dos de la mañana.	It is two A.M.

1.6 The definite article is used with the names of languages, except after the prepositions **de** and **en**, and immediately after **hablar**.[1]

El español es una lengua bonita.	Spanish is a pretty language.
Me gusta también el francés.	I like French, too.
Habla bien el ruso.[2]	He speaks Russian well.
But:	
Habla ruso.	He speaks Russian.
El libro está escrito en francés.	The book is written in French.
Es un profesor de español.	He is a Spanish professor.

1.7 The definite article is used with the names of countries when that name is modified by an adjective or a phrase.

La España medieval.	Medieval Spain.
Nació en la Francia meridional.	He was born in Southern France.

1.8 The neuter article **lo** is very frequently used with an adjective and with a past participle to form an abstract noun. Note the various ways of translating this construction.

Lo curioso es que no estudia mucho.	The strange thing is that he doesn't study much.
Lo bueno, lo malo	Good, evil; that which is good...
No podemos hacer lo imposible.	We can't do the impossible.
Lo mío es mío.	What's mine is mine.
Practicar siempre es lo principal.	To practice always is the main thing.
Has de volver lo robado.	You must return what was stolen.

The neuter article **lo** is also used with an adjective or an adverb and **que** to indicate extent or degree. It corresponds to the English *how*, but not in an exclamation. The adjective in this case will agree in gender and number with the noun it refers to.

No te das cuenta de lo fácil que es.	You do not realize how easy it is.
No sabe usted lo contenta que se puso...	You do not know how happy she became...

---

[1] The definite article may be used or omitted after the verbs **aprender, comprender, estudiar, escribir, saber, leer,** and **oír.**
[2] When any word other than a subject pronoun comes between **hablar** and the name of the language, the definite article is used.

¿Sabes lo mucho que te quiero?	Do you know how much I love you?
¿Ves lo raras que están estas mujeres?	Do you see how strange these women are?
Me sorprende lo claramente que habla.	I am surprised at how clearly he speaks.

1.9 The definite article before **de** or **que** serves as a pronoun to avoid repeating the noun. It means *the one(s) of* or *with, that of, he who, those who,* etc. (Cf. 5.3)

Estas canciones y las de 1960 son mis favoritas.	These songs and those of 1960 are my favorites.
La casa de mi tía y la de su madre están en la misma calle.	My aunt's house and your mother's (the house of...) are on the same street.
Mi hermana es la del vestido azul.	My sister is the one with the blue dress.
Vendo los perros sólo a los que viven cerca de mí.	I'll sell the dogs only to those who live near me.

1.10 Recall that **el** is used before a feminine *singular* noun beginning with a stressed **a** or **ha** when the article immediately precedes. (Any other modifier remains in the feminine.)

el agua	the water
el hacha	the axe
el alma perdida	the lost soul
But:	
las aguas	
las hachas	
la audacia	the audacity (stress is not on first syllable)
la ambición	the ambition

1.11 The definite article is required in Spanish before many nouns when they are governed by a preposition, contrary to English usage.

Va a la escuela.	He is going to school.
Está en la iglesia.	He is in church.
Lo llevaron a la cárcel.	They took him to jail.
a la ciudad, en la ciudad	to town, in town

1.12 When in English a noun is used to modify another noun, Spanish uses a **de** phrase with the equivalent noun. The definite article is not used with this noun when it does not refer to any particular thing.

El equipo de fútbol	The football team
Una manifestación de estudiantes	A student demonstration
Un traje de lana	A wool suit
Es una llave de casa.	It's a house key.

However, the article is used when the noun refers to a particular thing or things.

El teléfono de la oficina	The office telephone (referring to a particular office)
La llanta del auto	The car tire (the tire of the car that belongs to me, to him, etc.)

The Indefinite Article

2.1 The article, including plural **unos**, *some* (meaning *a few, several*), is repeated before each noun

Unos hombres y unas mujeres	Some men and women
Un libro y una pluma	A book and (a) pen; one book and one pen

2.2 The masculine **un** may be used before a feminine *singular* noun beginning with stressed **a** or **ha**.

un hada	a fairy
un alma	a soul
But:	
una alcoba	a bedroom (stress is not on first syllable.)

2.3 Omission of the indefinite article.

The indefinite article is generally not used in Spanish before nouns after the verb **ser** when they designate a class distinction (profession, religion, occupation, nationality, etc.) or merely identify the subject.

Es soldado.	He is a soldier. (He belongs to a class of persons known as soldiers.)
Soy español.	I am a Spaniard.
Esa mujer es católica.	That woman is a Catholic.
Ortega y Gasset es filósofo.	Ortega y Gasset is a philosopher.
Es pariente del presidente.	He is a relative of the president.

The article is used before the predicate noun, however, when the subject is individualized, that is, when the purpose is not merely to identify the class but to make the person or thing stand out. A noun used as a figure of speech or modified by an adjective or qualifying phrase would generally call for the article.

Pedro es un filósofo.	Peter is a philosopher (i.e., he is being philosophical now.)
Es un gran profesor.	He is a great professor (modified by adjective).
Era un español de familia noble.	He was a Spaniard of noble family.

2.4 The indefinite article is usually omitted before a noun in a negative sentence when the numerical value (*one, a*) is not stressed.

Cuando era joven no usaba sombrero.	When I was young I didn't wear a hat.
No tengo examen hoy.	I don't have an exam today.
Salió sin abrigo.	He went out without a coat.
But:	
No me dio ni un céntimo.	He didn't give me a single penny (*one, a single* cent is emphasized).

2.5 The indefinite article is usually omitted also in affirmative or negative sentences when the mere identity or existence (or non-existence) of something is indicated. This omission of the article occurs most commonly with **tener, haber, buscar, con, sin**. But when the thing is individualized or made particular, the article is used.

Buscan piso.	They are looking for an apartment (apartment hunting).
Buscan un piso.	They are looking for an apartment (a certain one).
¿Hay médico aquí?	Is there a doctor here?
¿Hay un buen médico aquí?	Is there a good doctor here (individualized)?
¿Tienes fiebre?	Do you have a fever?
Tengo una fiebre terrible.	I have a terrible fever.
Deseo una casa con guardilla.	I want a house with an attic.
No tengo clase hoy.	I don't have a class today.
No hubo reunión ayer.	There wasn't a meeting yesterday.
Ayer hubo una reunión grande.	Yesterday there was a big meeting.

2.6 The indefinite article is also frequently omitted before **bueno** and **malo** when they precede the noun they modify.

Es buen amigo mío.	He is a good friend of mine.
Es buena idea.	It's a good idea.
Me dio mala nota.	He gave me a bad grade.

When these adjectives follow the noun, the article is generally used.

Me dio una nota muy mala.	He gave me a very poor grade.
Escribió una tesis buena.	He wrote a good thesis.

2.7 A noun after **ser** in an impersonal sentence is not usually preceded by the article.

Es lástima.	It is a pity.
Es mentira.	It is a lie.
Es error.	It is a mistake.

2.8 The indefinite article is usually omitted before a noun in apposition when it is explanatory of a preceding noun.

Pasamos un mes en Esparta, ciudad griega.	We spent a month in Sparta, a Greek city.
Ese tema fue tratado también por Balzac, novelista francés.	That theme was treated also by Balzac, a French novelist.

When the article is used, it serves to stress the individuality of the preceding noun.

Fue operado por el doctor Brehm, un célebre cirujano alemán.	He was operated on by Dr. Brehm, a famous German surgeon.

2.9 The indefinite article is not used with **ciento** (a hundred), **mil** (a thousand), **otro** (another), **tal** (such a), and **¡qué!**

Leyó cien libros.	He read a hundred books.
¿Ha visto jamás tal pueblo?	Have you ever seen such a town?
Escribió otra novela.	He wrote another novel.
¡Qué árbol tan bonito!	What a pretty tree!

Indefinites and Negatives

3.1 Common Expressions:

algo	something	**nada**	nothing, not ... anything
alguien	somebody, someone	**nadie**	nobody, no one
alguna vez	ever	**nunca**	never

jamás ever (when a negative is implied)	**jamás** never
alguno[1] some, someone (of a group)	**ninguno** none, no one (of a group)
también also	**tampoco** neither, nor ... either
en alguna parte somewhere	**en ninguna parte** nowhere
Tienen algo.	They have something.
No tengo nada.	I have nothing (I don't have anything).
¿Ha estado usted alguna vez en Nueva York?	Have you ever been in New York?
Nunca la he besado.	I have never kissed her.
Ni yo tampoco	Neither have I. (Nor I either.)
Tampoco yo	
No nado jamás en invierno.	I never swim in winter.
Nadie viene esta noche.	No one is coming tonight.

Observe that when a negative like **nada, nunca, nadie,** etc., precedes a verb, **no** is omitted. Unlike English usage, more than one negative is allowed in Spanish; a single negative throws the entire sentence into the negative:

Nunca vemos a nadie.	We never see anyone (nobody).
Tampoco vemos nunca a nadie.	Neither do we ever see anyone.

3.2 The negative is also required after a comparative and after **sin** and **antes de**.

Estudia más que nunca.	He studies more than ever.
Salió sin decir nada a nadie.	He left without saying anything to anyone.
Antes de hacer nada.	Before doing anything.

3.3 **Alguien** and **nadie** refer to unspecified persons; **alguno** and **ninguno** refer to persons of a particular group, expressed or implied. When used as objects of verbs, they are preceded by the personal **a**.

Alguien llama a la puerta.	Someone is knocking at the door.
¿Ve usted a alguien?	Do you see anyone?
No veo a nadie.	I don't see anyone.

[1] When the adjective **alguno** is placed after the noun it modifies, it has the force of a strong negative.

Sin duda alguna.	Without any doubt at all.
No toleraba de nadie broma alguna.	He didn't tolerate any joking from anyone.

Indefinites & Negatives **183**

¿Ha visto Vd. a alguno de mis amigos? — Have you seen any of my friends?
No he visto a ninguno. — I haven't seen any (of them).
¿Ha traido alguno (de ustedes) la enciclopedia? — Has anyone (of you) brought the encyclopedia?
No tiene ningún derecho a decir eso. — He has no right to say that.
Me dio algunos ejemplares de su nueva obra. — He gave me some copies of his new work.

In the last two examples above, **alguno** and **ninguno** are used as adjectives.

3.4 The preposition **en** introduces many expressions which, although having nothing negative in their nature, may be used with negative force, even though the verb is not preceded by **no**. These expressions generally come first in the sentence.

En mi vida he visto una playa tan hermosa. — I have never seen such a beautiful beach in my life.
En toda la noche he podido dormir. — All night long I was unable to sleep.

Pronouns

Interrogatives

4.1 ¿Qué? and ¿Cuál?

1. As a pronoun, **¿Qué?** asks for a definition or explanation, and always means *what?*

¿Qué es la biología? — What is biology?
¿Qué es esto? — What is this?
¿Qué dices? — What are you saying?

¿Cual? asks for a selection, and is translated as *which?*

¿Cuál de estos poemas prefiere usted? — Which (one) of these poems do you prefer?
¿Cuáles tienen más importancia? — Which (ones) are more important?

When clarification or information is sought, and not a definition, use **¿cuál?** with the verb **ser** to translate *what*.

¿Cuál es la diferencia entre novela y poema? — What is the difference between a novel and a poem?
¿Cuál es su número de teléfono? — What is your telephone number?

4.2 As an adjective, **¿Qué?** means both *what?* and *which?*

¿Qué películas piensa usted ver esta semana?	What (which) films do you intend to see this week?
¿A qué hora llega el tren?	At what time does the train arrive?

¿Cuál? is popularly used also in this sense:

¿De cuál país viene usted?	What country do you come from?
¿Cuáles camisas compró usted?	What shirts did you buy?

4.3 **¿Qué?** is used with the verb **ser** when a distinction as to occupation, class, nationality, or religion is sought.

¿Qué es su padre? (i.e., ¿médico? ¿profesor?)	What is your father?
¿Qué son ustedes? (i.e., ¿norteamericanos?, ¿españoles?)	What are you?

4.4 **¿De quién?**, meaning *whose*, is interrogative only. Do not confuse it with **cuyo**, the relative adjective.

¿De quién es este sombrero?	Whose hat is this? (*lit.*, Of whom is this hat?)
¿De quiénes son ustedes los hijos?	Whose children are you?
El poeta cuyos poemas hemos leído es Bécquer.	The poet whose poems we have read is Bécquer.
¿Conoce usted al escritor cuya novela ganó el premio?	Do you know the writer whose novel won the prize?

4.5 Other interrogatives are:

¿Quién(es)? Who? Whom?
¿Cómo? How?
¿Dónde? Where?
¿Cuánto? How much? **¿Cuántos?** How many?
¿Por qué? Why? (For what reason, for what motive?)
¿Para qué? Why? (What for, for what purpose?)

4.6 All interrogatives retain the written accent mark in an indirect question, i.e., when the clause is the object of a verb.

No sé de quién es este sombrero.	I don't know whose hat this is.
Me preguntó qué película vi anoche.	He asked me what movie I saw last night.

Demonstratives

5.1 They are formed by placing a written accent on the stressed vowel of the demonstrative adjectives. The latter are:

Singular			*Plural*		
M.	F.		M.	F.	
este	esta	(this)	estos	estas	(these)
ese	esa	(that, near you)	esos	esas	(those)
aquel	aquella	(that, over there)	aquellos	aquellas	(those)

Thus, **éste**, *this one*; **ésos**, *those*; **aquélla**, *that one*; etc. They may stand alone: **¿Qué vestidos prefieres? Ésos.**, or be used as a subject or object of a verb and object of a preposition.

Esta carta es para mí y ésa es para usted.	This letter is for me, and that one is for you.
Quiero este coche, no ése.	I want this car, not that one.

5.2 When the demonstrative pronoun refers to a whole idea rather than to a specific noun, the neuter forms **esto, eso, aquello** are used. They never have the written accent.

Eso no es verdad.	That is not true.
¿Qué es esto?	What is this?
¿Ve usted eso?	Do you see that?

5.3 When *that* or *those* are used not to point out something, but merely as a substitute for a noun, Spanish uses the definite article instead of the demonstrative pronoun. They agree in gender and number with the nouns they replace.

Esta casa y la del señor Gómez son bonitas.	This house and that of Mr. Gómez are pretty.
Son las que tienen el pelo rubio.	They are the ones who have light hair.
El que vino a verme es un amigo mío.	He (the one) who came to see me is a friend of mine.
Los poemas de Bécquer y los de Darío son exquisitos.	Bécquer's poems and Darío's are exquisite.
Dionisio era «el de la tienda».	Dionisio was "the one who worked in the store".

5.4 In referring to two persons or things, **éste** (**ésta**, etc.) is equivalent to the *latter*, and **aquél** to the *former*.

Velázquez y Goya son igualmente célebres; éste se murió en 1828, y aquél en 1660.

Velázquez and Goya are equally famous; the former died in 1660 and the latter in 1828.

N.B. In Spanish, when both the *latter* and the *former* are mentioned, the *latter* comes first.

N.B. When the true demonstrative is used before a relative clause, the written accent is omitted:

Pero aquellas [golondrinas] que aprendieron nuestros nombres... ¡ésas no volverán! (Bécquer)

But the ones which learned our names... those will not return!

5.5 Pronouns used as objects of prepositions.

	Singular		*Plural*
para mí	for me, myself	**para nosotros**	for us, ourselves
ti	you, yourself	**vosotros**	you, yourselves
él	him	**ellos**	them
ella	her	**ellas**	them
usted	you	**ustedes**	you
ello[1]	it		
sí (refl.)	himself herself yourself	**sí**	themselves yourselves

With the exception of the first and second persons singular, and the reflexive pronoun, the forms which are used as objects of prepositions are the same as the subject pronouns. **Mí, ti,** and **sí,** used with **con,** have the special forms **conmigo, contigo, consigo.** Otherwise, one uses **con él, con usted,** and so on with the rest of the forms. **Entre,** although a preposition, takes a subject pronoun.

Entre él y yo

Between him and me

5.6 The prepositional forms are often used with the preposition **a** *in addition to* the direct and indirect object pronouns for emphasis and, in

---

[1] **Ello** refers to situations or statements, but not to nouns.

the third person, for clearness. In the case of **usted(es)** it is polite to use the prepositional form in addition to the object pronoun.

Me dio a mí el dinero.	He gave *me* the money.
Se lo enseñé a ellos.	I showed it to them.
Le mandé a ella la carta.	I sent her the letter.
¿Le gustan a usted?	Do you like them?

5.7 With verbs of motion, or other verbs that require a preposition.

No me quejo de ella.	I don't complain about her.
Corrí a ella.	I ran to her.
Me acerqué a ellos.	I approached them.

With **acercarse**, and some other reflexive verbs of motion, one sometimes hears the indirect object pronoun forms (**me, te, le, nos**, etc.) when the verb is in the *third* person.

Se nos acercó.	He approached us.
Se acercó a nosotros.	

5.8 To replace the object when the verb is omitted.

¿A cuál quieres dar el premio? ¿A él o a ella?	To which one will you give the prize? To him, or to her?

Direct and Indirect Object Pronouns

5.9 The direct object pronouns are:

Singular		*Plural*	
me	me	**nos**	us
te	you	**os**	you
le	him, you (*m.*)	**les**	them, you
lo[1]	him, it (*m.*)	**los**	them, you
la	her, it, you (*f.*)	**las**	them, you (*f.*)

The indirect object pronouns are the same as the direct object pronouns, except in the third person.

me	to me	**nos**	to us
te	to you	**os**	to you
le	to him, to her, to you	**les**	to them, to you

[1] The direct objects **lo** (*him, you*) and **los** (*them, you*) are used much more frequently in Latin America than in Spain when referring to persons.

Position of Object Pronouns

5.10 Pronoun objects are regularly placed before the verb and before the auxiliary in a compound tense.

| ¿Lo ve usted? | Do you see it? |
| ¿Lo ha visto usted? | Have you seen it? |

5.11 Exceptions. Pronoun objects are *attached* to an infinitive, a present participle, and an affirmative command.

No puedo darle el libro hoy.	I can't give you the book today.
Estoy leyéndolo.	I am reading it.
Tómelo.	Take it.

If the infinitive or present participle is dependent on another verb, the pronoun objects may precede that verb.

| No le puedo dar el libro. | I can't give him the book. |
| Lo estoy leyendo. | I am reading it. |

5.12 When two pronouns are objects of the verb, the indirect precedes the direct. By exception, the reflexive pronoun if used always comes first.

Me lo da.	He gives it to me.
Démelo.	Give it to me.
Se me olvidó la llave.	I forgot the key.
No nos lo mande.	Don't send it to us.

When the indirect and direct object pronouns are both in the third person, the indirect (**le, les**) becomes **se**. Thus, I give it to him > **Le lo doy** > **Se lo doy**. For clarity, the forms **a él, a ella, a usted** and their plurals may be added.

Voy a mandárselo[1] a usted.	I am going to send it to you.
Se lo pediré a Juan.	I will ask John for it.
No quieren enviárselos a ella.	They don't want to send them to her.

5.13 When a direct object noun precedes the verb, the redundant direct object pronoun is also used. It agrees with the object noun.

| ¿No es posible que esa idea *la* olvides tú? | Isn't it possible that you will forget that idea? |
| Estos zapatos *los* compré en México. | I bought these shoes in Mexico. |

---

[1] The accent mark is added to **mandar** to retain the original stress. Without it, the stress would now fall on the syllable **se**.

5.14 **Lo** is used with certain verbs that usually require an object in Spanish when the object is missing. Such verbs include **decir, preguntar, pedir, saber,** and **rogar. Lo** also fills out the meaning with verbs like **ser.** In such cases **lo** is not usually translated in English.

Te lo diré puesto que lo deseas.	I will tell you since you wish it.
Dígamelo.	Tell me.
¿Es médico su padre? Sí, lo es.	Is your father a doctor? Yes, he is.
¿Se lo preguntó?	Did you ask him?

Possessive Adjectives

5.15 Those that always precede the noun.

Singular	*Plural*	
mi	**mis**	my
tu	**tus**	your
su	**sus**	his, her, its, your
nuestro	**nuestros**	our
vuestro	**vuestros**	your
su	**sus**	their, your

Possessive adjectives, agree in gender and number, not with the possessor as in English, but with the noun they modify. Only the first and second person plural forms have feminine endings.

Mi padre está en Nueva York.	My father is in New York.
Mi padre y mi hermano están en casa.	My father and brother are at home.
Su casa es pequeña.	Their house is small.
Piensa asistir a nuestra universidad.	He intends to come to our university.

Note: The possessive adjective is generally repeated before each noun modified, as in sentence 2 above.

Since **su** may mean *your, his, her, their,* or *its,* the meaning may be clarified by placing the definite article before the noun and the phrases **de él, de ella, de usted(es),** and so forth, after the noun:

Es su libro.	It is his (her, their, your) book.
To clarify:	
Es el libro de él.	It is his book.
Es el libro de ellos, etc.	It is their book, etc.

5.16 Possessive adjectives that follow the noun.

mío (a, os, as)	(of) mine
tuyo (a, os, as)	(of) yours
suyo (a, os, as)	(of) his, (of) hers, (of) yours, (of) theirs
nuestro (a, os, as)	(of) ours
vuestro (a, os, as)	(of) yours

These stressed forms have three main uses: in direct address, in exclamations, and as the equivalent of English *of mine, of yours, of his,* etc.

Ven acá, niña mía.	Come here, my child.
¡Hijo mío!	My son!
Es amiga suya (or, for clarity, **de él**).	She is a friend of his.
Un amigo nuestro ganó el premio.	A friend of ours won the prize.

Note: Be careful you do not try to translate the English *of his,* etc., by **de** and the adjective. Never say: **Es amigo de suya, Un amigo de nuestro,** etc.

5.17 The stressed forms stand alone after the verb **ser**.

El problema es suyo (or **de ellos**).	The problem is theirs.
Ese coche es mío.	That car is mine.

Possessive Pronouns

5.18 They are stressed forms of the possessive adjective with the definite article: **el mío, la mía, los suyos, la nuestra,** etc.

Su casa cuesta más que la nuestra.	Your house costs more than ours.
Pero la suya es más grande.	But yours is bigger.

For clarity, **el suyo,** etc., may be replaced by the proper form of the definite article and the phrases **de él, de ella,** etc.

No tengo pluma. ¿Quiere Vd. prestarme la suya (or la **de Vd.**)?	I don't have a pen. Will you lend me yours?

5.19 The possessive pronoun, like the stressed possessive adjective, is also used after the verb **ser**.

¿Cuáles (de los libros) son los suyos?	Which are yours?

The pronoun is used to indicate a choice or selection of one or more objects from among a group; the adjective merely indicates possession.

Ese coche es mío.	That car is mine. (I am the owner of that car.)
Ese coche es el mío.	That car is mine. (There are several, and that one belongs to me.)

Relative Pronouns

A relative pronoun (*who, which,* etc.) is used to join (relate) the subordinate clause it introduces to a preceding noun or pronoun to which it refers.

5.20 **Que** is the most frequently used relative pronoun. It is used as subject or object of a verb and refers to both persons and things, singular and plural. As object of a preposition (**a, de, en, con**) it refers only to things. Its form is invariable. The relative pronoun must never be omitted in Spanish, as it often is in English.

El coche que tenemos es viejo.	The car (that) we have is old.
Me gustan las flores que me dio.	I like the flowers (that) he gave me.
Esa mujer que está de pie es mi tía.	That woman who is standing is my aunt.
El hombre que conocimos ayer vive en París.	The man (whom) we met yesterday lives in Paris.
La obra a que dedicó muchos años tuvo gran éxito.	The work to which he devoted many years was very successful.
Esta es la casa en que vivo desde hace veinte años.	This is the house in which I have been living for twenty years.

Unlike popular English usage, the preposition cannot remain removed from the relative pronoun.

Se le rompió el lápiz con que escribía.	He broke the pencil he was writing with (with which he was writing).
¿De qué estás hablando?	What are you talking about?

5.21 **Quien (quienes)** refers only to persons.

It is used when a person is object of a preposition.

Es un amigo en quien tengo confianza.	He is a friend in whom I have confidence.

Me presentó a los hombres con quienes trabaja.	He introduced me to the men with whom he works.
La muchacha de quien te hablé es mi hermana.[1]	The girl of whom I spoke to you is my sister.

5.22 **Quien** is used frequently as the subject of a clause set off by commas in English and Spanish. Such a clause is called non-restrictive; it adds information but is not necessary to the basic identification of the antecedent. Both **que** and **quien** are permissible after a comma, but **que** is the more colloquial (and used more frequently in current usage), **quien** the more literary.

Hablé anoche con mi profesor, quien (que) acaba de volver de España.	Last night I spoke to my teacher, who has just returned from Spain.
Su hermana, quien (que) sólo contaba doce años, vino a vernos.	His sister, who was only twelve years old, came to see us.

5.23 **Quien** is also used to distinguish between a person and thing when there is more than one antecedent. Compare:

El dueño de la casa, que está al lado de la mía, se ha ido a la Florida.	The owner of the house, which is next to mine, has gone to Florida.
El dueño de la casa, quien está enfermo, se ha ido a la Florida.	The owner of the house, who is sick, has gone to Florida.

5.24 When **quien** is the direct object of a verb, it must be preceded by the personal **a**. **Que**, which is preferable, does not require the **a**.

El hombre que (a quien) he visto.	The man whom I saw.
Las mujeres a quienes estoy esperando.	The women I am waiting for.

5.25 **Quien,** either as subject or object, may include its own antecedent; it is then equivalent to *he who, the one who, those who*. This usage occurs very frequently in proverbial statements.

Quien no sabe esto no sabe nada.	He who doesn't know this doesn't know anything.
La culpa no es suya, sino de quien se lo aconsejó.	The fault is not yours, but of him who advised you.
Quienes la conocen la aman.	Those who know her love her.

---

[1] **Que** may also be found in current usage with the preposition **de** to refer to persons.
    Conocí al poeta de que hablan todos.   I met the poet everyone's talking about.

5.26 *Note:* **Cuanto,** when used relatively, also includes its antecedent, and is equivalent to the neuter **todo lo que** (*all that*) and *all who, all the, all that,* when referring to a specific noun with which it will agree.

Me dejó comer cuanto quise.	He let me eat all that I wanted to.
Cuanto dijo anoche fue una mentira.	All that he said last night was a lie.
De cuantas personas veo no conozco a ninguna.	Of all the persons I see I do not know one.
Me gusta la cerveza; hoy tomaré cuanta usted me dé.	I like beer; today I will drink all that you give me.

5.27 El que (la que, los que, las que)

El que, etc., means *he who, the one(s) who, those who.* Cf. 5.25

Los que no toman el examen serán suspendidos.	Those who don't take the examination will fail.
Estoy enamorado de la que está hablando con mi hermana.	I am in love with the one who is talking to my sister.
Dé el dinero al que está sentado.	Give the money to the one who is sitting down.

El que by itself also is used to introduce a clause equivalent to the English *the fact that* . . . The verb is in the subjunctive.

Me emocionaba el que tocase esa canción para mí.	The fact that he played that song for me touched me.
El que yo no comprara los billetes fue sólo culpa mía.	The fact that I didn't buy the tickets was my fault only.

5.28 El cual (la cual, los cuales, las cuales).

El cual and **el que** are substituted for **quien** and **que** in order to avoid ambiguity or for clarification when there are two (or more) possible antecedents differing in gender and number.

La prima de mi amigo, la cual tiene seis hijos, está siempre cansada.	My friend's cousin, who has six children, is always tired.

(If the reference were to *amigo,* **el cual** would be used, or **que,** or **quien,** since it would seem that the relative referred to the last noun).[1]

He leído la narración de las aventuras de Lazarillo, la que hallé muy interesante.	I read the narrative of the adventures of Lazarillo, which I found very interesting.

[1] When the antecedents are of the same gender and number, and *who* refers to the first, some circumlocution, or **aquél** (*the former*) must be employed to avoid ambiguity.

5.29 The longer relatives **el cual** and **el que,** referring to persons and things, are required instead of **que** or **quien** after long (especially compound) prepositions. Long prepositions in this instance generally are those of two or more syllables.

Una hora pasó, durante la que (la cual) fumé cinco cigarillos.	An hour went by, during which I smoked five cigarettes.
El árbol, bajo el que (el cual) estaba echado, fue derribado por el relámpago.	The tree beneath which I was lying was knocked down by lightning.
La muchacha detrás de la cual andaba se cayó.	The girl behind whom I was walking fell down.

5.30 However, the short prepositions **tras, por** and **sin** are also followed by the long forms (normally **el cual**) and not **que,** to refer to *things*. This usage avoids possible confusion with the conjunctions **porque** and **sin que.**

Entré en la casa tras la cual jugaban los niños.	I went in the house behind which the children were playing.
Se me olvidaron las llaves sin las cuales estoy perdido.	I forgot my keys without which I am lost.
El campo por el cual corría está lejos de la aldea.	The field through which he was running is far from the town.

In modern usage the longer relatives are sometimes found with other short prepositions which normally are followed by **que.**

La enfermedad de la que se curó fue muy grave.	The disease of which he was cured was very serious.

5.31 **El cual** and **el que** may be used as the subject of non-restrictive clauses, like **que,** to refer to things.

Esas maravillosas joyas, las cuales vimos en la joyería, valen un dineral.	Those marvelous jewels, which we saw in the jewelry store, are worth a fortune.
La casa del presidente, la cual pensamos visitar, está en Washington.	The president's house, which we intend to visit, is in Washington.

5.32 **Lo que** and **lo cual.**

Lo que (and not **lo cual**) is the equivalent of the English relative pronoun *what = that which*.

Lo que dices me sorprende.	What you say surprises me.
No sé lo que quieres decir.	I don't know what you mean.

Esto no es lo que me había prometido.   This is not what you had promised me.

5.33 Both **lo que** and **lo cual** may be used as the equivalent of *which*, when referring back to a whole idea, and not to a specific noun.

Salió sin su abrigo, lo que me preocupa.   He left without his coat, which worries me.
Leí el libro en la biblioteca, después de lo cual me dirigí a casa.   I read the book in the library, after which I went home.

5.34 **Donde** may be used as an adverbial relative with a preposition in place of **que, el cual,** etc.

La universidad donde (en que) enseño no es grande.   The university where (in which) I teach is not large.
La ventana por donde entró el ladrón estaba rota.   The window through which the thief entered was broken.

5.35 Cuyo (cuya, cuyos, cuyas)

The relative possessive adjective **cuyo,** *whose,* precedes the noun it modifies and agrees with it in gender and number. Recall that in a direct or indirect question *whose* is **de quién.**

El laberinto cuyo centro era un hombre con cabeza de toro.   The labyrinth whose center was a man with the head of a bull.
Ésta es la mujer con cuya hija me casé.   This is the woman whose daughter I married.
¿De quién son estas joyas?   Whose jewels are these?
Me preguntó de quién son estas joyas.   He asked me whose jewels these are.

Conjunctions

6.1 Pero, sino.

Pero is the normal word for *but* (in literary usage **mas** is also found). However, **sino** is used when the first part of the sentence is negative, and the second part contradicts it. *But* in this case is equivalent to *but rather.*

El coche es bonito, pero no me gusta.   The car is pretty, but I don't like it.
El coche no es grande, sino pequeño.   The car is not big, but (rather) small. (First part is negative; second part contradicts it.)

No es alto, pero juega muy bien al *basketball*.	He is not tall, but he plays basketball very well. (First part is negative, but the second part does not contradict it.)
No es alto, sino bajo.	He is not tall, but short.

When the second part of the sentence is a clause, **sino que** is generally used.

No vino él sino que vino su hermano.	He didn't come but his brother came.

Sino is used for *not only . . . but (also)*.

Va a venir no sólo él, sino (también) toda la familia.	Not only is he going to come, but (also) the whole family.

Frequently, in an elliptical construction, **sino** is equivalent to **más que** (*except, only, but*).

No deseo (otra cosa) sino verle.	I want nothing but (except) to see him. I want only to see him.
No quiero sino que me dejéis en paz.	I want nothing but that you leave me alone (in peace).

6.2 **Y** (*and*) becomes **e** before a noun that begins with the same sound (**i** or **hi**).

Es bonita e inteligente.	She is pretty and intelligent.

Y is used before nouns beginning with **hie,** because the sound of **e** dominates in this diphthong.

arena y hierba	sand and grass

6.3 **O** (*or*) becomes **u** before a noun that begins with **o** or **ho**.

Leí siete u ocho páginas.	I read seven or eight pages.

Prepositions

7.1 **Para. Para** implies motion toward something and thus is used to indicate a.) destination or goal, b.) purpose or use, c.) future time.

a.) Salimos para Europa.	We left for Europe.
Estas flores son para ella.	These flowers are for her.
Creo que vienen para la mesa otra vez.	I think they're coming toward the table again.

Estudia para (ser) médico.	He's studying to be a doctor.
Trabajo para otra compañía.	I work for another company.
b.) Trabaja para vivir.	He works (in order) to live.
un vaso para vino.	a wine glass
c.) Termínelo para el lunes.	Finish it by Monday.
Lea diez páginas para mañana.	Read ten pages for tomorrow.
Estaré allí para las dos.	I'll be there by two o'clock.

7.2 **Para** indicates an implied comparison: *considering the fact that, compared with*.

Es muy rubia para una española.	She is very light for a Spanish woman.
Es alto para su edad.	He is tall for his age.

7.3 **Para** with the verb **estar (estar para)** means *to be about to*.

Está para nevar.	It is going (about to) to snow.
Estaba para salir, cuando empezó a llover.	I was about to go out when it began to rain.

Por. Por expresses:

7.4 Motivation *for the sake of, on behalf of, out of, because of*.

Trabaja mucho por su familia.	He works hard for his family.
Lo hizo por despecho.	He did it out of spite.
No lo haría por nadie.	I wouldn't do it for anyone.
Las calles están resbaladizas por la nieve.	The streets are slippery because of the snow.

7.5 In exchange for

Lo vendió por cinco dólares.	He sold it for five dollars.
Por una mirada, un mundo.	For a glance, (I would give) a world.

7.6 The agent or means by which something is done.

Fue escrito por mi amigo.	It was written by my friend.
Me llamó por teléfono.	He called me by phone. (He telephoned me).
Iremos por mar.	We shall go by sea.

7.7 Through, along, in, around.

Colocó las flores por la sala.	She placed the flowers around the living room.
Corrí por el campo.	I ran through the field.

Andábamos por la calle.	We were walking along the street.
Venga usted por aquí, y hablaremos.	Come by here, and we'll talk.

7.8 Time during which an action continues *for, during*

Estudia por la noche.	He studies in (during) the evening.
Estuvo allí por tres días.	He was there for three days.

7.9 *For, in search of,* (the object of an errand or search) after such verbs as **ir, mandar, enviar, venir, preguntar.**

Mande por el médico.	Send for the doctor.
Preguntaban por él.	They were asking for him.
Han venido por su hijo.	They have come for their son. (Motivated by the desire to get their son.)

7.10 With an infinitive, **para** expresses purposes (*in order to*)[1]; **por** expresses cause (*because of, on account of,* etc.).

Lee para aprender.	He reads in order to learn.
Por correr tanto, llegó cansado.	By running (because he ran) so much, he arrived tired.
No le habla por ser descortés.	She doesn't speak to him because he is discourteous.

Por with **estar (estar por)** means *to be in favor of.*

Esta generación está por el teatro.	This generation prefers (is for) the theater.

Where purpose (**para**) and motivation (**por**) are not clearly distinguishable, either preposition is proper.

¿Por qué me he de sacrificar por nadie?	Why should I sacrifice myself for (on behalf of) anyone?
No tengo obligación alguna para nadie.	I have no obligation whatsoever for (toward) anyone.

The Preposition A, *to, at*

7.11 **A** expresses direction or motion toward a place or destination, and hence is used after all verbs of motion before an object (infinitive, noun, or pronoun).

---

[1] **Por** with an infinitive also may mean *in order to*, but it expresses more a duty or obligation than purpose.

Va a leer.	He is going to read.
Llegué tarde a casa.	I arrived home late.
Se acercó a nosotros.	He approached us.
Entró en la tienda a comprar algunas cosas.	He went in the store to buy a few things.

7.12 Sometimes **para** replaces **a** before an infinitive to stress the idea of purpose or to imply less certainty of the outcome.

Ha venido a verme.	He has come to see me.
Ha venido para verme.	He has come to see me (for the specific purpose of, in the hope of, seeing me.)
Iré a verla.	I shall go to see her. (I shall go and see her).
Iré para verla.	I shall go (in order) to see her (but may not be able to do so).

7.13 **A** is also used after verbs of beginning, teaching, and learning, since motion in progress towards a goal is implied.

Está enseñándome a cantar.	He is teaching me to sing.
Empieza a trabajar.	He is beginning to work.

7.14 The equivalent of *at* to designate inside or within a place is **en**. In most other instances the equivalent of *at* is **a**.

Estaremos en casa esta noche.	We will be at home tonight.
Estaba en Madrid.	He was at (in) Madrid.
Estudiamos en la Universidad de México.	We are studying at the University of Mexico.
¿Qué pasó en el teatro?	What happened at the theater?
Está sentada a la mesa.	She is sitting at the table.
Llamaron a la puerta.	They knocked at the door.
Está a la entrada de la sala.	He is at the entrance to the living room.
Se sentó al teléfono.	She sat down at the telephone.

7.15 The personal **a**. **A** is used before a direct object which refers to a specific person (or persons), and omitted when the object is an indefinite person, and normally after **tener**.

¿Vio usted a mi hermano?	Did you see my brother?
Castigaron al prisionero.	They punished the prisoner.
Tengo que ver al profesor.	I have to see the teacher.
¿Quieres traer a Elena?	Will you bring Helen? Yes, and you too.
Sí, y a ti también.	

But:

Busco una nueva criada.	I am looking for a new maid.
¿Conoces una mujer que pueda cuidar a mi madre?	Do you know a woman who can take care of my mother?
Necesito un médico.	I need a doctor (any doctor).
Tengo tres hijos.¹	I have three children.

7.16 The personal **a** is also used with the indefinites **alguien, nadie, alguno** and **ninguno** as object of a verb.

Necesitaba a alguien.	He needed somebody.
No vi a nadie.	I didn't see anybody.
¿Ha llamado usted todavía a alguno de ellos?	Have you called yet any(one) of them?

7.17 The personal **a** may also appear when the speaker personifies an animal or thing.

Conozco a Madrid.	I know Madrid.
Visitará a España este verano.	He will visit Spain this summer.
No todos temen a la muerte.	Not everyone fears death.
Mató a su perro.	He killed his dog.

7.18 After verbs that denote separation or removal, **a** is used, and not **de** (which would indicate possession).

Quitaron al muchacho su cuchillo.	They took the boy's knife from him.
Compré el coche a mi tío.	I bought the car from my uncle.
Robaron a la viuda todo su dinero.	They stole all the widow's money (money from her).

7.19 Some other uses of **a.**

1. In expressions of time.

A poco llegó la policía.	In a short time the police arrived.
A la mañana siguiente . . .	On the following morning . . .

2. To correspond to the English *of, for,* or *toward,* to express a subjective or emotional attitude towards an object.

Tiene miedo a las mujeres.	He is afraid of women.
¿Tienes afición a la literatura española?	Are you fond of (do you have a liking for) Spanish literature?

---

[1] **Tener** often emphasizes "existence" rather than possession. **Tengo una tía** calls attention to the existence of a person so related to me. There is (exists) a person who is an aunt to me. But if the speaker views the object as someone whose existence is already established, **a** is used: **Tengo a mi tía conmigo.** I have my aunt with me.

The Preposition **de,** *of, from*

7.20 **De** is used to indicate belonging and possession, and origin.

La casa de Juan	John's house
¿Tiene Vd. la llave de la casa?	Do you have the key to the house?
¿De dónde son?	Where are they from?

7.21 **De** expresses the use for which a thing is intended.

una máquina de escribir	a typewriter
un perro de caza	a hunting dog
una caña de pescar	a fishing rod

7.22 **De** as equivalent of *with*.

With nouns denoting a distinctive characteristic or that are regarded as identifying the subject.

El hombre de la barba	The man with the beard
¿Dónde está la chica de los ojos verdes?	Where's the girl with the green eyes?
La mujer de la gata	The woman with the cat (she is identified with the cat).

7.23 **De** translating *with* or *in* indicates final state or result as opposed to the means leading to the result.

Llegó cubierto *de* polvo.	He arrived covered with dust.
No quiero ensuciarlo *con* este polvo.	I don't want to dirty it with this dust (it will get dirty by means of dust).
La calle está cubierta *de* arena.	The street is covered with sand.
Cubrieron al muchacho *con* arena.	They covered the boy with sand.
Está vestida de negro.	She is dressed in black.

7.24 **De** as the equivalent of *by*.

De denotes the agent of a verb in the passive, or of a past participle when the verb does not express a direct physical action. **De** merely shows position in space or time; **por** shows exertion or action.

Ella está rodeada de sus amigos.	She is surrounded by (is among) her friends.
Ella está rodeada por la policía.	She is surrounded by (hemmed in or protected by) the police.
Los cuentos están seguidos de muchas preguntas.	The stories are followed by many questions.

Salí seguido por mis padres.	I left followed by my parents.

7.25 **De** is equivalent to *as* meaning *in the capacity of.*

Vino a servir de profesor aquí.	He came to serve as professor here.
Trabaja de administrador.	He works as an administrator.

Adjectives

8.1 Agreement. An adjective agrees in gender and number with the noun it modifies. If it modifies both a masculine and a feminine noun, the masculine plural is generally used.

zanahorias y guisantes frescos	fresh carrots and peas

Adjectives that end in **-o** form the feminine by changing final **o** to **-a.**

Adjectives of nationality that end in a consonant, and adjectives ending in **-dor, -ón, -án, -ín,** add **-a** to form the feminine singular.

un libro español	a Spanish book
una canción española	a Spanish song
un criado holgazán	a lazy servant
una criada holgazana	a lazy maid
una comedia encantadora	a charming play

All other adjectives that do not end in **o** in the masculine singular have the same ending for both genders.

un hombre cortés	a courteous man
una mujer cortés	a courteous woman
un sonido dulce	a soft (sweet) sound
una voz dulce	a sweet voice

8.2 The plural of adjectives is formed like that of nouns: **-s,** is added to the singular if it ends in a vowel; **-es** is added if the singular ends in a consonant. Final **-z** changes to **-c** before **-es.**

un libro atroz	an atrocious book
libros atroces	atrocious books.

8.3 A few adjectives drop the final **-o** when they precede a masculine singular noun.

el primer asiento	the first seat
el tercer cuarto	the third room

algún muchacho	some boy
ningún libro	no book

Other adjectives are **bueno; malo; postrero.** The accent mark is necessary with **algún** and **ningún** in order to retain the original stress on the **-u**.

8.4 **Grande** drops the **-de** when it is placed immediately before a singular noun of either gender.

Un gran presidente	A great president
Una gran cosa	A great thing

In literary usage **-de** is sometimes retained before a singular noun beginning with a vowel sound.

un grande hombre	a great man
una grande ocasión	a great occasion

8.5 **Grande, bueno, malo,** do not shorten if any word comes between them and the noun they modify.

Un grande y digno amigo	A great and worthy friend
Un bueno y fiel consejero	A good and faithful adviser

This usage does not apply to **algún** or **ningún.**

algún pobre tipo	some poor guy
ningún buen café	no good coffee

8.6 **Cualquiera** drops the **-a** before singular nouns of either gender.

Cualquier hombre	Any man
Cualquier cosa	Any thing

8.7 Two other adjectives assume shortened forms:

Ciento becomes **cien** before all nouns and before **mil** and **millón**. It is not shortened before any other numeral.

Cien caballos	One hundred horses
Ciento quince páginas	One hundred fifteen pages

Santo (Saint) becomes **San** before all masculine names except **Domingo** and **Tomás**.

San José	Saint Joseph
Santo Tomás	Saint Thomas

Position of Adjectives

Although the position of adjectives is flexible and not nearly as fixed as in English, normal usage allows us to make the following observations that hold for many adjectives.

8.8 Limiting adjectives almost always precede the noun they modify. A limiting adjective is one which limits the noun rather than differentiates it from other nouns of its kind.

dos libros	two books
esta casa	this house
su padre	your father
la misma iglesia	the same church
el otro coche	the other car
la última vez	the last time

Some of these limiting adjectives may also follow if the speaker wishes to convey a different connotation or stress. In these cases the noun is usually preceded by an article.

el tipo ese	that guy

Certain common adjectives like **bueno, malo, joven, viejo, pequeño,** often precede, but they may also follow the noun.

8.9 Descriptive adjectives.

A descriptive adjective tells something about the noun it modifies, like size, shape, color, condition, religion, nationality, etc. Its normal position is after the noun when it is used to differentiate the noun from others of its class.

Un edificio alto	A high building
Una falda gris	A gray skirt
Un restaurante francés	A French restaurant
Una tarea difícil	A difficult task
Un muchacho grande	A big boy
Una alumna inteligente	An intelligent pupil
Un problema filosófico	A philosphical problem
Un país católico	A Catholic country
Un sombrero ancho	A wide hat

8.10 However, a descriptive adjective is usually placed before the noun when it brings out a typical, characteristic, or inherent quality of the noun, rather than when it differentiates the noun from others of its kind.

la blanca nieve	the white snow (the adjective merely enhances the characteristic quality of snow.)

un fiero tigre	a fierce tiger
los dorados campos de trigo	the golden wheat fields

The adjective may be placed before the noun also to convey a subjective attitude on the part of the speaker, or a greater appeal to our poetic or emotional sense, in contrast to the more literal meaning of the adjective when it is placed after the noun.

El distinguido señor Díaz	The distinguished Mr. Díaz. (The adjective expresses the feeling of the speaker.)
La suave brisa de la noche	The gentle breeze of the night. (Poetic effect)
Una fantástica historia	A fantastic story (amazing)
Una historia fantástica	A fantastic story (literally, a story of fantasy)

8.11 Some of the more common adjectives that show a change of meaning according to their position are the following:

After noun (literal meaning)	*Before noun* (figurative)
antiguo old, ancient	old, former
bajo short; low	low, common, vile
cierto sure, definite, certain	a certain
grande large, big	great
mismo (one)self, itself	same, very (emphatic)
nuevo (brand) new	new (another, different)
pobre poor (without money)	poor (unfortunate, wretched)
propio own, very, suitable	own
raro strange	rare (few)
único unique	only
varios sundry, miscellaneous	sundry
viejo old (elderly)	old (long-time)

8.12 When two or more adjectives modify the same noun, each is placed according to the norms given above for a single adjective. As a general rule, one adjective will precede and the other(s) will come after.

Un famoso autor español	A famous Spanish author
Una célebre novela contemporánea inglesa	A celebrated English contemporary novel

When the adjectives are considered equal and placed before or after the noun, they are connected by **y**. In the case of three or more, the adjectives can all be separated by commas, or the last two can be joined by **y**.

Se deja admirar con oculta e íntima complacencia.	She allows herself to be admired with secret and initimate pleasure.

Es un hombre alto y delgado.
He is a tall, thin man.

Lo que vi escrito sobre aquella faz pálida, lívida, (y) mísera era la desesperación.
What I saw written upon that pale, livid, wretched face was despair.

In spite of the norms outlined above, the position of an adjective will often in the final analysis depend on the speaker's or writer's personal feelings, or on considerations of syntax and style in his search for artistic or different effects.

Special Uses of Adjectives

8.13 Adjectives often have the force of adverbs, even though they describe the state or condition of the subject rather than modify the verb.

Viven contentos.
They live happily.

Las mulas trotan briosas y gallardas.
The mules trot spiritedly and gracefully.

8.14 Adjectives are used as nouns.

La rubia es mi hermana.
The blonde is my sister.

Los viejos se cansan fácilmente.
Old people tire easily.

Adverbs

9.1 Most adverbs of manner (answering the question *how?*) are formed by adding **-mente** to the feminine singular form of the adjective. The adverb retains the original stress.

rápido	**rápidamente**
fácil	**fácilmente**
claro	**claramente**
cortés	**cortésmente**

9.2 When two or more of these adverbs ending in **-mente** modify the same word, **-mente** is omitted from all but the last; the preceding adverbs remain in the feminine singular.

Escribe clara, concisa y elegantemente.
He writes clearly, concisely, and elegantly.

Entraron silenciosa y misteriosamente.
They entered silently and mysteriously.

9.3 A prepositional phrase with **con** is frequently used to avoid long adverbs in **-mente**, and where variety of style is desired.

| industriosamente, con industria | industriously |
| orgullosamente, con orgullo | proudly |

9.4 The normal position of adverbs is before the adjective or adverb they modify, and after verbs, but great variation is possible.

| Ella es extremadamente bonita. | She is extremely pretty. |
| Estudia con diligencia sus temas. | He studies his lessons diligently. |

Comparisons and Superlatives

Comparison of Adjectives and Adverbs

10.1 Most comparatives are formed by placing **más** (*more*) or **menos** (*less*) before the adjective or adverb.

Es más alto que yo.	He is taller than I.
Es menos inteligente que Juan.	He is less intelligent than John.
Hable más despacio.	Speak more slowly.

10.2 The following adjectives and adverbs have irregular comparisons:

Adjectives	*Adverbs*	*Comparative*
mucho much; *pl.*, many	**mucho** much	**más** more
poco little (in amount or degree)	**poco** little	**menos** less, fewer
bueno good	**bien** well	**mejor** better
malo bad	**mal** badly	**peor** worse
grande big, large, great		**mayor** older, larger, greater
pequeño small		**menor** younger, smaller

Grande and **pequeño** also have regular comparatives: **más grande, más pequeño**. These regular forms refer to size, not to age.

| Soy mayor que usted. | I am older than you. |
| Soy más grande. | I am bigger. |

Likewise, **bueno** y **malo** may be compared regularly, **más bueno** and **más malo,** in which case they refer specifically to traits of character.

Es más bueno que un santo.   He is better (kinder) than a saint.

10.3   Equal comparisons are formed by:

a. **Tan** plus adjective or adverb plus **como**   *as . . . as*

Escribe tan bien como yo.   He writes as well as I.
Es tan bonita como su madre.[1]   She is as pretty as her mother.

b. **Tanto como**   *as much as,* used adverbially.

Gana tanto como yo.   He makes as much as I do.
No me pagó tanto como había pedido.   He didn't pay me as much as I had asked (for).

N.B. Never translate *as much* by **tan mucho.**

c. **Tanto . . . como**   *as much (many) as,* used as an adjective. **Tanto** must agree with the noun it modifies in gender and number.

He leído tantos libros como Vd.   I have read as many books as you.

Compras tantas cosas como él.   You buy as many things as he (does).

Translation of *than*

10.4   In simple comparisons between two things or persons *than* is translated by **que.**

Tengo más hermanos que tú.   I have more brothers than you.
El profesor sabe más que yo.   The teacher knows more than I.
Hay menos perjuicios en ciertos lugares que en otros.   There are fewer prejudices in certain places than in others.

10.5   Before a number or numerical expression *than* is usually **de.**

El tren llega en menos de dos horas.   The train will arrive in less than two hours.
Tiene más de cuatro trajes.   He has more than four suits.
Esta escuela tiene menos de dos mil estudiantes.   This school has less than two thousand students.

---

[1] When *such (a)* modifies an adjective, **tan** is used instead of **tal.**
    Sus padres son personas tan simpáticas.   Her parents are such nice people.

N.B. **Que** precedes a number in the expression **no ... más que,** *only:*
No tengo más que dos hermanos.   I have only two brothers.

10.6 When the second part of a comparison contains a subject and verb, *than* is translated by **de** plus definite article plus **que**.

  1. If the object being compared is a noun, the article that agrees with the noun follows **de**.

Compramos más libros de los que necesitamos.	We buy more books than we need. (i.e. more books than the books we need; than those which we need.)
Tiene más inteligencia de la que muestra.	He has more intelligence than (that which) he shows.

  2. If the comparison is to an adjective or adverb, the neuter article **lo** follows **de**.

Juan es más fuerte de lo que crees.	John is stronger than (what) you think.
Pinta mejor de lo que suponía.	He paints better than I thought.
Da mucho más de lo que promete.	He gives much more than he promises.

  3. However, in special cases where two actions are being directly compared, **que** alone is used.

Juega más que estudia.	He plays more than he studies.
Come más que trabaja.	He eats more than he works.

  4. If the second clause begins with a relative pronoun, **que** plus the relative is used for *than*.

Su casa tiene más habitaciones que la que acabo de comprar.	His house has more rooms than the one I have just bought.

Superlatives

10.7 The superlative degree (expressing the *most* or *least* of something) is formed by placing the proper definite article or a possessive adjective before the comparative.

más bonita	la más bonita
mejor amigo	mi mejor amigo

If the adjective follows the noun, the definite article remains before the noun, and is not repeated.

El árbol más alto del parque.　　　　The tallest tree in the park.
La muchacha más bonita de la　　　The prettiest girl in the class.
　clase.

N.B. **De** is used after a superlative to translate *in*.

10.8　The Absolute Superlative　-ísimo.
The English *most* does not always refer to the true superlative; e.g., in the sentence, *She is a most (very) beautiful girl*, there is no comparison being made or implied. In Spanish the intensifying ending **-ísimo** is added to the adjective to express the idea of *most, very, extremely*, etc.

Ella es una muchacha hermosísima.　　She is a very (most) beautiful girl.
　(*or* muy hermosa).
Es un libro interesantísimo.　　　　　It is a very interesting book.

Note that if the adjective ends in a vowel, the vowel is dropped before **-ísimo** is added on.

Diminutive and Augmentative Endings

Very common in Spanish is the addition to words (primarily nouns, adjectives, adverbs, and participles) of certain endings that convey not only a feeling of size, but more frequently a favorable or unfavorable connotation. These endings are employed profusely in familiar conversation and in light literature.

Diminutives

11.1　The ending **-ito,** (and its variants **-cito, -ecito**) is the most frequently seen and heard. In addition to indicating smallness of size, it is used to express endearment or affection (*pretty, sweet, dear, nice,* etc.) without necessarily connoting size.

casa	**casita**	a nice little house
silla	**sillita**	a little chair
cuchara	**cucharita**	a small (tea) spoon
hombre	**hombrecito**	a (nice) small man

mujer	**mujercita**	a dear little woman
nuevo	**nuevecito**	nice and new

11.2 **-illo (-cillo, -ecillo)** also indicates smallness of size. It is often interchangeable with **-ito**.

cigarro	**cigarrillo**	cigarette
campana	**campanilla**	little bell, handbell
casa	**casilla (casita)**	a little house
chico	**chiquillo (chiquito)**	a small boy

However, it often is slightly less affectionate than **-ito**, indicating a light, careless feeling about persons and things. It may also be used sarcastically.

El picarillo se huyó riendo.	The young rascal ran off laughing.
En cierto lugarcillo de La Mancha.	In a certain little village of La Mancha.
un autorcillo	a would-be author

11.3 **-uelo (-zuelo, -ezuelo)** expresses a less favorable attitude, with or without the idea of smallness. It is much less common.

la plazuela de San Miguel	St. Michael's square
un pintorzuelo	a bad artist

Augmentatives

11.4 **-ón** (feminine **-ona**) conveys the idea of largeness or impressiveness.

egoísta	**egoistón**	a big egoist
hombre	**hombrón**	a big man, an impressive looking man
mujer	**mujerona**	a large woman
zapatos	**zapatones**	big shoes, "gunboats"

11.5 **-azo** is similar to **-ón**, but is less frequent; it often has a comic or derogatory effect.

ladrón	**ladronazo**	big dirty thief
hombre	**hombrazo**	huge (clumsy) fellow

11.6 **-ote, (-ota)** is usually derogatory.

palabra	**palabrota**	dirty word
libro	**librote**	ponderous old tome
viejo	**viejote**	a surly old man

Idiomatic Time Expression with hacer *and* llevar

12.1 To indicate time that began in the past and is still continuing in the present, the impersonal **hace** + the *time* + **que** is used with present tense of the verb. Do not confuse with the present perfect in English.

Hace tres años que trabaja aquí.[1]	He has been working here for three years (and still is).
Ha trabajado aquí tres años.	He (has) worked here for three years (but no longer is).
Hace dos meses que estudio español.	I have been studying Spanish for two months.
¿Cuánto tiempo hace que habla usted español?	How long have you been speaking Spanish? (How long does it make that you speak Spanish?)

12.2 When the **hace ... que** construction is negative, it may take either the present or the present perfect tense in Spanish.

Hace cinco días que no le he visto.	I haven't seen him for five days.
Hace cinco días que no le veo.	

12.3 When the main verb precedes the **hace** construction, **hace** is generally preceded by **desde**.

Trabaja aquí desde hace tres años.	He has been working here for three years.
Nos conocemos desde hace mucho tiempo.	We have known each other for a long time.

12.4 **Desde** alone is used when the time element is a date (day, month, etc.)

Espero desde ayer (lunes).	I have been waiting since yesterday (Monday).

12.5 To indicate what *had* been going on for a certain length of time and was still continuing up to a point in the past when it stopped, **hacía ... que** is used with the *imperfect* tense of the verb.

Hacía dos años que estudiábamos español (cuando decidimos ir a México.)	We had been studying Spanish for two years (when we decided to go to Mexico).
¿Cuánto tiempo hacía que se conocían antes de casarse?	How long had you known each other before getting married?

---

[1] The order may also be: **Trabaja aquí hace tres años.**

12.6 **Hacía ... que** followed by a verb in the pluperfect, means *before* or *previously*.

El sol se quedaba en casa por horas, cuando ya hacía tiempo que había abandonado las otras casas.	The sun stayed in the house for hours, when it had already left other houses some time before.
Hacía diez años que se habían trasladado aquí.	They had moved here ten years before.

12.7 With a verb in the preterite or imperfect tense, **hace** + the period of time means *ago*. Observe the word order. When **hace** begins the sentence, **que** generally follows.

Salió hace tres horas.	He left three hours ago.
Hace tres horas que salió.	
¿Cuánto (tiempo) hace que llegó?	How long ago did he arrive?
Expresó a nuestro jefe hace ya doce días su deseo de tomar una breve vacación.	He expressed to our boss just twelve days ago his desire to take a short vacation.
Hace ya doce días que expresó a nuestro jefe ...	

Time expressions with **llevar**

12.8 **Llevar** is used like **hacer** in the idiomatic time construction. However, it is the main verb of the sentence.

Llevo tres años aquí.	I have been here for three years.
Lleva mucho tiempo en esta ciudad.	He has been in this city for a long time.
Mi profesor llevaba cinco días ausente.	My teacher had been absent for five days.

12.9 **Llevar** + period time + the present participle is used to describe an affirmative action in the idiomatic time construction.

Llevo media hora esperando.	I have been waiting for half an hour.
Llevaba quince años enseñando español.	He had been teaching Spanish for fifteen years.

With a negative, **llevar** is followed by **sin** and an infinitive.

Llevamos tres días sin ver a nuestra tía.	We haven't seen our aunt for three days.
Llevaba quince días sin poder encontrar la solución.	He hadn't been able to find the solution for two weeks.

The Subjunctive

The subjunctive mood is widely used in Spanish to express a subjective attitude or something that is unreal. Thus, when you want, desire, order, request, feel the necessity that someone do something or that something be done, the subjunctive will be used in the subordinate clause. Likewise, when you are glad or sorry (or feel any other emotion), when you have a mental reservation or doubt, or are uncertain, these attitudes will generally govern the subjunctive. Observe the following uses and examples. The subjunctive almost always occurs in a clause introduced by **que**.

13.1 Noun clauses that express volition (will) or desire.

¿Quieres hablar aquí?	Do you want to talk here?
¿Quieres que hablemos aquí?	Do you want us to talk here?

When the attitude expressed involves only the subject, an infinitive is used.

When the attitude involves a different subject, a clause with the subjunctive is used. (Do *you* want that *we* talk here?)

Permítame que le diga . . .	Allow me to tell you . . .
Les dijo que se sentaran.[1]	He told them to sit down.
Le pedí que me devolviera las llaves.	I asked him to return the keys.
Se nos ha ordenado que le tratemos con la mayor consideración.	We have been ordered to treat you with the greatest consideration.
Insistimos en que se cierren las puertas a las nueve.	We insist that the doors be closed at nine.

13.2 Frequently the subordinate clause is used by itself, the verb that governs the subjunctive being understood. This is called the indirect command. The translation of **que** is usually *let, may, have* . . .

Que ellos lo hagan.	Let them do it. (I want that they do it.)
Que dejes de pensar en ella.	May you stop thinking about her. (I hope that you . . .)

In some expressions even the **que** is omitted.

¡Viva el rey!	Long live the king!
Sea la luz.	Let there be light.

---

[1] **Decir** here expresses an order or request. But, **Les dijo que iba a casarse.** He told them that he was going to get married. Here, **decir** expresses a statement of fact.

13.3 **Ojalá (que)** (*would that, I wish, if only*) is regularly followed by the subjunctive.

¡Ojalá fueran todas como usted, señora!	I wish (if only) they were all like you, madame.
¡Ojalá que me lo hubieras dado.	Would that you had given it to me.

Observations

13.4 The tenses of the subjunctive verbs above.
Briefly, when the main verb on which the subjunctive depends is in a past tense (imperfect, conditional, preterite, past perfect, conditional perfect), the subjunctive verb will be either imperfect or past perfect.

No creía que Juan hubiera venido.	I didn't believe that Juan had come.

When the main verb is in the present, the future, and their compound tenses, the subjunctive verb will be in the same tense as the English. Remember that the present subjunctive refers also to future action.

Siento que usted no vaya.	I am sorry that you are not going.
Siento que usted no haya ido.	I am sorry that you have not gone.
Siento que usted no fuera.	I am sorry that you did not go.
Me alegro de que venga Juan.	I am glad that John will come.

13.5 A limited number of verbs of ordering, permitting, prohibiting, and advising are often followed by an infinitive rather than a subjunctive. This is most common when the subject of the subordinate clause is a pronoun.

Le permite fumar de vez en cuando.	He allows him to smoke once in a while.
Su padre no permite que Carlos fume.	Charles's father doesn't permit him to smoke.

The main verbs that may take either the subjunctive or an infinitive construction are **aconsejar, dejar, hacer, mandar, permitir,** and **prohibir**.

13.6 Noun clauses that express an emotion.

Es lástima que esté lloviendo.	It's a pity that it is raining.
Me alegraba de que ustedes no lo hubieran hecho.	I was glad that you hadn't done it.

Nos enfada que hayas usado el coche sin permiso.	We are angry that you (have) used the car without permission.
Espero que no estés herido.	I hope you aren't hurt.
Temo que se haya muerto.	I am afraid that he (has) died.

When the subject doesn't change after an expression of emotion or feeling, the infinitive should normally be used, instead of a clause:

Me alegro de poder venir hoy.	I am glad that I can come today (to be able to come today).

But,

Me alegro de que usted pueda venir hoy.	I am glad that *you* can come today.

13.7 Noun clauses that express doubt and denial.

Dudo que sea verdad.	I doubt that it is true.
No están seguros de que esté en Europa.	They are not sure that he is in Europe.
Negó que lo hiciéramos.	He denied that we did it.

If there is no doubt, the indicative is used:

Están seguros de que está en Europa.	They are sure that he is in Europe.

At times, the choice of subjunctive or indicative will depend upon a purely personal connotation.

¿Cree usted que vendrá?	Do you think he will come?
¿Cree usted que venga?	Do you really think he will come? (The speaker has his doubts.)

13.8 The subjunctive is normally used with the adverbs **acaso**, **quizá(s)**, and **tal vez**.

Entonces quizá sea mucho pedir.	Then perhaps it is a lot to ask.
Pero acaso el General tenga algo que decirle.	But perhaps the General has something to tell you.

Again, when the sense of uncertainty is weak or absent, the indicative is used:

Tal vez lo compró ayer.	Perhaps he bought it yesterday.

13.9 The subjunctive is used in impersonal expressions that express an attitude or opinion like necessity, possibility, uncertainty, emotion and others.

Será necesario que Carlos lo termine en seguida.	It will be necessary for Carlos to finish it (that he finish it) immediately.
Es mejor que lo haga.	It is better that he do it (for him to do it).
Es lástima que se haya ido.	It's a pity that he has gone.
Es probable que nos conozca.	It is probable that he knows us.

When an impersonal expression indicates a certainty, it is followed by the indicative.

Es cierto que viene hoy.	It is true (certain) that he is coming today.
No hay duda de que la conoce.	There is no doubt that he knows her.

When an impersonal expression in English is followed directly by an infinitive, the same construction is used in Spanish.

Será necesario terminar en seguida.	It will be necessary to finish immediately.

The infinitive construction is frequently used even when the dependent verb has a subject, but only when the subject is a personal pronoun.

Le es preciso hacerlo.	It is necessary for him (her, you) to do it.

Most impersonal expressions govern the subjunctive. Some of the most common are:

Es probable que...	**Es lástima**
Es preciso (necesario)...	**Es sorprendente**
Es posible...	**Es fácil (difícil)**
Es natural...	**Puede ser**
Es mejor...	**Importa**

13.10 The subjunctive is frequently found with the expression **por más** (or **mucho**) **que**..., meaning *no matter how much*...

Por más que insista usted, no quiero hacerlo.	No matter how much you insist, I will not do it.
Me quedo aquí por mucho que se enfade.	I'll stay here no matter how mad she gets.

Por is also used with an adjective, an adverb, or a noun in this expression.

Por inteligente que sea, no saldrá bien en química.	No matter how smart he is, he will not pass Chemistry.

13.11 Subjunctive in conditional sentences that express contrary-to-fact and uncertainty in the future.

Si usted me hubiese llamado, yo habría venido en seguida.	If you had called me, I would have come right away.
Si yo fuera usted, no lo haría.	If I were you (but I'm not) I wouldn't do it.
Si lloviera mañana, no iríamos.	If it rained (should rain) tomorrow we wouldn't go.
Si ella se casase este año, podríamos hacer un viaje largo.	If she should marry this year (which is improbable) we could take a long trip.

13.12 Note that only a past or past perfect subjunctive is used in the *if* clause. The conditional tense of the main verb is frequently replaced with a past, or past perfect subjunctive, usually with the **-ra** endings.

Si viniese, se lo diera.	If he should (were to) come, I would give it to him.
Si hubiese venido, se lo hubiera dado.	If he had come. I would have given it to him.

13.13 **Como si** also expresses a contrary to fact condition and always takes the subjunctive.

Me trata como si yo fuese su propio hijo.	He treats me as if I were his own son.
Me miró como si no me hubiera visto antes.	He looked at me as if he had not seen me before.

13.14 The indicative is used in a simple condition, one which establishes a direct relation between a condition and a result. Instead of uncertainty or improbability of fulfillment, the condition assumes a fact that has a logical result. The tenses in Spanish are generally the same as in the English sentence.

Si no trabajas, no te pago.	If you don't work, I won't pay you.
Si tiene el dinero, me lo dará.	If he has the money, he will give it to me.

Si vienes, trae el diccionario.	If you come, bring the dictionary.
Si vino ayer, no lo vi.	If he came yesterday, I didn't see him.
Si lo leyó, no se aprovechó de ello.	If he read it, he did not profit by it.
No sé si llegan hoy o mañana.[1]	I don't know whether they are arriving today or tomorrow.

Note:

a) The future, the conditional, and the present subjunctive are never used after **si** when it means *if*.

b) When in doubt about the use of the subjunctive or the indicative in an *if clause*, as a general rule use the subjunctive (imperfect or past perfect only) when the verb in the main clause of the English sentence is in the conditional (or conditional perfect), as the examples in **13.11** show. Otherwise, use the indicative in the same tenses as in the English sentence, as shown in the examples above **(13.14)**.

c) While the tense of the main verb in a contrary to fact sentence in Spanish is normally conditional (or subjunctive with the **-ra** endings), there is a frequent tendency in everyday speech to put the main verb of a contrary to fact condition in the imperfect indicative.

«Si yo estuviese seguro de que los vecinos no me tiraban a un pozo, yo *abría* una barbería en V. y *me casaba* aquí.» (Cela)	If I were sure that the people wouldn't throw me into a well, I would open a barber shop in V. and (would) get married here.
Si yo lo tuviese, se lo daba.	If I had it, I would give it to you.

Substitutions for the *if* clause **(13.15-13.19)**.

13.15 The prepositions **de** and **a** + infinitive often replace the **si** clause.

De no llover hoy, iría a la feria.	If it shouldn't rain today, I would go to the fair.
De no haberle conocido, diría que era ladrón.	If I hadn't known him, I'd say that he was a thief.
Todo hubiera ido bien a no ser por Manolo.	Everything would have been fine if it hadn't been for Manolo.

---

[1] The indicative is also used when **si** means *whether*.

13.16 Con + the infinitive.

| Con decir la verdad, no le castigarán. | If you tell the truth, you will not be punished. |

13.17 Con que + the subjunctive.

| Con que el proyectil estallara a veinte kilómetros de aquí, esta casa se desmoronaría en dos segundos. | If the projectile burst twenty kilometers from here, this house would crumble in two seconds. |

13.18 Como + the subjunctive.

| Como no llegues a tiempo, no te doy postre. | If you don't get here on time, I won't give you dessert. |

13.19 An elliptical phrase.

| Yo que usted me casaría con ella. | If I were you, I would marry her. |
| Yo en su caso haría lo mismo. | If I were in your place, I would do the same thing. |

13.20 The subjunctive is always used in adverbial clauses introduced by the following conjunctions which by their nature do not introduce a fact.

para que, a fin de que	in order that, so that
con tal que	provided that
en caso (de) que	in case
a menos que, a no ser que	unless
sin que	without

Trabaja mucho para que su hijo pueda llegar a ser médico.[1]	He works hard in order (so) that his son may become a doctor.
Salí sin que me viera mi padre.	I left without my father's seeing me (without that my father saw me).
La niña, en caso de que lo sea, se llamará Paula.	The girl, in case it is one, will be named Paula.

Note that the subject follows the verb in Spanish in a clause introduced by **sin que**.

If there is no change of subject, the preposition followed by the infinitive is preferred:

---

[1] **Porque** often replaces **para que**. It emphasizes the strong purpose behind an action as well as its more uncertain outcome.

| Todos los días rezaba porque volvieras pronto. | I prayed every day that you would come back soon. |

Trabaja mucho para llegar a ser médico.	He works hard in order to become a doctor.
Salí sin que me viera.	I left without his seeing me.
Salí sin verle.	I left without seeing him.

13.21 Other conjunctions such as **aunque** (*although, even though, even if*), **dado que** (*granted that*), **a pesar de que** (*in spite of the fact that*) are followed by the subjunctive when uncertainty is implied, and by the indicative when the speaker implies certainty.

Me voy aunque llueva.	I will go even though (if) it may rain.
Me voy aunque llueve.	I am going although it is raining.

13.22 The subjunctive is required in temporal clauses in which the time is future with reference to the main verb. Common conjunctions of time are:

cuando when	**después (de) que** after
en cuanto as soon as	**mientras** as long as, while
hasta que until	

Se lo daré cuando lo vea.	I'll give it to him when I see him.
Y en cuanto lo encuentre, un nuevo mal caerá sobre el mundo.	And as soon as I discover it, a new evil will fall upon the earth.
Mientras exista una mujer hermosa, habrá poesía.	While there exists a beautiful woman, there will be poetry.
No te bañes hasta que sepas nadar.	Don't go into the water until you know how to swim.
Prometió esperar hasta que yo volviera.	He promised to wait until I got back.

If there is no suggestion of an uncompleted future action, the indicative follows the conjunction of time.

Se lo doy cuando lo veo.	I give it to him when (every time that) I see him.
En cuanto lo encontré, un nuevo mal cayó sobre el mundo.	As soon as I discovered it, a new evil fell upon the earth.
Esperé hasta que vino.	I waited until he came.

The conjunction **antes (de) que** is always followed by the subjunctive:

Rompió la silla antes de que pudiéramos detenerle.	He broke the chair before we could stop him.

13.23 The subjunctive is used in an adjectival clause that refers back to someone or something that is indefinite, uncertain, nonexistent, or negative.

Busco una mujer que sepa guisar.[1]	I am looking for a woman who knows how to cook. (She doesn't exist for me yet.)
Quiero un libro que sea interesante.	I want a book that is interesting. (I don't have such a book yet.)
Haré lo que pueda.	I'll do what I can. (Future, therefore indefinite.)
No conozco a nadie que hable griego.	I do not know anyone who speaks Greek. (Negative [nonexistent] antecedent.)
No hay nada que me interese.	There is nothing that interests me. (Negative.)

If the antecedent is specific, definite, or existent, the indicative is used. Note the definite, not indefinite, article.

Busco a la mujer que sabe guisar.	I am looking for *the* woman who knows how to cook. (She exists; I know her.)
Quiero el libro que es interesante.	I want *the* book that is interesting.
Hice lo que pude.	I did what I could.
Conozco a alguien que habla griego.	I know someone who speaks Greek.

Tenses

The Present Tense

The simple present tense in Spanish is approximately equivalent to the three forms of the present tense in English.

Hablo español.	I speak Spanish.
	I am speaking Spanish.
	I do speak Spanish.

---

[1] The personal **a** is omitted before the direct object **una mujer** because she is not a specific person. However, the pronouns **alguien, nadie, alguno** and **ninguno** (when referring to a person), and **quien**, require the personal **a** when used as direct objects.

14.1 The present tense in Spanish is often used in place of the future in familiar language, especially in the first person.

No pago la cuenta.	I won't pay the bill.
¿Qué hago?	What shall I do?
Se lo da mañana.	He'll give it to you tomorrow.

14.2 Future events may be more vividly expressed by means of the present.

Si das un paso más, estás muerto.	If you take one more step you are a dead man.

By making this present apply graphically to a past time, it may take the place of the pluperfect subjunctive and the conditional perfect in a contrary to fact condition.

Si tengo un revólver, lo mato.	If I had a revolver, I would have killed it.

14.3 The present tense is frequently used in place of the imperfect and the preterite to render a narration more vivid.

El prisionero corre hacia la playa, y después de dar algunos saltos, alcanza las primeras olas del mar.	The prisoner ran towards the beach, and with a few leaps reached the first waves of the sea.

14.4 The present tense is used idiomatically to represent an action that began in the past and is still continuing in the present. Cf. **12.1**

Hace dos horas que escribo esta carta.	I have been writing this letter for two hours.

14.5 The present tense is used colloquially after **por poco**, meaning *almost, nearly, come close to,* where the past tense would be expected.

Por poco lo matan.	They almost killed him. (They came near killing him.)
Por poco se cae.	He came near falling (he nearly fell).

14.6 The Imperfect and the Preterite Tenses.

Whereas English has one simple past tense, Spanish has two: the imperfect and the preterite. The one form in English, *I lived*, for example, could be either the imperfect or the preterite in Spanish, depending on the context. The basic difference between these two tenses is contained in their names; imperfect means incomplete, and describes an action or state in the past that is continuous but whose end is not indicated. *When I lived in Mexico...* refers to the past but does not state or suggest when I stopped living there; the verb therefore would be **vivía**. On the other hand the preterite, which means "past", looks upon a past action or series of actions as a single completed event. It focuses on the termination; whatever the event is, however long it lasted or however many times it was repeated, we picture it as having come to an end. Therefore, in the sentence *I lived in Mexico for fifteen years*, the verb would be **viví**. The following examples will bring out more specifically the difference between these two tenses, and you will note how English relies on certain expressions to indicate the imperfect tense.

14.7   The imperfect tells what *was happening*, the preterite what *did happen*.

Imperfect

Ella lloraba.	She was crying.
¿Qué decía Vd.?	What were you saying?
Moría.	He was dying.

Preterite

Ella lloró.	She wept.
¿Qué dijo Vd?	What did you say?
Murió.	He died.

The two are often found together in a sentence like the following:

Leía un libro cuando me llamó.	I was reading a book when he called me.

14.8   The imperfect is used to describe a regular or habitual occurrence in the past. This idea is conveyed in English by *used to*, or *would*.

Fumaba mucho cuando era joven.	I smoked (used to smoke) a lot when I was young.
Si la abrazaba, ella se erguía...	If I embraced her, she would (used to) stand up...
Cuando vivíamos en Madrid, íbamos al Prado todas las semanas.	When we lived (used to live) in Madrid, we would go to the Prado every week.

But:

Fui al Prado doscientas veces.	I went to the Prado two hundred times.

The preterite is used in the last example because it views the act of going to the Prado as a *single completed* event.

14.9   The imperfect describes a physical, emotional, or mental state in the past.

Era alta y esbelta.	She was tall and slender.
Luis XIV era bajo.	Louis XIV was short.

Me alegraba de oírlo.	I was glad to hear it.
Quería dármelo.	He wanted to give it to me.

14.10 The imperfect of **ser**, not the preterite, is used to tell the time of day in the past.

Eran las dos.	It was two o'clock.
Era medianoche.	It was midnight.

14.11 The imperfect tense is used for an indirect quotation in the past.

Present:	Dice que hay muchas nubes.	He says that it is very cloudy.
Past:	Dijo que había muchas nubes.	He said that it was very cloudy.
	Come con el profesor.	He eats with the teacher.
	Dijo que comía con el profesor.	He said that he used to eat with the teacher.

The use of the preterite in an indirect quotation would imply time previous to the main verb.

Dijo que gastó todo el dinero.	He said that he (had) spent all the money.

14.12 The imperfect is used in the idiomatic time expression **hacía...que**. Cf. **12.5**

Hacía dos horas que estudiaba cuando me llamó mi amigo.	I had been studying for two hours when my friend called.

14.13 In many cases the choice between the imperfect and the preterite depends not so much on the nature of a past event as on the way the speaker wishes to interpret it.

Costó mucho.	It cost a lot (an actual purchase).
Costaba mucho. No lo compré.	It cost a lot (the price was high). I didn't buy it.
Estuve allí a las seis.	I was (got) there at six o'clock.
Estaba allí a las seis.	I was (already) there at six.
Tuvieron que quedarse aquí.	They had to stay here (and did).
Tenían que quedarse aquí.	They felt obliged to stay here.
Estuve enfermo.	I was sick (but I got over it; it ended).
Estaba enfermo.	I was sick (describes my state without reference to the outcome).

14.14 With certain verbs that express a mental state rather than an action, like **saber, conocer, querer, poder** and others, the preterite produces a difference in meaning.

Sabía que estaba enamorada de él.	I *knew* that she was in love with him.
Supe que estaba enamorada de él.	I *found out* (learned) that she was in love with him.
¿Conocía Vd. a mi padre?	Did you *know* my father?
¿Conoció Vd. a mi padre?	Did you *meet* my father?
Quería hacer un viaje.	He *wanted* to take a trip.
Quiso hacer un viaje.	He *tried* to take a trip.
No quería robar la joya.	He *didn't want* to steal the jewel.
No quiso robar la joya.	He *refused* to steal the jewel.
Podía hacerlo.	He *was able* to do it.
Pudo hacerlo.	He *succeeded* in doing it.
No pudo hacerlo.	He *failed* to do it.
Tenía dos coches.	He had (in his possession) two cars.
Tuvo un coche para su cumpleaños.	He had (got) a car for his birthday.
Había mucha gente en el teatro.	There were many people in the theater (they were there).
Hubo una reunión ayer.	There was (took place) a meeting yesterday.

The Future Tense

The future tense is used as in English. The following represent differences between the two languages.

14.15 The future is used to indicate conjecture or probability with regard to an action in the present. This is a very common usage.

¿Ha visto a Juan? Estará malo.[1]	Have you seen John? He must be sick. (I guess he's sick; he is probably sick.)
Tendrá mucho dinero.	He must have (probably has) a lot of money.

---

[1] Recall that **deber** (**de**) plus the infinitive expresses the same idea.
    Debe estar malo.   He must be sick.
    Debe de tener mucho dinero.   He probably has a lot of money.

¿Quién será aquella chica?	Who can that girl be? (I wonder who that girl is.)
¿Qué hora es? Serán las tres.	What time is it? It is probably three o'clock.

14.16 When in English *will* is equivalent to *to be willing, to want, please*, **querer** plus the infinitive is used, and not the future tense.

¿Quieres bailar?	Will you dance? (Do you want to?)
¿Quiere ayudarme?	Will you (are you willing to) help me?
No quiere hacerlo.	He will not (doesn't want to) do it.

14.17 The Conditional Tense

In English the conditional is generally rendered by *would*,[1] which is the past tense of *will*. *He says that he will go* becomes in the past *He said that he would go*: Dijo que iría.

The conditional tense in Spanish also indicates probability or conjecture in past time.

Serían las dos cuando llegaron.	It was probably (it must have been) two o'clock when they arrived.
¿Quién sería aquella chica?	Who could that girl be? (I wonder who that girl was.)
Tendría mucho dinero.	He must have had (probably had) a lot of money.

14.18 The Present Perfect Tense

As in English, the present perfect is normally used in Spanish to refer to a recently completed past event. It is formed by the present tense of **haber** plus the past participle, which remains invariable.

¿La ha visto usted hoy?	Have you seen her today?
He leído dos capítulos.	I have read two chapters.

Sometimes the present perfect is also used to refer to an event that is not so recent, where normally the preterite would be used.

Lo ha comprado por diez dólares.	He bought it for ten dollars.

[1] Recall that when *would* means *used to*, the imperfect is used in Spanish.

14.19 The Pluperfect (past Perfect) Tense.
It is formed by the imperfect of **haber** plus the past participle. It is used in Spanish as in English.

Cuando llegué, ya habían salido.	When I arrived, they had already left.
Lo había hallado en la escuela.	He had found it at school.

14.20 The Preterite Perfect Tense.
It is formed with the preterite of **haber**, plus the past participle. It is translated like the pluperfect, but is little used in spoken Spanish. In literary writing it is used only with certain conjunctions of time, like **luego que, así que,** *as soon as*; **apenas,** *scarcely, hardly*; **cuando,** *when*; **después que,** *after*, etc.

Así que hubo entrado en la sala, todos se callaron.	As soon as he had come into the room, everyone became silent.
Después que hube acabado el manuscrito, lo mandé a una editorial poco conocida.	After I had finished the manuscript, I sent it to a little known publisher.

14.21 The Future Perfect Tense.
It is formed by the future of **haber** plus the past participle. It corresponds to the English *will (shall) have* and the past participle.

Habrán terminado su trabajo para las cinco.	They will have finished their work by five o'clock.

The future perfect is also used to express conjecture or probability, referring to a recently completed event.

Se habrá levantado.	He probably has gotten up. (He must have gotten up.)
Habrá salido ya.	He has probably left already.

14.22 The Conditional Perfect Tense.
It is formed by the conditional tense of **haber** and the past participle and translates the English *would have (gone, said,* etc.).

Si hubiese tenido el tiempo habría ido con usted a la playa.	If I had had the time, I would have gone to the beach with you.

The conditional perfect also expresses probability or conjecture with respect to time represented by the pluperfect tense (*had, done,* etc.).

Lo habrían terminado antes que viniéramos.	They probably had finished it before we came.

Ser *and* Estar

The basic difference between these two verbs is that **ser** denotes the essential nature or characteristic of the subject, that is, what a person or thing really is, while **estar** describes the state or condition of the subject.

15.1 With adjectives, the use of **ser** views the quality conveyed by the adjective as a basic characteristic of the subject; it considers the subject as belonging to the class of persons or things indicated by the adjective. The use of **estar** implies that the speaker considers the subject as being in the state indicated by the adjective.

Juan es alto.	John is tall.
La casa es grande.	The house is big.
Estoy cansado.	I am tired.
Estoy malo.	I am sick.
Tomás es borracho.	Thomas is a drunk.
Tomás está borracho.	Thomas is drunk (the state he is in).
Es pálido.	He is pale (a pale boy).
Está pálido.	He is pale (condition).
Estas manzanas son agrias.	These apples are sour (are the sour kind).
Estas manzanas están agrias.	These apples are sour (their state before ripening).
Es soltero.	He is single (a single man; he belongs to the class of single men).
Está soltero.	He is single (unmarried, in contrast to a married man).

15.2 **Estar** is also used to indicate a personal reaction on the part of the subject. It denotes what the subject *looks like, seems, tastes, feels*.

¡Qué bonita estás!	How pretty you look (are)!
Esta sopa está muy buena.	This soup tastes very good.

15.3 The adjectives **joven, viejo, rico, pobre** are normally used with **ser**, unless one expresses a subjective reaction:

El Sr. Salinas es viejo.	Mr. Salinas is old (he literally is).
El Sr. Salinas está viejo.	Mr. Salinas is (seems, looks) old.

15.4 Compare these other examples which indicate the different meanings of adjectives depending on whether they are used with **ser** or **estar**.

With **ser**

Es aburrido.	He is boring.
Es bueno.	He is good (by nature).
Es malo.	He is (a) bad (boy).
Es cansado.	He is tiresome.
Es alegre.	He is (a) happy (person).

(**Contento** means *pleased, satisfied,* and is used with **estar**.)

Es listo.	He is clever.

With **estar**

Está aburrido.	He is bored.
Está bueno.	He is well, in good health.
Está malo.	He is sick.
Está cansado.	He is tired.
Está alegre.	He is gay, joyful.
Estaba muy contento de la decisión.	He was very happy (pleased) with the decision.
Está listo.	He is ready.

Other uses of **ser**

15.5 With predicate nouns and pronouns, **ser** is to be used, with but rare exceptions.

Su padre es profesor.	His father is a teacher.
Es aficionado al beisbol.	He is a baseball fan.
Soy yo.	It is I.
¿Cuál es el número de tu casa?	What is the number of your house?

15.6 With limiting adjectives (possessive, demonstrative, etc.)

Este coche es nuestro.	This car is ours.
El nuestro es aquél.	Ours is that one.
Somos cinco.	There are five of us.

15.7 To indicate origin, destination, or material.

Es de Texas.	He is from Texas.
Estas flores son para usted.	These flowers are for you.
Nuestra casa es de ladrillo.	Our house is (made) of brick.

15.8 To state possession.

Esta corbata es de Juan.	This tie is John's.

¿De quién es este paraguas?   Whose umbrella is this?
Es mío.   It is mine.

15.9   To express time of day.

Es la una.   It is one o'clock.
Son las tres y media.   It is half past three.

15.10   With the past participle to form the passive voice (Cf. **18.1**).

Este libro fue escrito por mi padre.   This book was written by my father.

Other uses of estar

15.11   To indicate location and position.

El libro está en la mesa.   The book is on the table.
Mis padres están en Europa.   My parents are in Europe.
Su hijo está en el cuerpo diplomático. His son is in the Diplomatic Corps.

Occasionally a sentence that involves location will take **ser** when the place mentioned functions as a predicate noun, or when **ser** means *to take place*. In a play one might see:

La escena es en Sevilla.   The scene is in Seville (i.e. Seville is the place where the scene occurs).
Mi casa es en Nueva York.   My home is in New York (New York is the site of my home).
¿Dónde es la conferencia?   Where is the lecture (Where is it taking place)?

15.12   With a past participle to describe a resultant state or condition. (Cf. **18.2**).

La ventana está cerrada.   The window is closed.
La silla está rota.   The chair is broken.
El cuadro está colgado de la pared. The painting is hanging on the wall.
El libro está escrito en latín.   The book is written in Latin.

15.13   With the present participle to form the progressive tense. (Cf. **20.6**)

He estado preparando mis lecciones toda la tarde.   I have been preparing my lessons all afternoon.
Estoy escribiendo una carta.   I am writing a letter.

15.14 **Estar por** to be for (in favor of) something.
 Estar contra to be against something.
 Estar para to be about to.

Estoy por la seguridad social.	I am for social security.
Estaba contra matarlo.	He was against killing him.
Estaba para besarla cuando se cayó.	He was about to kiss her when he fell.

The Verb to become

16.1 **Ponerse** is used with an adjective to indicate a change of a physical or emotional state, usually referring to persons.

Se puso rojo de ira.	He became red with anger.
Me puse enfermo.	I became sick.
Se puso triste.	He became sad.

16.2 **Hacerse** is used with both adjectives and nouns to indicate a transition from one state to another through the subject's own doing, by agreement, or naturally.

Espera hacerse abogado.	He hopes to become a lawyer.
Se ha hecho rico.	He has become rich.
Se ha hecho vieja esperando.	She became old waiting.
El vino se ha hecho vinagre.	The wine became vinegar.
Pero se hacía también amarga.	But she would also become bitter.

16.3 **Llegar a** *plus infinitive* is like **hacerse**. It indicates a gradual process, the culmination of a series of steps.

Después de muchos años llegó a ser jefe del departamento.	After many years he became head of the department.
Cuando llegue a ser médico, ayudará a los pobres.	When he becomes a doctor, he will help the poor.

16.4 **Volverse** is used with adjectives and sometimes with nouns to indicate a more sudden or comprehensive change. It also has approximately the same value as **ponerse** and **hacerse**.

El pobre se ha vuelto loco.	The poor man became mad.
Se ha vuelto muy orgullosa.	She became very proud.
Se volvió rico.	He became rich.
Sus dulces brazos se volvieron cuerdas ásperas.	Her soft arms became rough ropes.

16.5 **Convertirse en**, used with nouns, means *to turn* or *change into*.

Me he convertido en una persona triste.	I have become (turned into) a sad person.
Todo se convirtió en alegría.	Everything became (changed into) happiness.
Soñaba con convertirse en otra Cenicienta.	She dreamed about becoming another Cinderella.

16.6 **Quedarse** means to be left in a certain state.

Se quedó ciego.	He became blind.
Nos quedamos asombrados.	We became astonished.
La casa se ha quedado vacía.	The house has become empty.

16.7 **Meterse** indicates the undertaking of a new activity or profession, frequently with a pejorative connotation.

Se ha metido a barrendero.	He became a sweeper.
Ahora quiere meterse a escritor.	Now he wants to become a writer (said with derogation).

16.8 **Ser de** and **hacerse de** are used in questions to translate *to become of*.

¿Qué se ha hecho de su amigo?	What has become of your friend?
¿Qué será de nosotros?	What will become of us?

16.9 Frequently the idea *to become plus adjective* is rendered by a reflexive or intransitive verb used alone. Some of these verbs are:

cansarse (ponerse cansado)	to become tired
enojarse (ponerse enojado)	to become mad
empobrecerse	to become poor
enriquecerse	to become rich
envejecer	to become old

Reflexive Verbs

17.1 Any verb is made reflexive in Spanish when used with the reflexive pronouns to indicate that the subject does the action to itself.

Se ve.	He sees himself.
Nos hablamos.	We talk to ourselves.
Se han cortado.	They cut themselves.

Where there is more than one object pronoun, the reflexive precedes.

Ella se comió la fruta.	She ate the fruit.
Ella se la comió.	She ate it.

17.2 The reflexive meaning of the Spanish verb is often not indicated in the English translation.

Se escondieron.	They hid (themselves).
Me levanté.	I got up (raised myself).

Other examples (cf. also **17.4**)

sentar to seat	**sentarse** to sit down
acostar to put to bed	**acostarse** to go to bed
despertar to awaken (somebody)	**despertarse** to wake up
alegrar to make happy	**alegrarse** to be glad

17.3 Many verbs in Spanish are always reflexive; some of the most common are:

abstenerse (de)	to abstain from
arrepentirse (de)	to repent
atreverse (a)	to dare
acordarse (de)	to remember
darse cuenta (de)	to realize
quejarse (de)	to complain
olvidarse (de)	to forget
fijarse (en)	to notice
jactarse	to boast

17.4 The English equivalent of many reflexive verbs carries the verb *get* or *become*.

tranquilizar to calm	**tranquilizarse** to become calm
inquietar to disturb, worry	**inquietarse** to become (get) upset
cansar to tire	**cansarse** to get tired
vestir to dress	**vestirse** to get dressed
aburrir to bore	**aburrirse** to become bored
casar to marry (off)	**casarse** to get married
enojar to anger	**enojarse** to get angry.

17.5 Some verbs undergo a change in meaning when they are used reflexively.

volver to return	**volverse** to turn around
ir to go	**irse** to go away
dormir to sleep	**dormirse** to fall asleep
llegar to arrive	**llegarse** to approach

llevar to take	**llevarse** to take away, carry off
largar to let go	**largarse** to beat it, sneak away

17.6 The reflexive pronoun is often used to emphasize the subject's personal involvement with the action, or to add energy to the expression. The subtle distinction between a verb used with or without the reflexive pronoun in this usage is rarely captured in English.

Voy a comerme una manzana.	I'm going to eat (me) an apple.
Yo sé lo que me digo.	I know what I am saying.
Se guardó la carta.	He kept the letter.
Me lo bebí.	I drank it (up).
Tú te lo sabes todo.	You think you know everything.
Se ha muerto.	He has died.
¿Tomó la medicina?	Did you take the medicine?
Sí, me la tomé ayer.	Yes, I took it yesterday.

17.7 The reflexive is used to indicate reciprocal action. The pronoun may be either direct or indirect object.

Nos escribimos.	We write to each other.
Se mostraban sus heridas.	They were showing their wounds to each other.
Se quieren.	They love each other.

When not specified, the expression may be interpreted as reflexive or reciprocal, according to the context.

Se engañan.	They deceive themselves.
	They deceive each other.

Ambiguity may be avoided by repeating the reflexive pronoun as object of a preposition, strengthened by **mismo** or **propio**.

Se engañan a sí mismos.	They deceive themselves.
Se burlan de sí mismos.	They make fun of themselves.

Likewise, to clarify the reciprocal action, appropriate forms of **(el) uno a (al) otro** may be added.

Los socios se engañaron el uno al otro.	The partners deceived each other.
Las mujeres se ayudaron unas a otras.	The women helped each other.

When the reciprocal action (*each other*) follows a preposition (other than *to,* sign of the indirect object), **(el) uno a (al) otro** is used instead of the reflexive pronoun.

Hablan bien el uno del otro.	They speak well of each other.
Mis padres morirían el uno por la otra.	My parents would die for each other.
Los hombres y las mujeres no pueden vivir unos sin otras.	Men and women cannot live without each other.

17.8 The reflexive **se** may be used as an impersonal pronoun to correspond to the English *one* (or *you, we, people,* etc.) The verb is third person singular.

No se viaja mucho en invierno.	One doesn't travel much in winter.
Se dice que . . .	One says (they say) that . . .
Se toma mucho vino en este país.	One drinks (people drink) a lot of wine in this country.
¿Dónde se compra eso?	Where do you buy that?

The impersonal **uno** is also used for *one*. It implies however a somewhat more personal attitude on the part of the speaker.

Uno no sabe lo que traerá el futuro.	One doesn't (I, we, don't) know what the future will bring.

Uno is also used when the verb is already reflexive.

Cuando uno se aburre, se cansa fácilmente.	When one is bored, he tires easily.

17.9 The reflexive construction is used to avoid the passive voice when the agent is not expressed. (Cf. **18.5**)

Se abre la tienda a las ocho.	The store is opened at eight o'clock.
Se habla español aquí.	Spanish is spoken here.
Las montañas que se ven a lo lejos.	The mountains which can be (are) seen in the distance.

17.10 When the object of a verb refers to a part of the body or an article of clothing, the definite article is used instead of a possessive adjective. When the object refers back to the subject, a reflexive pronoun is often used; when the object refers to someone other than the subject, the proper indirect object pronoun is used. (Cf. **1.4**)

Me lavo las manos.	I wash my hands.
Le lavo (a ella) las manos.	I wash her hands.
Se puso los zapatos.	He put on his shoes.

Le puso los zapatos.   He put on his (another man's) shoes.

17.11 The reflexive construction with the indirect object pronoun frequently replaces an active verb to imply that an action is accidental or unexpected, rather than deliberate. The indirect object pronoun refers to the person concerned. Note that the object of the verb in English becomes the subject of the reflexive construction.

Olvidé el libro.   I forgot the book. (I take the responsibility; I was at fault.)
Se me olvidó el libro.   I forgot the book (the book forgot itself to me). Here the speaker feels less directly responsible.
Se le olvidó el libro.   He forgot the book.
Rompió el reloj.   He broke his watch. (This could imply deliberate action.)
Se le rompió el reloj.   He broke his watch (the watch broke itself "on" him). It just happened to break.
Se le ocurrió una solución.   He thought of a solution.
Se nos quedó el dinero en casa.   We left our money at home (the money stayed, got left, home on us).
¿Se les cayeron las tazas?   Did they drop the cups (Did the cups fall from them)?

The Passive Voice

18.1 The true passive in Spanish is formed exactly as in English, with the verb *to be* (**ser**) and the past participle, which agrees with the subject in gender and number. This construction must be used when the agent (the doer of the action) is expressed.

Nuestra casa fue construida por mi padre.   Our house was built by my father.
Los astronautas serán honrados por la nación.   The astronauts will be honored by the nation.

The true passive is also used when the agent is not expressed, but is strongly felt or implied.

América fue descubierta en 1492.	America was discovered in 1492.
Serán honrados pronto.	They will be honored soon.

18.2 The passive voice always deals with an action that is done to the subject. When, however, the state or condition resulting from an action, and not the action itself, is referred to, **estar** (or a verb like **quedar**) is used with the past participle, rather than **ser**.

La ventana fue rota ayer.	The window was broken yesterday. (Refers to the actual breaking of the window.)
La ventana estaba rota ayer.	The window was broken yesterday. (Refers to the condition of the window, the result of a previous action.)
Las puertas están cerradas.	The doors are closed.

18.3 **Estar** is also used in a passive sentence, even though the agent of the apparent action is expressed. Again, the stress is on the *state* and not on the description of an action.

El informe (*report*) fue escrito por un experto.
El informe está escrito por un experto.

The first example refers to the actual writing of the report; the second describes the kind of report, its state: an expertly written report.

Substitution for the passive voice in Spanish when the agent is *not* stated:

18.4 Third person plural of the verb (impersonal *they*).

Dicen que va a llover.	They say (it is said) that it is going to rain.
Construirán la escuela el año que viene.	They will build the school next year. (The school will be built...)

18.5 The reflexive construction (**se**) is frequently used for the passive when the subject is *not* a person. The subject generally follows the reflexive verb.

Se publicó la novela el año pasado.	The novel was published last year. (*Lit.*, the novel published itself...)
Se habla español aquí.	Spanish is spoken here.
Se abren las puertas a las nueve.	The doors are opened at nine o'clock.

18.6 When the subject of the passive sentence in English is a *person*, or an animate thing, Spanish uses the impersonal third person singular reflexive **se** (*one*). **Se** becomes the subject of the verb, which therefore will be singular, and the subject in the English sentence becomes the direct or indirect object of the verb.

Se mató al soldado en la guerra.   The soldier was killed in the war. (One killed the soldier . . .)

(The normal reflexive construction, **Se mató el soldado,** would mean: The soldier killed himself.)

Se me llevó al hospital.   I was taken to the hospital. (One took me . . .)
Se castigará al niño.   The child will be punished.

In these examples, where the person is the direct recipient of the passive action, the true passive is also correct.

18.7 The impersonal third person plural also replaces the passive when the subject is a person.

Castigarán al niño.   The child will be punished. (They will punish the child.)
Me llevarán al hospital.   I will be taken . . . (They will take me . . .)

18.8 When the person is the *indirect* recipient of the action, the true passive is replaced by either one of the above mentioned constructions.

Se me ha dicho que . . .   I have been told that . . . (One has
Me han dicho que . . .   told, they have told, *to me* . . .)
Se le enviará a Juan la carta.   John will be sent the letter.
Le enviarán a Juan la carta.   (One, they, will send the letter *to John.*

18.9 In the present and imperfect indicative, the true passive is normally replaced by an active construction when it describes an action in progress.

La criada abre la puerta.   The door is (being) opened by the
Not   maid.
La puerta es abierta por la criada.
El obrero reparaba la máquina.   The machine was (being) repaired by the workman.

Not
La máquina era reparada por el obrero.

However, the true passive may be used in these tenses to express an action that is habitual, or an emotional attitude.

Su invención es aceptada en todas partes.	His invention is accepted everywhere.

18.10 **De** as the equivalent of *by*. (Cf. **7.23**)
Sometimes **de** is used instead of **por** to indicate the agent in a passive voice sentence, particularly when the verb expresses a mental or emotional state rather than an action.

Es amada de todos.	She is loved by everyone.

The Imperative Mood

19.1 Formal or polite (**usted**) commands.
All polite commands, both affirmative and negative, use the corresponding form of the present subjunctive.

Abra (usted) la puerta.	Open the door.
No la abra.	Don't open it.
Siéntese Vd.	Sit down.

19.2 The Familiar Commands.
The affirmative singular (**tú**) is the same as the third person singular of the present indicative of all verbs except those listed below. This form is often called the singular imperative.

decir: **di**	salir: **sal**
hacer: **haz**	ser: **sé**
ir: **ve**	tener: **ten**
poner: **pon**	venir: **ven**
Habla despacio.	Speak slowly.
Trae algo de beber.	Bring something to drink.
Ten calma, Paula.	Be (have) calm, Paula.
Sé bueno.	Be good.

The corresponding subjunctive is used for the negative familiar command.

No digas esas cosas.	Don't say those things.
No comas tan de prisa.	Don't eat so hurriedly.

19.3 The affirmative familiar plural (**vosotros**) is formed by changing the final **r** of the infinitive to **d**.[1]
hablad, poned, id, comed, etc.

---

[1] The infinitive for this command has wide-spread usage in Spain, even though it is not sanctioned by the Spanish Academy.

In most of Spanish America the polite commands with **Vds.** are normally used for these forms in familiar plural address. In forming the plural familiar commands of reflexive verbs, final **d** is dropped before **os** in all verbs except **ir** (**idos**). Verbs ending in -**ir** will require a written accent on the last **i**.

Levantaos.	Get up.
Sentaos.	Sit down.
Vestíos.	Get dressed.

The second person plural subjunctive is used in the negative of this command.

No os levantéis.	Don't get up.
No os vistáis.	Do not get dressed.

19.4 The First Person Plural Command (*let's* or *let us*).

It is expressed by the first person plural of the present subjunctive.

Entremos ahora.	Let's go in now.
No lo dejemos allí.	Let's not leave it there.
Vamos a casa.	Let's go home.

Note in the last example that **vamos**, and not **vayamos**, is used for the positive *let's go* or *let us go*. However, **vayamos** must be used in the negative for *let's not go*.

When the reflexive pronoun **nos** is attached to the affirmative command, the final -**s** is dropped from the verb. A written accent is added to retain the original stress.

Sentemos nos — **Sentémonos**	Let's sit down.
Levantémonos temprano.	Let's get up early.

The final -**s** is dropped also before **se**.

Digamos se lo — **Digámoselo**.	Let's tell it to him.

19.5 *Let's* (*let us*) is also expressed by **vamos a** + the infinitive, but only in the affirmative.

Vamos a entrar.	Let's go in.
Vamos a leer.	Let's read.
Vamos a sentarnos.	Let's sit down.

19.6 Position of Object Pronouns with Commands.

As indicated in the examples above, recall that object and reflexive pronouns are attached to affirmative commands, but precede (their normal position) the verb in the negative command.

The Present Participle and Infinitive

The present participle of a verb in English, *speaking, going, having read,* etc., is called in Spanish **gerundio** and is formed by adding **-ando** or **-iendo** to the stem of a verb: **hablando, comiendo, viviendo,** etc. (Many verbs have irregular present participles, like **diciendo, pudiendo, leyendo,** etc.)

Strictly speaking, the participial forms of the Spanish verb end in **-ante, -ente, -iente,** but these are no longer in use in Spanish as part of the verb. Some of these obsolete participles are now used as adjectives, others as nouns, and a few as prepositions, adverbs, or conjunctions.

agua corriente, *not* agua corriendo	running water
niña sonriente, *not* sonriendo[1]	smiling girl

20.1 The present participle is used alone in Spanish, as in English, to denote an action that coincides with that of the main verb, or precedes it.

Pasa mucho tiempo pensando en el dinero.	He spends a lot of time thinking about money.
Diciendo esto, se fue.	Saying this, he left.
Habiendo terminado su trabajo decidió dar un paseo.	Having (when, after, he had) finished his work, he decided to take a walk.

20.2 It is used adverbially, frequently translating the English *by (doing something).*

Entró corriendo.	He ran in (entered running).
Me habló gritando.	He shouted at me (spoke shouting).
Leyendo se aprende mucho.	One learns a lot by reading.
Amando el idioma amarás al pueblo.	By loving the language, you will love the people.

20.3 The present participle may also replace a clause beginning with *since, when, while, after, although,* etc.

Estando en Europa, visitamos a mis parientes.	When (while) we were in Europe, we visited my relatives.
Habiendo tanto que hacer, no podremos terminar hoy.	Since there is so much to do, we won't be able to finish today.

---

[1] There are only two present participles in Spanish that are used as adjectives: **ardiendo** and **hirviendo.** The forms do not change.
 una taza de agua hirviendo   a cup of boiling water

| Aun teniendo buenas notas, no se hará médico. | Although he has good grades, he will not become a doctor. |

20.4 Since the Spanish present participle (**gerundio**) can not function as an adjective, with the two exceptions already noted of **ardiendo** and **hirviendo,** it is often necessary to use a relative clause as an adjective to translate the Spanish participle.

Here is a book describing Spanish food.
Incorrect: Aquí tiene usted un libro describiendo la comida española.
Correct: Aquí tiene usted un libro *que describe* la comida española.

I received a letter containing five dollars.
Incorrect: Recibí una carta conteniendo cinco dólares.
Correct: Recibí una carta *que contenía* cinco dólares.

20.5 However, the Spanish present participle may replace a relative adjectival clause after verbs of sense perception (**mirar, oír, observar, recordar,** etc.) or representation (**pintar, representar, describir**).

Veíamos a dos niños jugando (que jugaban) en la calle.	We saw two children playing in the street.
Veíamos a dos niños jugar en la calle.	We saw two children play in the street.
Anoche oí a María llorando.	Last night I heard Mary crying.
Anoche oí llorar a María.	Last night I heard Mary cry.

Although the infinitive is probably more common with verbs such as these, the present participle describes the progress of the action more than the infinitive, which describes the whole act.

20.6 Other ways to translate the English present participle used as an adjective are:

a. Through adjectives.

un final sorprendente	a surprising ending
una biblioteca circulante	a circulating library
una mirada carente de expresión	a look lacking in expression
un hombre codicioso	a grasping man

b. Through circumlocutions.

| manzanas para cocinar | cooking apples |
| tabla de planchar | ironing board |

c. Through the past participles of verbs that describe position.

> Vi a una mujer arrodillada delante del altar.
> Estaba sentado.

> I saw a woman kneeling in front of the altar.
> He was sitting.

20.7 The present participle is used with **estar, seguir,** several verbs of motion, **ir, venir, andar,** to emphasize the progressive or continuing nature of an action at a given moment, or to indicate subjective feelings that may not be conveyed through the simple tenses.

> No vengo ahora porque estoy escribiendo una carta a mi madre.
> Estaba rezando cuando su hijo la llamó.
> Siga leyendo.
> Van cantando por las calles.

> I'm not coming now because I am writing a letter to my mother.
> She was praying when her son called her.
> Continue reading.
> They are (go) singing in the streets.

The Infinitive

21.1 The infinitive is used in Spanish, instead of the present participle as in English, as a noun.

   a. As object of a preposition.

> antes de comer
> después de hablar

> before eating
> after speaking

   b. As subject or object of a verb, with the definite article, although this is sometimes omitted.

> El fumar puede ser peligroso.
> Odio el corregir los exámenes.
> No es cosa fácil (el) escribir un buen poema.
> Ver es creer.

> Smoking may be dangerous.
> I hate correcting exams.
> Writing a good poem is not an easy thing.
> Seeing is believing.

21.2 The infinitive is used with **al,** to translate *on* or *upon* (doing something), or by a clause with *when, after,* etc.

> Al volver a casa, tomé una ducha.
> Al entrar ella en el teatro, todos la aplaudieron.

> Upon returning (When I . . .) home, I took a shower.
> When she entered the theater, everyone applauded her.

21.3 The infinitive is more commonly used than the present participle with verbs of sense perception (Cf. **20.5**). The infinitive usually follows the verb directly.[1]

Oí cantar a María.	I heard Mary sing (singing).
La oí cantar.	I heard her sing.
Vi llegar el tren.	I saw the train arrive (arriving).
Lo vi llegar.	I saw it arriving.

When there are two different objects in the sentence, the object of the verb (or as some would consider it, the subject of the infinitive) is made indirect, and the object of the infinitive direct. Usage varies, however, between the indirect and direct object for the object of the verb of perception.

Les vi matar al ladrón.	I saw them kill the robber.
Los vi matar al ladrón.	
Les oí cantarlo.	I heard them sing it.
Se lo oí cantar (Indirect **les** becomes **se**).	
Nunca le (la) oí decir semejante cosa.	I have never heard her say such a thing.

21.4 The infinitive is likewise used with verbs that express *cause* (**hacer,** to cause, to have), and *will* (**mandar,** to order; **permitir,** to permit; **prohibir** to forbid; **dejar,** to allow, and others). The translation is often equivalent to a passive in English, when a person is not the object of the verb.

Hice construir una casa.	I had a house built. (I caused a house to be built.)
Hace hacer los trajes en Londres.	He has his suits made in London.
Mandó limpiar la cárcel.	He ordered the jail to be cleaned.

The equivalent to the English passive is seen also when the verbs are reflexive.

Mis padres se dejaron convencer.	My parents let themselves be convinced.
Se hizo temer.	He made himself (to be) feared.
Se hizo acortar la falda.	She had her skirt shortened.

---

[1] This order may be changed in sentences that have two objects in order to avoid confusion, or in other cases for the sake of euphony.

Hemos visto a ciertos animales devorar a su madre.	We have seen certain animals eat their mother.
Instead of: Hemos visto devorar a ciertos animales a su madre.	

The position of pronoun objects in this construction follows the normal pattern.

La hice construir.
Le hizo acortarla.
or
Se la hizo acortar.

I had it built.
She had her (a seamstress) shorten it (the skirt).

The Past Participle

22.1 One of the main functions of the past participle is to form the compound tenses in combination with **haber.** It remains invariable in this construction.

Hemos comido.
Lo habrán hecho.
Nos habían visto.

We have eaten.
They will have done it.
They had seen us.

22.2 The past participle is frequently combined with **tener** and **llevar,** in which case the past participle agrees with the direct object. Do not confuse this construction with the compound tenses.

He pagado la cuenta.
Tengo pagada la cuenta.

I have paid the bill.
(word for word): I have paid the bill; i.e. I have the bill paid.

No había corregido todavía los exámenes.
No tenía corregidos todavía los exámenes.

I hadn't corrected the exams yet.
I hadn't yet had the exams corrected (i.e. in a corrected state).

The compound tenses stress the action of the verb; **tener** and **llevar** besides indicating possession, describe a state or condition. Other examples:

Llevo escrita mi primera novela.
Llevábamos leídos dos párrafos, cuando entró el profesor.
¿Tienes hecha la maleta?

I have my first novel written.
We had read two paragraphs (We had two paragraphs read) when the teacher came in.
Have you packed your bag? (Do you have your bag packed?)

22.3 The past participle also agrees when used with **ser** or **estar.**

La casa fue construida por su tío.
Las ventanas están cerradas.

The house was built by his uncle.
The windows are closed.

Estaba decidida a todo.	She was ready for anything.

22.4 The past participle agrees with other verbs that translate *to be*.

María se vio obligada a ir con su hermano.	Mary was (felt, saw herself) obliged to go with her brother.
Se hallaban muy abatidos.	They were (found themselves) very discouraged.
Se sintió invadido de una gran piedad.	He was swept by a great feeling of pity.

22.5 The past participle is used alone (without a verb) in what is called the absolute construction. It indicates an action or state previous in time to the time of the main clause. It is equivalent in English to a clause introduced by *when, after, as soon as*, etc., and agrees with the subject of this implied clause. This use is mainly literary.

Concluida la conferencia, salimos a la calle.	The lecture ended (when, after, the lecture was ended) we went out into the street.
Pintada la casa, la vendimos en seguida.	After the house had been painted, we sold it right away.
Hechas las maletas, salimos para Europa.	Our suitcases packed, we left for Europe.
Después de vencido el enemigo, el general se retiró a la vida privada.	After the enemy had been conquered, the general retired to private life.

Appendix

23.1 Conjugation of regular verbs.

SIMPLE TENSES

INFINITIVE

tomar *to take*	comer *to eat*	vivir *to live*

PRESENT PARTICIPLE

tomando *taking*	comiendo *eating*	viviendo *living*

PAST PARTICIPLE

tomado *taken*	comido *eaten*	vivido *lived*

INDICATIVE MOOD

PRESENT

tomo	como	vivo
tomas	comes	vives
toma	come	vive
tomamos	comemos	vivimos
tomáis	coméis	vivís
toman	comen	viven

IMPERFECT

tomaba	comía	vivía
tomabas	comías	vivías
tomaba	comía	vivía
tomábamos	comíamos	vivíamos
tomabais	comíais	vivíais
tomaban	comían	vivían

PRETERITE

tomé	comí	viví
tomaste	comiste	viviste
tomó	comió	vivió
tomamos	comimos	vivimos
tomasteis	comisteis	vivisteis
tomaron	comieron	vivieron

FUTURE

tomaré	comeré	viviré
tomarás	comerás	vivirás
tomará	comerá	vivirá

tomaremos	comeremos	viviremos
tomaréis	comeréis	viviréis
tomarán	comerán	vivirán

CONDITIONAL

tomaría	comería	viviría
tomarías	comerías	vivirías
tomaría	comería	viviría
tomaríamos	comeríamos	viviríamos
tomaríais	comeríais	viviríais
tomarían	comerían	vivirían

COMPOUND TENSES

PERFECT INFINITIVE

haber tomado *to have taken*
haber comido *to have eaten*
haber vivido *to have lived*

PERFECT PARTICIPLE

habiendo tomado *having taken*
habiendo comido *having eaten*
habiendo vivido *having lived*

PRESENT PERFECT

he tomado	he comido	he vivido
has tomado	has comido	has vivido
ha tomado	ha comido	ha vivido
hemos tomado	hemos comido	hemos vivido
habéis tomado	habéis comido	habéis vivido
han tomado	han comido	han vivido

PLUPERFECT

había tomado	había comido	había vivido
habías tomado	habías comido	habías vivido
había tomado	había comido	había vivido
habíamos tomado	habíamos comido	habíamos vivido
habíais tomado	habíais comido	habíais vivido
habían tomado	habían comido	habían vivido

PRETERITE PERFECT

hube tomado	hube comido	hube vivido
hubiste tomado	hubiste comido	hubiste vivido
hubo tomado	hubo comido	hubo vivido
hubimos tomado	hubimos comido	hubimos vivido
hubisteis tomado	hubisteis comido	hubisteis vivido
hubieron tomado	hubieron comido	hubieron vivido

FUTURE PERFECT

habré tomado	habré comido	habré vivido
habrás tomado	habrás comido	habrás vivido
habrá tomado	habrá comido	habrá vivido
habremos tomado	habremos comido	habremos vivido
habréis tomado	habréis comido	habréis vivido
habrán tomado	habrán comido	habrán vivido

CONDITIONAL PERFECT

habría tomado	habría comido	habría vivido
habrías tomado	habrías comido	habrías vivido
habría tomado	habría comido	habría vivido
habríamos tomado	habríamos comido	habríamos vivido
habríais tomado	habríais comido	habríais vivido
habrían tomado	habrían comido	habrían vivido

SUBJUNCTIVE MOOD

PRESENT

tome	coma	viva
tomes	comas	vivas
tome	coma	viva
tomemos	comamos	vivamos
toméis	comáis	viváis
tomen	coman	vivan

IMPERFECT (-se *form*)

tomase	comiese	viviese
tomases	comieses	vivieses
tomase	comiese	viviese
tomásemos	comiésemos	viviésemos
tomaseis	comieseis	vivieseis
tomasen	comiesen	viviesen

IMPERFECT (-ra *form*)

tomara	comiera	viviera
tomaras	comieras	vivieras
tomara	comiera	viviera
tomáramos	comiéramos	viviéramos
tomarais	comierais	vivierais
tomaran	comieran	vivieran

PRESENT PERFECT

haya tomado	haya comido	haya vivido
hayas tomado	hayas comido	hayas vivido
haya tomado	haya comido	haya vivido
hayamos tomado	hayamos comido	hayamos vivido
hayáis tomado	hayáis comido	hayáis vivido
hayan tomado	hayan comido	hayan vivido

PLUPERFECT (-se *form*)

hubiese tomado	hubiese comido	hubiese vivido
hubieses tomado	hubieses comido	hubieses vivido
hubiese tomado	hubiese comido	hubiese vivido
hubiésemos tomado	hubiésemos comido	hubiésemos vivido
hubieseis tomado	hubieseis comido	hubieseis vivido
hubiesen tomado	hubiesen comido	hubiesen vivido

PLUPERFECT (-ra *form*)

hubiera tomado	hubiera comido	hubiera vivido
hubieras tomado	hubieras comido	hubieras vivido
hubiera tomado	hubiera comido	hubiera vivido
hubiéramos tomado	hubiéramos comido	hubiéramos vivido
hubierais tomado	hubierais comido	hubierais vivido
hubieran tomado	hubieran comido	hubieran vivido

Note. The future subjunctive, used infrequently today, is formed from the stem of the third person plural of the preterite, as follows:

FUTURE SUBJUNCTIVE

tomare	comiere	viviere
tomares	comieres	vivieres
tomare	comiere	viviere
tomáremos	comiéremos	viviéremos
tomareis	comiereis	viviereis
tomaren	comieren	vivieren

FUTURE PERFECT SUBJUNCTIVE

hubiere tomado   (comido, vivido)
hubieres tomado   (,,   ,,   )
hubiere tomado   (,,   ,,   )
hubiéremos tomado (,,   ,,   )
hubiereis tomado (,,   ,,   )
hubieren tomado   (,,   ,,   )

IMPERATIVE MOOD

toma (*tú*)   come (*tú*)   vive (*tú*)
tomad (*vosotros*)   comed (*vosotros*)   vivid (*vosotros*)

23.2 Conjugation of irregular verbs.
(The forms not listed are regular)

andar *to go, walk*
PRET.: anduve, anduviste, anduvo, anduvimos, anduvisteis, anduvieron
IMPERF. SUBJ.: anduviera (anduviese), anduvieras, etc.

caber *to be contained in, fit*
PRES. INDIC.: quepo, cabes, cabe, cabemos, cabéis, caben
PRES. SUBJ.: quepa, quepas, quepa, quepamos, quepáis, quepan
FUT.: cabré, cabrás, cabrá, cabremos, cabréis, cabrán
COND.: cabría, cabrías, cabría, cabríamos, cabríais, cabrían
PRET.: cupe, cupiste, cupo, cupimos, cupisteis, cupieron
IMPERF. SUBJ.: cupiera (cupiese), cupieras, etc.

caer *to fall*
PRES. INDIC.: caigo, caes, cae, caemos, caéis, caen
PRES. SUBJ.: caiga, caigas, etc.
PRET.: caí, caíste, cayó, caímos, caísteis, cayeron
IMPERF. SUBJ.: cayera (cayese), cayera, etc.
PRES. PART.: cayendo
PAST PART.: caído

dar *to give*
PRES. INDIC.: doy, das, da, damos, dais, dan
PRES. SUBJ.: dé, des, dé, demos, deis, den
PRET.: di, diste, dio, dimos, disteis, dieron
IMPERF. SUBJ.: diera (diese), dieras, etc.

decir *to say, tell*
PRES. INDIC.: digo, dices, dice, decimos, decís, dicen
PRES. SUBJ.: diga, digas, etc.
FUT.: diré, dirás, dirá, diremos, diréis, dirán
COND.: diría, dirías, etc.
PRET.: dije, dijiste, dijo, dijimos, dijisteis, dijeron
IMPERF. SUBJ.: dijera (dijese), dijeras, etc.
IMPERATIVE: di, decid
PRES. PART.: diciendo
PAST. PART: dicho

estar *to be*
PRES. INDIC.: estoy, estás, está, estamos, estáis, están
PRES. SUBJ.: esté, estés, etc.
PRET.: estuve, estuviste, estuvo, estuvimos, estuvisteis, estuvieron
IMPERF. SUBJ.: estuviera (estuviese), estuvieras, etc.

haber *to have; to be* (in 3rd person only)
PRES. INDIC.: he, has, ha, hemos, habéis, han
PRES. SUBJ.: haya, hayas, etc.
FUT.: habré, habrás, habrá, habremos, habréis, habrán
COND.: habría, habrías, etc.
PRET.: hube, hubiste, hubo, hubimos, hubisteis, hubieron
IMPERF. SUBJ.: hubiera (hubiese), hubieras, etc.

hacer *to make, do*
PRES. INDIC.: hago, haces, hace, hacemos, hacéis, hacen
PRES. SUBJ.: haga, hagas, etc.
FUT.: haré, harás, hará, haremos, haréis, harán
COND.: haría, harías, etc.
PRET.: hice, hiciste, hizo, hicimos, hicisteis, hicieron
IMPERF. SUBJ.: hiciera (hiciese), hicieras, etc.
IMPERATIVE: haz, haced
PAST. PART.: hecho

ir *to go*
PRES. INDIC.: voy, vas, va, vamos, vais, van
PRES. SUBJ.: vaya, vayas, etc.
PRET.: fui, fuiste, fue, fuimos, fuisteis, fueron
IMPERF. SUBJ.: fuera (fuese), fueras, etc.
IMPERF. INDIC.: iba, ibas, iba, íbamos, ibais, iban
IMPERATIVE: ve, id
PRES. PART.: yendo

oír *to hear*
PRES. INDIC.: oigo, oyes, oye, oímos, oís, oyen
PRES. SUBJ.: oiga, oigas, etc.
PRET.: oí, oíste, oyó, oímos, oísteis, oyeron
IMPERF. SUBJ.: oyera (oyese), oyeras, etc.
IMPERATIVE: oye, oíd
PRES. PART.: oyendo
PAST. PART.: oído

poder *to be able*
PRES. INDIC.: puedo, puedes, puede, podemos, podéis, pueden
PRES. SUBJ.: pueda, puedas, pueda, podamos, podáis, puedan
FUT.: podré, podrás, podrá, podremos, podréis, podrán
COND.: podría, podrías, etc.
PRET. pude, pudiste, pudo, pudimos, pudisteis, pudieron
IMPERF. SUBJ.: pudiera (pudiese), pudieras, etc.
PRES. PART.: pudiendo

poner *to put*
PRES. INDIC.: pongo, pones, pone, ponemos, ponéis, ponen
PRES. SUBJ.: ponga, pongas, ponga, pongamos, pongáis, pongan
FUT.: pondré, pondrás, pondrá, pondremos, pondréis, pondrán
COND.: pondría, pondrías, etc.
PRET.: puse, pusiste, puso, pusimos, pusisteis, pusieron
IMPERF. SUBJ.: pusiera (pusiese), pusieras, etc.
IMPERATIVE: pon, poned
PAST PART.: puesto

querer *to want*
PRES. INDIC.: quiero, quieres, quiere, queremos, queréis, quieren
PRES. SUBJ.: quiera, quieras, etc.
FUT.: querré, querrás, querrá, querremos, querréis, querrán
COND.: querría, querrías, etc.
PRET.: quise, quisiste, quiso, quisimos, quisisteis, quisieron
IMPERF. SUBJ.: quisiera (quisiese), quisieras, etc.
IMPERATIVE: quiere, quered

saber *to know*
PRES. INDIC.: sé, sabes, sabe, sabemos, sabéis, saben
PRES. SUBJ.: sepa, sepas, etc.
FUT.: sabré, sabrás, sabrá, sabremos, sabréis, sabrán
COND.: sabría, sabrías, etc.
PRET.: supe, supiste, supo, supimos, supisteis, supieron
IMPERF. SUBJ.: supiera (supiese), supieras, etc.

salir *to leave*
PRES. INDIC.: salgo, sales, sale, salimos, salís, salen
PRES. SUBJ.: salga, salgas, etc.
FUT.: saldré, saldrás, saldrá, saldremos, saldréis, saldrán
COND.: saldría, saldrías, etc.
IMPERATIVE: sal, salid

ser *to be*
PRES. INDIC.: soy, eres, es, somos, sois, son
PRES. SUBJ.: sea, seas, etc.
PRET.: fui, fuiste, fue, fuimos, fuisteis, fueron
IMPERF. SUBJ.: fuera (fuese), fueras, etc.
IMPERATIVE: sé, sed

tener *to have*
PRES. INDIC.: tengo, tienes, tiene, tenemos, tenéis, tienen
PRES. SUBJ.: tenga, tengas, etc.
FUT.: tendré, tendrás, tendrá, tendremos, tendréis, tendrán
COND.: tendría, tendrías, etc.
PRET.: tuve, tuviste, tuvo, tuvimos, tuvisteis, tuvieron
IMPERF. SUBJ.: tuviera (tuviese), tuvieras, etc.
IMPERATIVE: ten, tened

traer *to bring*
PRES. INDIC.: traigo, traes, trae, traemos, traéis, traen
PRES. SUBJ.: traiga, traigas, etc.
PRET.: traje, trajiste, trajo, trajimos, trajisteis, trajeron
IMPERF. SUBJ.: trajera (trajese), trajeras, etc.
PRES. PART.: trayendo
PAST PART.: traído

valer *to be worth*
PRES. INDIC.: valgo, vales, vale, valemos, valéis, valen
PRES. SUBJ.: valga, valgas, etc.
FUT.: valdré, valdrás, valdrá, valdremos, valdréis, valdrán
COND.: valdría, valdrías, etc.
IMPERATIVE: val, valed

venir *to come*
PRES. INDIC.: vengo, vienes, viene, venimos, venís, vienen
PRES. SUBJ.: venga, vengas, venga, vengamos, vengáis, vengan
FUT.: vendré, vendrás, vendrá, vendremos, vendréis, vendrán
COND.: vendría, vendrías, etc.
PRET.: vine, viniste, vino, vinimos, vinisteis, vinieron
IMPERF. SUBJ.: viniera (viniese), vinieras, etc.
IMPERATIVE: ven, venid
PRES. PART.: viniendo

ver *to see*
PRES. INDIC.: veo, ves, ve, vemos, veis, ven

PRES. SUBJ.: vea, veas, etc.
PRET.: vi, viste, vio, vimos, visteis, vieron
IMPERF. SUBJ.: viera (viese), vieras, etc.
PAST PART.: visto

23.3 Spelling Changing Verbs

Changes in spelling are required in certain verbs in order to preserve the sound of the final consonant of the stem or the normal rules of Spanish spelling. For example, since the **c** of **sacar** is hard (*k*) in the infinitive, that sound must be retained in every form of the verb. Therefore it is important to recall the combinations of consonants and vowels that make up the different sounds, as outlined in the box below.

	a	o	u	e	i
Sound of *k*	ca	co	cu	que	qui
Sound of *g*	ga	go	gu	gue	gui
*Sound of *th* or *s*	za	zo	zu	ce	ci
Sound of *h*	ja	jo	ju	ge, je	gi, ji
Sound of *gw*	gua	guo		güe	güi

* C before **e** and **i** has the sound of English *th* (*thin*) in most of Spain, and *s* in Spanish American pronunciation.

SPELLING CHANGING VERBS

1. **(-car) sacar** (buscar, acercar, tocar, colocar) change **c** to **qu** before **e**.
   PRET. **saqué,** sacaste, etc.
   PRES. SUBJ. **saque, saques,** etc.

2. **(-gar) llegar** (pagar, obligar, negar, jugar) change **g** to **gu** before **e**.
   PRET. **llegué,** llegaste, etc.
   PRES. SUBJ. **llegue, llegues,** etc.

3. **(-zar) alcanzar** (gozar, empezar, comenzar, cruzar) change **z** to **c** before **e**.
   PRET. **alcancé,** alcanzaste, etc.
   PRES. SUBJ. **alcance, alcances,** etc.

4. **(-guar) averiguar** *to ascertain.* Change **gu** to **gü** before **e**.
   PRET. **averigüé,** averiguaste, etc.
   PRES. SUBJ. **averigüe, averigües,** etc.

5. (-ger, -gir) coger (recoger, dirigir, corregir [i]). Change g to j before a and o.
   PRES. IND. cojo, coges, etc.
   PRES. SUBJ. coja, cojas, etc.
6. (-guir) distinguir (seguir). Change gu to g before a and o.
   PRES. IND. distingo, distingues, etc.
   PRES. SUBJ. distinga, distingas, etc.
7. (-cer, -cir *preceded by a consonant*) vencer (esparcir *to scatter*, torcer [ue] *to twist*). Change c to z before a and o.
   PRES. IND. venzo, vences, etc.
   PRES. SUBJ. venza, venzas, etc.
8. (-cer, -cir *preceded by a vowel*) conocer (aparecer, merecer, nacer, ofrecer, traducir, producir, conducir, lucir). Insert z before c in the first person singular present indicative and throughout the present subjunctive.
   PRES. IND. conozco, conoces, etc.
   PRES. SUBJ. conozca, conozcas, etc.
9. (-quir) delinquir *to be guilty, to commit an offense*. Change qu to c before a and o.
   PRES. IND. delinco, delinques, etc.
   PRES. SUBJ. delinca, delincas, etc.
10. (-iar, -uar) enviar, continuar (acentuar *to accentuate*)
    PRES. IND. envío, envías, envía, enviamos, enviáis, envían
    continúo, continúas, continúa, continuamos, continuáis, continúan.
    PRES. SUBJ. envíe, envíes, etc. (*accented as in the pres. ind.*)
    continúe, continúes, etc. (*accented as in the pres. ind.*)
    IMP. envía (tú) enviad (vosotros); continúa (tú), continuad (vosotros)

    Some verbs ending in -iar and -uar are accented on the i and u respectively in all forms of the present tense except 1st and 2nd pers. pl. There is no way to determine which verbs follow this rule and which do not. A few common verbs that are conjugated like enviar are criar *to raise, bring up,* variar *to vary,* guiar *to guide,* and fiar(se) and confiar *to trust.* On the other hand, estudiar, pronunciar, anunciar, and cambiar are among the common verbs that do not take an accent on the i.
11. (-llir, -ñir) reñir (i) to *scold, quarrel;* bullir *to boil*
    PRET. reñí, reñiste, riñó, reñimos, reñisteis, riñeron
    IMP. SUBJ. riñera (riñese), riñeras (riñeses), etc.
    PRES. PART. riñendo

Verbs in **-llir** and **-ñir** drop the **i** of the diphthongs **ie** and **io**.

12. (**-uir,** except **-guir** or **-quir**) **huir** (incluir, construir, destruir, concluir): huido, **huyendo**
    PRES. IND.   **huyo, huyes, huye,** huimos, huís, **huyen**
    PRET.   huí, huiste, **huyó,** huimos, huisteis, **huyeron**
    PRES. SUBJ. **huya, huyas,** etc.
    IMP.   **huyera (huyese), huyeras (huyeses,)** etc.
    IMP.   **huye** (tú), huid (vosotros)

13. (*strong vowel* + **-er, -ir**) leer (caer, creer): **leído, leyendo.** Change unstressed **i** to **y** between vowels.
    PRET.   leí, leíste, **leyó,** leímos, leísteis, **leyeron**
    IMP. SUBJ.   **leyera (leyese), leyeras (leyeses),** etc.
    Note. caer has the irregular 1st pers. sg. pres. ind. form **caigo**

23.4 Radical (Stem)-Changing Verbs

FIRST CLASS: **-ar** AND **-er** VERBS

Verbs of this class change the stem vowel **e** to **ie**, and **o** to **ue**, when stressed:

pensar *to think*
   PRES. IND.   **pienso, piensas, piensa,** pensamos, penséis, **piensan**
   PRES. SUBJ. **piense, pienses, piense,** pensemos, penséis, **piensen**
   IMPERATIVE   **piensa,** pensad

volver *to return*
   PRES. IND.   **vuelvo, vuelves, vuelve,** volvemos, volvéis, **vuelven**
   PRES. SUBJ. **vuelva, vuelvas, vuelva,** volvamos, volváis, **vuelvan**
   IMPERATIVE   **vuelve,** volved

Other verbs of this class are:

acordarse (de) to remember	**llover** to rain
acostar(se) to go to bed	**mostrar** to show
cerrar to close	**mover(se)** to move
comenzar to begin	**negar** to deny
costar to cost	**nevar** to snow
empezar to begin	**perder** to lose
encontrar to find	**recordar** to remember
entender to hear, understand	**soler** to be accustomed to, used to

SECOND CLASS: **-ir** VERBS

Verbs of this class change the stem vowel **e** to **ie** and **o** to **ue**, when stressed. When the stem vowel is not stressed, **e** changes to **i**, and **o** to **u**, before a stressed **a** and before the diphthongs **ie** and **ió**:

sentir *to feel, regret*
- PRES. IND. **siento, sientes, siente,** sentimos, sentís, **sienten**
- PRES. SUBJ. **sienta, sientas, sienta,** sintamos, sintáis, **sientan**
- PRETERIT sentí, sentiste, **sintió,** sentimos, sentisteis, **sintieron**
- IMP. SUBJ. (-ra form) **sintiera, sintieras, sintiera,** etc.
- IMP. SUBJ. (-se form) **sintiese, sintieses, sintiese,** etc.
- IMPERATIVE **siente,** sentid
- PRES. PART. **sintiendo**

dormir *to sleep*
- PRES. IND. **duermo, duermes, duerme,** dormimos, dormís, **duermen**
- PRES. SUBJ. **duerma, duermas, duerma,** durmamos, durmáis, **duerman**
- PRETERIT dormí, dormiste, **durmió,** dormimos, dormisteis, **durmieron**
- IMP. SUBJ. (-ra form) **durmiera, durmieras, durmiera,** etc.
- IMP. SUBJ. (-se form) **durmiese, durmieses, durmiese,** etc.
- IMPERATIVE **duerme,** dormid
- PRES. PART. **durmiendo**

Other verbs of this class are:

consentir	to consent	**morir(se)**	to die
convertir	to convert	**referir(se)**	to refer
divertirse	to amuse oneself, have a good time	**sugerir**	to suggest

THIRD CLASS: -ir VERBS

Verbs of this class change the stem vowel **e** to **i** when it is stressed, and when followed by a stressed **a** or by the diphthongs **ie** or **ió**:

pedir *to ask for*
- PRES. IND. **pido, pides, pide,** pedimos, pedís, **piden**
- PRES. SUBJ. **pida, pidas, pida, pidamos, pidáis, pidan**
- PRETERIT pedí, pediste, **pidió,** pedimos, pedisteis, **pidieron**
- IMP. SUBJ. (-ra form) **pidiera, pidieras, pidiera,** etc.
- IMP. SUBJ. (-se form) **pidiese, pidieses, pidiese,** etc.
- IMPERATIVE **pide,** pedid
- PRES. PART. **pidiendo**

Other verbs of this class are:

corregir	to correct	**repetir**	to repeat
despedirse	to say good-by, take leave	**seguir**	to follow, keep on
		servir	to serve
elegir	to elect, choose	**vestir(se)**	to dress (oneself)

Vocabulary

The following are not included in the vocabulary: a small number of easily recognizable cognates; many expressions occurring only once and already translated in a footnote; articles, pronouns, numerals, days and months; most diminutives and adverbs ending in **-mente**; and the feminine forms of most adjectives. Gender is not indicated for masculine nouns ending in **-o,** or for feminine nouns in **-a, -dad, -ión, -tad, -tud.**

The following abbreviations are used: *adj.,* adjective; *adv.,* adverb; *coll.,* colloquial; *excl.,* exclamation; *f.,* feminine gender; *inf.,* infinitive; *m.,* masculine gender; *n.,* noun; *prep.,* preposition; *refl.,* reflexive; *v.,* verb.

N.B. Words beginning with *ch* and *ll* are listed in normal alphabetical position, instead of separately.

Spanish-English

abarcar to embrace, to include, encompass
abatirse to be discouraged, to drop
aberración aberration
abismo abyss
ablandar to soften
abogado lawyer
aborrecer to hate, detest, abhor
abrazar to embrace
abrigo coat
absorción absorption
absorto absorbed, entranced
absurdidad absurdity
aburrimiento boredom
abyecto abject
acabar to finish; ___ **con** to put an end to; to finish with
acariciar to caress
acaso perhaps
acceso access, approach
aceite *m.* oil
acento accent, tone, voice, stress
acentuar to accent, to accentuate, emphasize
acerca: ___ **de** about
acercar to bring near; *refl.* to approach, to come near
acertar to hit, hit upon; to do (something) right; ___ **a** + *inf.* to succeed in; to happen to
ácido acid
aclamación acclaim, acclamation
acometer to attack
acomodar to accommodate, arrange; to adapt, suit
acompañar to accompany
aconsejar to advise, to counsel
acontecer to happen

acontecimiento event
acordar to agree upon; ___**se de** to remember
acostarse to lie down, go to bed
acostumbrar to be accustomed to
actitud attitude
actual present, at the present time
actuar to act
acuario aquarium
acuchillar to knife
acudir to come up, to come to the rescue, to respond
acuerdo agreement; **ponerse de** ___ to agree; **de** ___ agreed; in accord
acusado marked; accused
adecuado fitting, suitable
adelantar to go ahead; to advance
ademán *m.* gesture, attitude
además moreover; ___ **de** in addition to, besides
adivinar to guess
adoptar to adopt
adorar to adore, worship
adorno adornment
adquirir to acquire
advertencia warning; observation
advertir to warn, advise; to notice, observe, realize
aéreo aerial, pertaining to the air
afán *m.* hard work; zeal, eagerness, anxiety
afligirse to grieve, to be upset
agarrar to grasp, clutch
agasajar to treat affectionately, to fawn over
agente agent; policeman
ágil agile, light

agitado agitated, excited; stirred
agitar to agitate, to wave; to get rough
aglomeración large crowd; **hora de** ___ rush hour
agonía agony, act of dying
agotar to exhaust, use up
agradar to please, to be pleasing
agradecer to be grateful, to thank
agradecido grateful
agrado pleasure
agrandar to enlarge; to grow larger
agravar to aggravate, make worse, increase
agravio wrong, offense
agregar to add
agrupación grouping
agrupar to group
aguardar to await
agudeza acuteness; sharpness
agudo sharp
ahí there; **por**___ around here
ahogar(se) to drown, to suffocate, smother, choke
ahora now; ___ **bien** well then; now then
ahorrar to save
airoso airy
aislar to isolate; to detach
ajustar to adjust, fit; to arrange
ala wing
alado winged
alargar to extend; to increase, to hand; to lengthen
alba dawn
albañil *m.* mason, bricklayer
alborozo merriment, gayety
alcanzar to reach; to attain; ___ **a** to manage to, ___ **a** + *inf.* to succeed in
alcoba bedroom
aldeano *adj.* country, village; *n.* villager, peasant
alegrar to make glad, to cheer; ___**se de** to be glad of, to be glad
alerto alert, watchful
algodón *m.* cotton

alhaja jewel, gem, ornament
aliento breath
aliviar to relieve, alleviate
allá there; **más allá de** beyond
alma soul
almuerzo afternoon meal
alquilar to rent
alquimista alchemist
alrededor around; ___ **de** round, about
altar *m.* altar; ___ **mayor** high altar, chief altar
alto high, tall; **en lo** ___ on top
altura height, altitude
aludir to allude
alzar to raise; to lift
amanecer to dawn; **al** ___ at dawn
amante lover, beloved, loved one
amar to love
amargura bitterness, sorrow
amarillo yellow
ambiente *m.* atmosphere; environment
ambos both
amenaza threat
amenazar to threaten
amistad friendship
amo master
amor love; ___ **propio** love of oneself; vanity
amparar to protect
amparo protection, shelter
ampliar to enlarge, extend
amueblado furnished
analogía analogy, resemblance
ancho wide, broad, big
anclar to anchor
andamio scaffold, platform
andar to go, walk; *n.* walk; ___ **a pie** to walk
angosto narrow
ángulo angle, corner
angustia anguish
angustiar to distress, afflict
angustioso distressed, grievous, anxious
anhelo vehement desire, anxiousness

Vocabulary 267

anheloso eager, yearning
ánimo courage, spirit, will
animoso encouraging, enlivened
aniquilar to anihilate
ansia anxiety, longing, yearning
ansiar to long for, to yearn
ansioso anxious
ante before, in front of, in the presence of
antenoche the night before last
antes *adv.* before; rather
antigüedad antiquity
antítesis *f.* antithesis
añadir to add
apagar to extinguish, put out
aparato apparatus
aparecer to appear
aparición apparition; appearance
apartar to take away, remove; put aside; ___ **la vista** to look away
aparte apart, aside; ___ **de** apart from
apasionado passionate, enthusiastic, loving
apelar to appeal
apenas scarcely, hardly
apetitoso appetizing, tasty
apilar(se) to pile, pile up
aplazar to postpone; to convene
aplicado applied; industrious
aplomo aplomb, serenity, calmness
aportación contribution, addition
aposento room
apóstol apostle
apoyar to lean, to rest
apreciar to appreciate
aprender to learn
apresar to seize; to capture
apresurar to hasten, hurry
apretar to tighten, to squeeze; *refl.* to be compressed
aprisionar to imprison
aprobatorio expressing approval
aproximarse to approach, draw near
apuntar to point at; to note; to stake, trust, to point out
aquí here; **de ___ que** hence

ara altar
árabe Arabic, Moorish
araña spider
arcada arcade, arch
arcaísmo archaism
arco arc, arch
ardiente ardent, fiery, burning
arena sand
arenoso sandy
argumento argument; plot
armario wardrobe, closet
armonía harmony
arpa harp
arrancar to tear, to pull out, to draw
arrastrar to drag, draw, pull
arremeter to attack
arrepentir to repent
arriba up, upward
arriesgado risky, dangerous
arrimarse to come close
arrodillado on one's knees
arrojar to hurl, throw
arroz *m.* rice
arruinar to ruin; ___**se** to be destroyed
arte *m. and f.* art; trick
articular to articulate, to utter
artificio artifice; device; trick
arzobispo archbishop
asaltar to attack, to storm (e.g., a fortress)
asegurar to assure, make sure; to secure
asentarse to be seated; to be situated
asentir to assent, agree
asesino assassin
asesinato murder, assassination
asfixiar to asphyxiate
así so, thus, then; ___ **y todo** nevertheless, ___ **como** as soon as
asiático Asiatic
asiento seat
asimismo likewise
asir to seize, grasp
asistir to assist; to attend; ___ **a** to be present at

asno ass, donkey, jackass
asomar to show, stick out
asombrar to shade; to astonish, amaze; *refl.* to be astonished or amazed
asombro astonishment
asombroso startling, astonishing, amazing
aspa crosspiece; arm (of a mill)
astro star
asumir to assume
asunción assumption
asunto subject, matter; theme
asustar to frighten, scare
atar to tie, fasten
ateísmo atheism
Atenas Athens
atender to attend to, pay attention to
atenerse (a) to rely on, to abide by
atento attentive, polite; kind
aterrador frightening
átomo atom, particle
atónito astonished, overwhelmed
atractivo attractive; *n.* attraction, attractiveness
atraer to attract; ____ **la atención** to strike (one's attention)
atrasado back, past, late
atravesar to cross, to pierce
atreverse to dare
atrevido bold, daring
atribuir to attribute
atroz atrocious
auditorio audience
aumentar to increase, augment
aún (*or* **aun**) even, still, yet; **ni** ____ not even
aura gentle breeze
ausencia absence
avanzar to advance
avaro miserly; *n.* miser
ave *f.* bird
aventajar to put ahead, to excel
aventura adventure
avergonzarse to be ashamed, to be embarrassed
averiguar to ascertain, find out

ávido avid, greedy
ayuda help
azar *m.* chance, hazard, accident
azúcar sugar
azul blue

baboso driveling, slobbery
bachillerato secondary school degree
bahía bay
bajar to lower; to bring down; to go down
bajo under, beneath, low; **por lo** ____ under one's breath
balbucear to stammer
balcón *m.* balcony, window
banquero banker
bañista bather
barba chin; beard
barbilla chin; tip of chin
barco boat
barrio district, suburb, quarter
base *f.* base; basis
bastar to be sufficient
bastón *m.* stick, staff
bata smock; bathrobe
batallar to battle, struggle
bello beautiful
beneficio benefaction, beneficence; yield
beso kiss
bien well; all right; very; indeed; **o** ____ or else; **si** ____ while, though
bienhechor benefactor
bifurcar to fork, to branch
bigote *m.* moustache
billete *m.* ticket
bípedo biped
blanco white; blank
blando bland, soft
blanquecino whitish
bocacalle *f.* intersection
bocadillo snack, sandwich
boceto sketch
boina beret, cap
bola ball
bolsillo pocket; pocketbook

bondadoso kind, benevolent
borde *m.* edge, border
bosque *m.* forest, grove
bostezar to yawn
botella bottle
botón *m.* button, knob
bracito *dim. of* **brazo**
brazo arm
brillar to gleam, shine
brillo gleam, light, brilliance
brioso spirited, determined
bruma mist, fog
brusco brusque, sudden; rough
budismo Buddhism
bufón *m.* fool, jester
buque *m.* ship; ____ **de vapor** steamship
burlar to ridicule; to deceive; ____ **se de** to make fun of
buscar to look for, seek
butaca armchair, easy chair

caballería horse, mule; mount; chivalry
caballeriza stable
caballero knight; gentleman, ____ **andante** knight errant
cabellera head of hair
cabeza head
cada each, every
cadáver *m.* corpse, cadaver
cadena chain
caer to fall
cajón *m.* box; case; locker, drawer
calamidad calamity
calculador calculating
cálculo calculation; reflection
calidad quality, capacity
callar to be silent, keep quiet
calleja side street, alley
calzar to shoe; to wear (shoes)
cama bed
cámara hall; chamber
cambiante changing
cambio change
caminar to walk
camino way, road, course, journey

camisa shirt
campana bell
cansado tired; wearisome
cansancio weariness, fatigue
cansar to tire; ____ **se** to get tired
cantar *m.* song
cantidad quantity
cantinero barkeeper, bartender
canto singing, song
caos *m.* chaos
capacidad capacity
capaz capable
capilla chapel
caprichoso capricious, whimsical
cara face; surface (of diamonds, etc.)
caracola snail shell
carácter *m.* character; characteristic
caracterizar to characterize
carbón *m.* charcoal, coal
carcajada burst of laughter
cárcel *f.* jail
carcelario pertaining to a jail
carcelero jailer
carencia lack
cargado loaded
cargamento cargo, load, shipment
cargo post, position
cariñoso loving, tender
carita *dim. of* **cara**
carmesí crimson
carne *f.* flesh; meat
carnoso fleshy
caro expensive, dear
carpintero carpenter
cartera bag, pouch, portfolio, wallet, briefcase
caso case, matter
castellano *adj.* Castilian; *n.* Castilian Spanish (language)
castigar to punish
castigo punishment
catedrático professor
caudillo chief, leader
cautivo captive
ceder to yield, give in, surrender
cegar to blind
celda cell

celebrar to celebrate
censurar to blame, censure
centenar hundred
centinela sentry, sentinel; **hacer de** —— to be on guard
cerca near, nearby; **de** —— near, at close range; *n., f.* fence, wall
cerradura lock
cerrar to close, shut
cervecería beer saloon; pub
cesar to cease, stop; **sin** —— incessantly, continually
chal *m.* shawl
chaqueta jacket
charlar to chat
chasco joke, deception
chico -a small; *n.* boy, lad, girl
chimenea fireplace
chispa spark
chocar to shock, clash; —— **con** to collide with
choque *m.* impact; clash, shock
choza hut, cabin
chupar to suck; to absorb
ciego blind
cielo sky, heaven
ciencia science
científico scientific
cierto sure, certain
cima top, summit
cine *m.* movie (house)
cinto belt
círculo circle
circunstante onlooker, bystander
citar to make an appointment with; to cite
ciudadano citizen
clamor *m.* clamor, outcry
cláusula clause
clave *f.* key, clue; **palabra** —— keyword
clavo nail
cobarde coward
cobrador collector
cobrar to collect; to recover; to cash
cobre *m.* copper
coche *m.* car; carriage, coach

codicia greed, cupidity
codiciar to covet
codo elbow
coger to seize, hold; to pick; to catch
colecta purse, money collected
colérico angry
colgante hanging
colgar to hang; **ir colgado** to be hanging
colina hill
colocar to place, set up
colonia cologne, colony
colonizador colonizing
colorado red
comedia play; comedy
comedor *m.* dining room
comer to eat; ——**se** to eat up
comestible food, foodstuff, groceries (plural)
cometa *m.* comet
cómico writer of comedies; *adj.* comic
como like, as; as it were, apparently; —— **de** about
compadecido sympathetic
compartir to share, divide
compasivo compassionate
compensar to compensate (for), make up for
complacencia pleasure, satisfaction
complacer to please; ——**se en** to take pleasure in
complejidad complexity
complejo complex
complemento complement; (*grammar*) object
complicado complicated, complex
componer to compose
comprender to understand; to comprise
comprimir to restrain, suppress, compress
comprobar to verify, to prove
comprometer to compromise; ——**se a** to promise to
común common

comunicado communiqué; official notice
comunicar to communicate
comunidad community; place
concebir to conceive
conceder to grant
concha shell
conciencia conscience; awareness
concluir to conclude, end, finish
concordar to agree
condenación damnation, condemnation
condesa countess
condicionado conditioned; conditional
conducir to lead, conduct
conductor conductor; driver
conferenciante *m.* lecturer
confesar to confess
confiar to entrust
confín *m.* confine, border
conforme according
confundir to confuse, mingle, blend
confuso confused; blurred, unclear
conjetura conjecture
conjunto gathering, ensemble, whole, entirety
conmover to stir; to move, to touch, affect
conque and so, so then, so, so that
conquista conquest; victory
conseguir to obtain, get
consignar to consign
consistir (en) to consist (of)
consolar to console
constar to be clear; to be shown; ——**de** to consist of, be composed of
consumir to consume; to waste away
consunción consumption
contabilidad accounting, bookkeeping
contacto contact
contado: al —— cash, for cash
contagio contagion
contar to tell, relate, narrate, count
contemplar to contemplate, look at
contener to contain
contentar to content; ——**se con** to be satisfied with
contestación answer
contestar to answer
continuación continuation; **ir a** —— to follow
contratar to contract for; to hire
convencer to convince
convenir to be fitting, to be suitable; to suit
convivencia living together
coquetería flirtation, coquetry
corazón *m.* heart
cornisa cornice
coro chorus
corona crown
correr to run; **a todo** —— at full speed
corresponder to return, reciprocate (*affection, etc.*)
corriente *f.* current; *adj.* current, common, ordinary
corroer to corrode
corrosivo corrosive
cortés courteous
cortesanía courtliness
corto short
cosecha harvest; production; **de mi** —— of my own
costar to cost
costilla rib
cotidiano daily, everyday
creación creation
creador creative
crecer to grow, increase
creencia belief
criatura creature
crispado clinched, convulsed, agitated
cristal *m.* glass, window, crystal
cromatismo chromatism, coloring
cronista *m.* chronicler, narrator
crujido creaking, cracking
cruzar to cross, pass
cuaderno notebook
cuadro picture, painting, portrait

cual: tal o __ such and such
cualidad quality
cualificación qualification
cualificar to qualify
cualitativo qualitative
cuando when; **de __ en __** from time to time
cuantitativo quantitative
cuanto as much as; *pl.*, as many as, all those who (which); **todo __** all that; **en __** insofar as, as soon as; **__ antes** as soon as possible
cuarentón, -tona forty-year old
cuarto room, bedroom; *adj.* fourth; quarter
cubrir to cover
cuello neck
cuento story
cuidadoso careful, precautious
cuidar to care, heed, look after; **__ de** to look after
culpa blame, guilt, fault
cumbre *f.* height, summit; *adj.* top, greatest
cumplir to fulfill, accomplish, to perform
cuna cradle
cuñada sister-in-law
curar to cure
cursiva: en __ italicized
curva curve
curvatura curvature

daga dagger
danzarín, -rina dancing
dañar to hurt, damage
daño harm, damage
dar to give; **__ a** to face, look out on; **__ con** to meet, encounter
debajo below; **__ de** under, below
deber to owe; to have an obligation; *n. m.* duty
débil weak
decaer to decay

decepción deception; disappointment
decisivo decisive
decoroso decent, respectful
decrépito decrepit
dedo finger; toe; **__ pulgar** thumb; big toe
deducir to deduce
defender to defend, guard, protect
defensor (a) defender
deformar to deform
deforme deformed, shapeless, hideous
dejar to leave, let, allow; **__ de** plus *inf.* to stop; **no __ de** plus *inf.* to fail to, not to stop
delgado thin, slender
delicadeza delicacy, delicateness
delicia delight
delirar to be delirious, to rave
demostrar to demonstrate; prove; show
demostrativo demonstrative
denegrido blackish
denominar to name; to indicate
departamento apartment
dependiente servant, employee
deplorar to deplore; to regret
deporte *m.* sport
depositar to deposit; to entrust
depósito warehouse; reservoir; **__ de agua** water tank
derecho law, right, privilege; *adj.* right, straight, upright
derivar to derive
derramar to pour, shed, scatter
derribar to knock down
derrota rout, defeat
desaforado huge
desagradable disagreeable
desaparecer disappear
desarrollo development
desatender to pay no attention to; to disregard
desatinado wild, disorderly, foolish
descalificado disqualified
descansar to rest, repose
descanso rest

descarga discharge
descarnado lean, thin, bony
descender to descend
descendiente *m.* descendent
descifrar to decipher
descomponer to decompose; to disorganize
desconcertado disconcerted, upset
desconfiado suspicious, distrustful
desconfianza distrust
desconocer to not know; to deny; to disavow
desconocido unknown
descubrimiento discovery
descubrir to discover; to uncover, reveal
desde from, since; ___ **luego** at once, straightway, of course, doubtless
desdentado toothless
desdeñar to scorn, to disdain
desdeñoso scornful, disdainful
desdichado unfortunate, wretched, unhappy, unlucky
desembarcar to disembark
deseo desire, wish
deseoso desirous
desesperación despair
desesperado despairing, hopeless
desesperar to despair
desgajar to tear off (a branch)
desgarrón *m.* tear, rip
desgracia misfortune, bad luck
desgraciado unfortunate, wretched
deshacer to undo; to destroy; to carve, cut up
deshonrar to dishonor
desierto deserted, barren; *n.* desert
desigual unequal
deslumbrar to dazzle; to bewilder
desmedido limitless; excessive
desmoronar to wear down; to crumble
desnudar to undress; to lay bare; to draw (sword)
desnudez *f.* nakedness, bareness
desnudo bare, naked

desolación desolation, despair
desorientar to lead astray, to confuse
despacioso slow, sluggish
despedir to dismiss; to send out; ___ **se de** to take leave of; say goodbye to
despertar to arouse, awaken, wake up; ___ **se** to wake up
despreciar to scorn, despise
desprecio scorn
destacar to emphasize, to highlight; ___ **se** to stand out
destinar to destine
destino destiny
destrozar to destroy; to shatter, break to pieces
destructor destructive
destruir to destroy
desvanecido unconscious
detalle *m.* detail
detrás behind
deuda debt
devolver to return
diáfano diaphanous
diamante *m.* diamond
dicha happiness, pleasure
diente *m.* tooth
diferir to defer, postpone, delay
digno worthy, suitable
dilatado vast, extensive; diffuse
dilatar to dilate; ___ **se** to dilate, spread out, swell, extend
dínamo dynamo
dirigir to direct, guide; *refl.* to turn, face, make one's way
disafecto disaffected; opposed
disconformidad non-conformity; disagreement
discrepante discrepant; disagreeing; dissenting
disculpa excuse, apology
disculpar to excuse, to pardon; *refl.* to apologize
disgusto displeasure
disimular to conceal
disipar to dissipate, squander
disociar to dissociate

disparar to shoot; to throw
disparo shot (gun)
dispersar to disperse
disponer to dispose, prepare; *refl.* to make ready
distinguir to distinguish
distinto distinct, different
distracción distraction, diversion, amusement
distraer to distract (one's attention); to amuse, entertain
distraído distracted, absent-minded
divagación rambling, digression
diverger (*better* **divergir**) to diverge
divisar to descry, to espy
divulgar to divulge, reveal
doblar to double; to bow, to turn, to fold
dócil quiet, docile, gentle
doler to hurt, harm; *n.m.* grief, pain, sorrow
domicilio domicile, home
dominar to dominate
dominio dominion
dondequiera anywhere, in all directions
dosis *f.* dose
dotado gifted
dotar to endow, to equip
dote *f.* talent; gift; dowry
dudoso doubtful, uncertain, hazardous
dueña proprietor, owner, mistress
dulce sweet, rich, soft; *n.* candy
dulzura sweetness, softness
dureza hardness
duro *adj.* hard; *n.* five pesetas

echado lying down
echar to throw, hurl; ⸺ **de comer a** to feed; ⸺ **de ver** to notice
Eclesiastés *m.* (Bib.) Ecclesiastes
eco echo
edad age
edificar to build, erect; to edify
edificio building, edifice
editor publisher

efectismo effect; striving for effect
efectivamente actually; as a matter of fact
efectivo real, actual; regular
eficaz effective
eficiencia efficiency
ejecutar to execute
ejemplar exemplary
ejercer to exercise; carry out
elección election; choice
elegir to select, elect
elemental elemental; elementary
elevarse to rise; to be elevated
elisabético Elizabethan
elixir *m.* elixir
embajador ambassador
embarazoso embarrassing; inconvenient
embarcación boat, ship; embarkation
embarcar to embark
embargo hindrance; **sin** ⸺ nevertheless, however
emitir to emit
emotivo emotive; emotional
empinarse to stand on tiptoe, to rise
empleo use
empolvar to cover with dust, to powder
empresa undertaking
empujar to push
empuñadura hilt
enamorado in love
encanto charm
encargo charge; job; responsibility
encender to light, set fire
encerrar to enclose, to shut in
encima *adv.* above; in addition to; **por** ⸺ **de** above, over
encomendar to entrust, commend, commit
encontrar to find, meet
encuentro meeting; **ir al** ⸺ **de** to go to greet
endurecido hard, strong; hardened
enemigo enemy
enemistad enmity
enérgico energetic

énfasis *m.* emphasis, affectation
enfriar to chill, cool; ——**se** to cool off
engañar to deceive
engaño deceit, trick
engendrar to engender
enjugar to dry; to wipe
enlazar to link, connect
enriquecer to enrich, become rich
ensangrentado bloody
ensueño dream
entender to understand
enterar to inform; ——**se de** to find out about, learn about
entero entire, whole
enterrar to bury
entidad entity
entonar to sing, to intone
entonces then, at that time; and so
entrada entry; entrance
entre between, among; —— **tanto** meanwhile
entreabrir to half-open
entrecerrado half-closed
entregar to hand over, to give
entretejer interweave
entrevista interview
enturbiar to stir up; to obscure, confuse
enunciar to enounce; to enunciate
envenenador poisoner
envidiar to envy
envolver to wrap, wrap up; to involve
época epoch, time, era
epopeya epic poem
equivaler to be equal to, to be worth
equivocarse to be mistaken
erigir to raise
erizar to stand on end (hair)
errante wandering, roving
errar to wander, roam
esbelto graceful, slender
escabel *m.* seat, stool; pedestal, resting-place
escala scale; ladder
escalar to climb, scale
escalera stairs, stairway

escándalo scandal; noise, uproar
escasez *f.* scarcity
escaso scarce
escena stage (theater); scene
escénico scenic
esclarecer to explain; to enlighten
esclavo slave
escoger to choose, select; **escogido** choice
escritorio desk
Escritura Scripture
escudo shield
escudriñador scrutinizing
escultura sculpture
escupir to spit
esforzar to strengthen; ——**se** to exert oneself; ——**se en** to strive to
esfuerzo attempt, effort
eso that; **a** —— **de** about
espacio space; period, interval; **de su** —— leisurely
espacioso spacious
espada sword
espalda back; shoulder; **a sus** ——**s** behind him; **volverse de** —— to turn one's back
espantar to frighten, terrify
espantoso terrifying
esparcir to scatter; to spread
especia spice
espectáculo spectacle; show
espectador *m.* spectator
espectral ghostly, eerie
especulación speculation
espejo mirror
esperanza hope
esperar to hope; to expect
espeso thick
espina thorn, spine
espíritu *m.* spirit, mind, soul, heart
espontáneo spontaneous
esquina corner
establecer to establish
establecimiento establishment
estación station; season
estadística statistics

estado state
estante *m.* shelf; bookcase
estético aesthetic
estilo style
estimar to esteem; to estimate; to think, believe
estirar to stretch
estoicismo stoicism
estorbar to hinder, to obstruct; to annoy
estrangular to strangle
estrechar to tighten; to press; to shake (hands)
estrecho narrow
estrella star
estremecer(se) to shake
estrenar to perform (*a play*) for the first time
estridente shrill, harsh, strident
estrofa stanza
estudio study
etéreo ethereal
eterno eternal
étnico ethnic
evitar to avoid
evocar to evoke
exceptuado except for
excluir to exclude
exhalar to exhale, to emit
exhumar to exhume
exigencia exigency, requirement
exigir to exact, demand
éxito success
experimentar to experience, undergo; to test, try
experimento experiment
expiación expiation
expirar to expire, vanish, die away
explicación explanation
explicar to explain
expoliación spoliation; act of plundering
exponer to expose, reveal; to expound
extender(se) to stretch out, to sprawl out, to extend
extinto extinguished; extinct

extranjero foreign
extrañar to surprise, to find strange; ___se to be surprised; to wonder; to banish
extrañeza strangeness, wonder
extraño strange, foreign
extravagante wild, odd, extravagant
extremado extreme, excessive

fabricar to make, manufacture
fábula fable; tale
facción faction; feature
falda skirt
falta lack
faltar to lack; to need; to miss
fama fame, reputation
fantasma *m.* phantom, ghost
farol *m.* streetlamp
fascinante fascinating
fascinar to fascinate, charm
fatigoso fatiguing, tiring
faz *f.* face; aspect
fe *f.* faith
fecha date
felicidad happiness, felicity
fenómeno phenomenon, manifestation
feo ugly
feroz ferocious
ferrocarril *m.* railroad; train
fiar to trust
fieltro felt
fiesta festival, festivity, feast
figura figure; face, countenance
figurado figurative
figurarse to imagine, fancy
fijar to fix; ___se en to notice
fijo fixed
fila row, line; rank
filológico philological
filtrar to filtrate, filter
fin *m.* goal, end; **por** ___ finally
final *n.* end
financiero financial
fingir to pretend, feign
fino fine, delicate
física physics

físico physical; *n.* physicist
fisonomía physiognomy
flaco thin, skinny
flamante bright; clean
flaqueza thinness, skinniness; weakness
flor *f.* flower
florecer to flower, blossom, bloom
florido flowery, full of flowers
flotante floating
flotar to float
fluido fluid
fluir to flow
fondo depth, end, bottom, back, background; *fig.* bottom (essence); **al** ⸺ in the background
forastero outsider, stranger
forjar to forge
formular to formulate, to speak
forzar to force
fosforescencia phosphorescence
fósforo match
fracasar to fail
fracaso failure
frágil fragile
fraile *m.* friar; cleric, priest
franqueza frankness
frecuentar to frequent; to repeat
frente *f.* front, forehead, brow; ⸺ **a** ⸺ face to face; ⸺ **a** in front of, opposite
frito fried
frontera frontier; boundary, border
frustrar to frustrate, to thwart
frutero fruit bowl or dish
fuego fire
fuente *f.* fountain, stream; source
fuera out; outside; ⸺ **de sí** beside oneself; ⸺ **de** outside of, besides
fuerza force, strength, power; **ser** ⸺ to be necessary; **por fuerza** perforce, necessarily
fugitivo fleeting
fulgor gleam, brilliancy, glow
fundar to found; to base
fundir to fuse, to mix
futbolista *m.* football (soccer) player

gafa *pl.* eyeglasses
galería gallery
gallardo graceful, elegant
galleta biscuit, hardtack
gana desire; **dar ganas de** to make one want to
ganar to earn, gain, to win
garantía guarantee
garganta throat
gasa gauze, chiffon
gastar to spend; to waste
gemido moan, sigh
gemir to moan, groan
genérico generic
género kind; genre; ⸺ **humano** human race
genio temperament; genius; character, spirit
germinador germinating
gesto gesture; face, grimace
gigante *m.* giant
gigantesco gigantic
gobierno government
goce *m.* enjoyment
golpe *m.* beating, blow; **de** ⸺ suddenly
golpear to strike, beat; to bruise
gordo fat, plump
gota drop
gótico Gothic
gozo joy
gozoso joyful
gracia grace, gracefulness, charm, witticism
gracioso graceful, gracious, witty, strange
grada step
gramática grammar
gramo gram
granito granite
grato pleasant
gravedad seriousness; gravity
griego Greek
gris gray
griterío shouting, outcry
grito cry, shout
grosero coarse, tough, rough

grotesco grotesque
gruñir to growl, scold
guardar to keep, guard
guardia police; guard (body of armed men)
guerrero pertaining to war; *n.* warrior
guiar to guide
gusano worm
gusto taste; liking; pleasure

habilidad skill; ability, capability
habitación room
habitar to inhabit, to occupy
habla *f.* speech; language
hada fairy
hala *interjection* get going! come!
hartar to stuff, satiate; to satisfy
hasta *adv.* even; *prep.* until; up to, as far as
hazaña exploit, deed
hecho fact; deed; event
helado frozen
helar to freeze
heredar to inherit
herencia heredity
herir to wound
hermosura beauty
hidalgo noble; nobleman
hija daughter, girl, child
hilo wire; string
hinojos: de —— kneeling
hiperdemocracia hyperdemocracy
historia history, story
hondo deep
hondura depth
horroroso frightful, horrible
huerta garden (fruit or vegetable)
hueso bone; **de carne y ——** flesh and blood
huésped *m.* guest; lodger, host
huir to flee, escape
húmedo humid, wet
humillar to humble, humiliate; *refl.* to bow down, to humble oneself
humo smoke
hundir to sink, to shatter; to collapse, crash, ruin; **——se** to sink

idéntico identical
ignorar not to know, to be ignorant of
igual equal; similar; unchanging; likewise; **—— que** like
igualar to be equal to; to equalize
ilimitado limitless
ilusionista illusionist
imagen *f.* image, statue, figure; vision
impaciente impatient
impasible impassive
impedir to prevent, hinder
imperar to rule
imperio empire; dominion, sway
implorar to implore, beg
imponente imposing, impressive
importar to matter, to be of importance
impresionante striking, impressive
impresionar to impress, make an impression
imprevisto unforeseen, unexpected
impulsar to impell; to drive
inadvertido unnoticed
incalificable unqualifiable
incesante incessant
inclinar to bow
incomodidad inconvenience, discomfort
incómodo uncomfortable
incomprensible incomprehensible
incongruencia incongruity
incorporarse to sit up
incorporeidad lacking material body or form
incorregible incorrigible
increíble incredible
incualificado unqualified
índice index; index finger
indicio sign, token
indiferentismo indifferentism; indifference
indudable indubitable, without doubt
ineficacia inefficacy
inequívoco unequivocable
inesperado unexpected
inexplicable unexpláinable
infatigable tireless, indefatigable

infeliz unhappy, unfortunate, wretched
infiel infidel; *adj.* unfaithful; inexact
influir to influence, to have influence
influjo influence
informe *m.* information; notice
infundir to infuse, inspire, instill
ingeniero engineer
ingrediente *m.* ingredient
iniciar to initiate
inmaculado immaculate
inmenso immense
inmoderado immoderate
inmóvil motionless, immovable
innegable undeniable
inolvidable unforgettable
inquietud restlessness, anxiety, uneasiness, concern
inspirar to inspire; to breathe in
instalar to install
instinto instinct
integrar to integrate; to form, make up
inteligencia intelligence, understanding
intentar to try, attempt
interponer to interpose; to intervene
intérprete *m.* interpreter
interrogatorio interrogation
interrumpir to interrupt
inútil useless
invencible invincible, irresistible
invierno winter
irradiar to radiate, to irradiate
irritarse to become irritated
isla island

jabón *m.* soap
jarro pitcher
jefe *m.* chief; head
jerarquía hierarchy
joven young; *n.* young man or woman
joya jewel
jugar to play
juguetear to play
juicio judgment
juntar to join, unite; *refl.* to come together

jurar to swear
jurídico juridical
justo just, right, correct, exact, precise
juzgar to judge

kilo kilogram (2.2 lbs.)

laberinto labyrinth
labio lip
labor *f.* labor, work
labradora peasant girl
lado side; **medio** ___ leaning over
lago lake
lágrima tear
lámpara lamp, light
lana wool
lanza lance; spear
lanzada blow of the lance
lanzar to hurl, to throw, to fling
lapso lapse
largar to release, let go; to beat it
largo long, broad, prolonged; ___ **de ahí** get out of here!; **a lo** ___ **de** along, throughout
látigo whip
latino latin
latir to beat, throb
laxo lax, easy
lecho bed
legua league (measure)
lejano distant, far; ___ **a** far from
lejos far; **a lo** ___ in the distance, far off; **desde** ___ from a distance
lengua language; tongue
lenguaje *m.* language
lento slow
león *m.* lion
levantar to lift, raise; *refl.* to get up
leve light; slight, trivial
leyenda legend; story
libresco book, bookish
licencia license; permission
ligar to bind, tie, knot; to join
ligero light
lila lilac
limonada lemonade
limosna alms
límpido limpid

línea line
lirismo lyricism
lisonja flattery
litografía lithograph
llamamiento call; divine inspiration
llamar to call; ⎯ **la atención** to attract the attention
llanto weeping, crying
llanura plain
llave *f.* key; faucet, spigot
llegar to arrive; to reach; to be equal
lleno full, filled
llevar to take, carry, take away; to wear; ⎯ **a cabo** to execute, carry out; ⎯**se** to carry away
llorar to cry, weep
llovizna drizzle
lluvia rain
local *adj.* local; *n.* rooms, quarters, places
localidad locality; seat (theater)
locomotora engine
locura madness
lograr to get, attain, produce; to succeed in
losa flagstone; slab
luchar to strive, struggle
lucio bright, shiny
luego soon; then; ⎯ **de** after, right after
lugar *m.* place; site; village; **dar** ⎯ **a** to give rise to
lujo luxury
lujoso luxurious
lumbre *f.* light
luz *f.* light

machón *m.* buttress
madera wood
madreselva honeysuckle
madrileño of Madrid
majestad majesty
majestuoso majestic
mal *adv.* badly; *n.* evil, harm, wrong
malayo Malayan
maldecir to curse
mamar to suck

mamón baby
maná manna
mancha spot, stain
mandato mandate
manejar to handle
manga sleeve
manifiesto manifest
manso tame, gentle, mild
máquina machine
maquinal mechanical
mar *m.* sea
maravilloso marvelous
marcar to mark; to point out, to designate; to lay out
marchar to go; to march; ⎯**se** to leave, go away
marchitar to wither
marfil ivory
margen *m.* margin
marinero marine, (of the) sea; *n.* sailor
mármol *m.* marble
masa mass
mascullar to mumble, mutter
materia matter; stuff; material
matinal *adj.* morning
matrimonio matrimony; married couple
matrona matron
mayor greater (greatest), older (oldest); main, chief; *n. pl.* elders; ancestors
mecánica mechanics; machinery
medalla medal
media stocking
mediado half; middle (of)
mediante by means of, through
medida measure, measurement; moderation; **a** ⎯ **que** in proportion as, according as
medio average; middle; **por** ⎯ **de** by means of; **Edad Media** Middle Ages; **a medias** half; in the middle or midpoint
mejilla cheek
mejorar to improve, to make better
melena (long) hair

menester *m.* need
menos: lo —— at least
menospreciar to scorn, to disdain
mente *f.* mind
mentira lie, falsehood
merced grace; lordship
merecer to deserve
mero mere
mesa table
metro meter
mezclar to mix, mingle
miembro member; limb
mientras while; whereas
mil thousand
millar *m.* thousand
minoría minority
minotauro minotaur
minucioso minute; meticulous
mirada look, glance
mirador balcony, gallery, lookout
mirar to look, look at
misa Mass
miseria poverty
misericordia mercy
mismo same, very, self
misterio mystery
mitigar to mitigate
mitra miter
modales *m. pl.* manners
modo mode, way
mohín grimace, pout
mojado wet, drenched
mojar to wet, dampen, drench
moler to grind
molestar to disturb, bother
molino mill
momentáneo momentary
moneda coin; money
monja nun
monologar to engage in a monologue
monstruo monster
monstruoso monstrous
montaña mountain
monte *m.* mountain
montón *m.* heap, pile; crowd
moral *f.* morals (ethics; conduct); morale

moreno dark, brunette
moribundo dying, faint
moro Moor
mortificar to mortify
mortuorio mortuary
mostrador *m.* counter
mostrar to show
mover(se) to move
movilizar to mobilize
movimiento movement
muchedumbre crowd, heap, pile
mudanza change
mudo mute, silent
mula mule
multiplicar to multiply
multitudinario pertaining to the multitude
mundano mundane, worldly
murmullo murmur
músculo muscle
músico musician

nacer to be born
nada nothing; **en ——** in any respect, at all
naturaleza nature
naufragar to shipwreck
nave *f.* boat; church
navegar to sail, to navigate
naviero shipbuilder
nene baby
nexo nexus, connection, tie
ni neither, nor, not even; **ni ... ni** neither ... nor
nido nest
niebla mist, fog, cloud
noción notion, idea
nota note; grade (school)
notar to notice
noticia piece of news; *pl.* news
nube *f.* cloud, film
nublado cloudy
nublar to cloud; to obscure, to darken
nuca nape of the neck
nuevo new; **de ——** again
nuncio harbinger, messenger, announcer

objeto object
obligar to oblige, obligate
obrar to work, operate, proceed
obrero *adj.* working; *n.* worker
obscuridad darkness
obstante: no —— nevertheless, notwithstanding, however, in spite of
obtuso obtuse
occidental western
octosílabo octosyllabic
ocultar to conceal, hide
oculto hidden, concealed
ocurrir to occur, happen
odiar to hate
oficiar to officiate
oficina office
oficio occupation
ofrecer to offer
ofrenda offering
oído ear
ojo eye
ola wave
oler to smell
olor odor, smell
onda wave
ondeado wavy
ondulante undulant, waving
opinar to express an opinion, to pass judgment
oponer to put up, to juxtapose; **——se a** to oppose, be opposed to, to be against
oprimir to oppress
optar to choose, select; **—— por** to choose, to decide
ora now; **ora ... ora** now ... now
oración *f.* oration; prayer; *gram.* sentence
oratorio oratorical
ordenar to arrange, order
orgulloso proud
oriente east; Orient
oro gold
ortodoxo orthodox
oscilar to oscillate, sway, hover
oscurecer (obscurecer) to darken

oscuro dark, obscure
oveja sheep

padecer to suffer
paje *m.* page
palidecer to pale
palmera palm
palo stick; blow, whack
palpar to feel, touch
palpitar to palpitate, throb
pan *m.* bread
panecillo roll; crescent
panza paunch
pañuelo handkerchief, shawl
paquete *m.* package
par *m.* pair
parábola parable
paradoja paradox
paradójico paradoxical
paralizar to paralyze
páramo high barren plain
parar to stop
pardusco grayish, drabbish
parecer to seem, resemble; **——se** to resemble, to be like
parecido similar
pared *f.* wall
párpado eyelid
párrafo paragraph
parte *f.* part; **por —— de** on the part of
participar to communicate; to inform; **—— de** to partake of
partida departure
partidario partisan
partir to divide; to break, crack; to leave
pasado past; overdone; **de pàsada** in passing
pasajero *n.* traveller, passenger; *adj.* passing, fleeting
paseo walk, stroll, ride
pasillo passage, corridor
paso step, footstep
patria fatherland
pausa pause
pavimento pavement, floor

paz *f.* peace
pazo ancestral home
pecho chest, heart, breast
pedacillo *dim. of* **pedazo**
pedazo piece
pedrería gems, precious stones
pegar to stick, to fasten; *refl.* to stick
peinarse to comb one's hair
peldaño step (stair)
peligro danger
pelo hair
pena hardship, sorrow, pain, punishment
penacho tuft, crest (of feathers)
penoso painful, difficult
pensamiento thought
penúltimo penultimate; next to last
pequeñez smallness
percha coat rack
percibir to perceive, see, hear, to be aware
perder to lose, miss; *refl.* to disappear, vanish; to die out
perdiz partridge
perdurar to last, to remain
perecer to perish; ⸺ **por** to be dying for, to pine for
pereza laziness
perezoso lazy
perfeccionar to perfect, to refine
perpetua perpetual
perplejo perplexed, confused
persecución pursuit; persecution
personaje personage, character, person
pertenecer to belong, to pertain
pesadilla nightmare
pesado heavy, tedious
pesaroso sorrowful
pescado fish
pescador *m.* fisherman
peso weight
petulante petulant; flippant, insolent
piadoso pious, merciful
picar to pick at; to pierce; to chop up, cut up

picaresco picaresque; roguish
pico beak, bill; a little after
pie foot; *dim.* **piececillo**
piedra stone
piel *f.* skin
pierna leg
pieza piece; part; room
pimentón large pepper
pincel *m.* brush
pino pine tree
pintura painting
pirámide pyramid
pisar to tread on, step on
piso floor; apartment
pitillo cigarette
planicie *f.* plain, level ground
plantar to plant; *refl.* to stand, take a stand
planteamiento statement, exposition
plata silver
plato dish; plate
Platón Plato
playa beach, shore
plebeyo plebeian
pleno full
pluma feather; pen
población village; town; population
poblar to people, fill, populate
poder *n.* power; *v.* to be able; **no** ⸺ **más** to be exhausted, not to be able to go on; **no** ⸺ **menos de** not to be able to help
poderío power
poderoso powerful; rich
poesía poetry
policíaco police, detective (stories)
policial (pertaining to the) police; detective (story)
polo opposite pole; support; pole
polvo dust
porche *m.* porch, portico
porfiado obstinate, stubborn
portamonedas purse, pocketbook
portazo bang or slam (of door)
porte *m.* bearing
porvenir *m.* future
poseer to possess, own

posesionar to have possession; to give possession to
posterior posterior; later; back, rear
postular to postulate, seek, claim
potente potent, powerful
práctica practice, skill
precaución precaution
precisar to state precisely, to specify
preciso necessary
precoz precocious
predominio predominance
preguntar to ask
prejuicio prejudice
premio prize
presea jewel
presentimiento presentiment, misgiving
presión pressure
prestar to lend
prestidigitación prestidigitation, sleight of hand
prestigio prestige
presunción presumption
previsión foresight
primaveral (pertaining to) spring
principio beginning; principle
prisa hurry, haste
privar to deprive
pro: en pro de in favor of
probar to prove, to test, to try, try on
proceso process; course, development
prodigioso marvelous, wonderful
profetizar to prophesy
profundidad depth
profundo profound, deep
pronombre pronoun
prontitud promptness, keenness, wittiness
pronto *adj.* quick; prompt; *adv.* right away, soon; **por lo** ⎯ for the present; **al** ⎯ right off; **de** ⎯ suddenly
propagar to spread, extend; to propagate
propio proper, natural, same; himself, herself, etc.; (one's) own
proporcionar to furnish, provide
propósito aim, purpose, intention, proposal, plan
prorrumpir to burst out, shoot forth
proseguir to continue, pursue, carry on
protector protector; *adj.* protective
próximo next; near; close
proyectil projectile
pueblo town, village, people, nation
puerto port
puesto *pp. of* **poner;** ⎯ **que** seeing that, since, because
pulimento polish
pulsera bracelet
punto point; **estar a** ⎯ **de** to be on the point of, about to
puñal *m.* dagger
puño fist, cuff, hilt

que who, which, that; for, since, because
quebrantar to break
quebrar to break, alter
queja moan, lament
quejar to complain, lament
querer to wish, want; to love
queso cheese
quia *excl.* oh!
quimérico fantastic, chimerical
química chemistry
quitar to remove

racionalismo rationalism
raíz *f.* root
rama branch
ramo branch, limb
rareza rarity; strangeness, oddness
raro rare, strange, odd
rasgo trait, characteristic
rayo ray, beam; lightning
raza race
razón *f.* reason; word
real real, actual, royal
realizar to realize (to fulfill; to carry out)

reanimar to revive, to recover one's spirits
reanudar to renew, to resume
rebajar to lower; *refl.* to stoop
rebelar to rebel, revolt
rebelde rebellious; *n.* rebel
rebosar to overflow
recado message, gift
recaer to fall again; —— **sobre** to fall upon
receloso suspicious; fearful
rechoncho chubby
recinto area, enclosure, place
reclamar to claim, reclaim
reclusión seclusion; imprisonment
reconcentrarse to become absorbed in thought
reconocer to recognize
recordar to remember
recrear to recreate; to amuse
recto straight; right (angle); just, righteous
rectoría rectory
recuerdo memory, remembrance, souvenir
recuperar recover, recuperate
recurso recourse; device (style)
red net, network
redentor redeemer
redondo round
reducir to reduce
reemplazar to replace
referir to refer; to narrate, tell
refinado refined; fine, distinguished
reflejar to reflect
reflejo reflection
reflexionar to reflect
reforzar to strengthen, reinforce
refresco refreshment
refugiar to give refuge; ——**se** to take shelter
refugio refuge
regalo gift
regazo lap
regir to rule, govern; to control
registrar to examine, search
registro register

regla rule; order
regresar to return
rehuir to flee; to avoid
reina queen
reir to laugh, to laugh at; *refl.* to laugh
reiteración repetition
reiterar to reiterate, repeat
relación relation
relato tale, story
relieve *m.* relief
relucir to gleam, shine
rendido exhausted
rendir to surrender; to return, to yield
renombre *m.* renown
renuncia renunciation
reñir (i) to scold, to fight, to quarrel
repartir to distribute
repente: de —— suddenly
repentino sudden, unexpected
repetir to repeat
repisa mantel
replicar to reply
reponer to replace, restore
reposar to rest
reposo calm, rest
representar to represent, to perform
reprimir to represss
reproche *m.* reproach
reproducir to reproduce, to reflect
requerir to require; to request
reserva reserve, reservation
resistir to resist; to bear, withstand; —— **a** + *inf.* to refuse to
resolver(se) to resolve, decide on
resonar to resound
respecto a *or* **de** with regard to, with respect to
respetable respectable
respetar respect
respiración breathing
respirar to breathe
resplandecer to glisten, shine, glow
respuesta response, answer
restar to remain
resto remain, relic
restringir to restrict

resuelto *pp. of* **resolver** determined, resolved
resultar to result, to turn out
retirar to retire; to withdraw
retorcer(se) to twist, wind, turn
retórico rhetorical; *n.f.* rhetoric
retrasar to delay, be late
retratar to portray, depict, mirror
retroceder to go back; to revert
revelador revealing, informative
revelar to reveal
reverberación reverberation
revés *m.* back, reverse; **al** ⎯⎯ backwards, on the contrary
revestir to put on, to cover, to line, to deck, adorn, dress
revisión revision; review
revista magazine, review
revolver to turn around, to stir
rey king
rezar to pray
riente laughing; bright, cheerful
riesgo risk
rigor *m.* rigour; **en** ⎯⎯ as a matter of fact
rincón *m.* corner
risa laugh, laughter
risotada boisterous laugh
ritmo rhythm
rivalizar to vie, to compete; ⎯⎯ **con** to rival
robar to steal
roble *m.* oak
roca rock
rocoso rocky
rodar to roll; to drag along
rodear to surround, gather, around; *refl.* to move about
rodilla knee; **de** ⎯⎯**s** kneeling
rogar to beg, pray, beseech
rojizo reddish
rojo red
romance *adj.* Romance (language); *n.* ballad (in octosyllabic verse)
romano Roman
romper to break, to tear
ronda round; circular dance

rosado rose-colored, rosy
rostro face
rubio light, blond
rudeza coarseness, roughness
rugido roar
ruido sound, noise
ruidoso noisy
ruinoso ruinous; tottering, run-down
rumbo course, direction ⎯⎯ **a** in the direction of, bound for
rumor *m.* noise, sound, murmur

saber to know, to be able; *n.m.* knowledge; **a** ⎯⎯ to wit, that is
sabiduría learning, wisdom, knowledge
sabio wise, learned; *n.* wise man, scholar, sage
sacar to take out
sacerdote priest
saco sack, bag
sacudir to shake
sal *f.* salt; charm, grace; wit
sala room; auditorium (theater, etc.)
salado salt, salty; witty
saliente salient, outstanding
salir to leave, go out
salón *m.* living room
saltar to jump, leap
salto jump, leap, bounce
saludable healthy
salvaje savage, wild
sangre *f.* blood
sangriento bloody
santo saint; *adj.* holy
santuario sanctuary
secar to dry
seco dry; plain; **a secas** simply, merely
sed *f.* thirst
sediento thirsty
seguir to continue
según according to
seguro sure, certain; **de** ⎯⎯ surely
selecto select
semblante *m.* face, look, appearance
semejante similar, like

semejanza resemblance; similarity
sempiterno everlasting, eternal
sencillez simplicity, simpleness
sencillo simple
seno breast, bosom, heart
sensato sensible
sensibilidad sensitivity, sensibility
sentenciosidad sententiousness
sentido meaning, sense
sentir to feel, perceive, hear
seña sign
señalar to show, indicate; to point out, to signal
sepulcro sepulcher, tomb, grave
ser to be; —— **de** to become; *n.* being, human being; essence
seriedad seriousness
serio serious
serpiente *m.* serpent
sien *f.* temple (*anat.*)
sifón *m.* siphon bottle
significación significance
significado meaning
signo sign; signal
sílaba syllable
silencioso silent, mute, still
sillón *m.* armchair, easy chair
símil similarity; comparison; simile
simular to simulate, to feign
singularizar to distinguish, to single out; to stand out
siniestro sinister
sino but, except; **no ... sino** only
sintaxis *f.* syntax
sinuoso sinuous, winding
siquiera even; at least; **ni** —— not even
sitiar to surround; to besiege
soberano sovereign
soberbia pride, arrogance
sobrehumano superhuman
sobrenatural supernatural
sobrenombre nickname
sobresaliente outstanding
sobresalir to stand out, excel
sobriedad sobriety, moderation
socorrer to succor, help

sofocar to smother, stifle, choke
soler to be accustomed to
solícito solicitous, careful, obliging
sollozar to sob
solo alone, solo, single, mere
soltar to let go, let loose, to unfasten
sombra shade, shadow
sombrío somber, dark, gloomy
someter to subdue, subject; surrender
sonante resounding, sonorous
sonar to sound, echo, resound
sonido sound
sonoro loud, sonorous
sonreir to smile
sonrisa smile
soñador dreamy; *m.* dreamer
soñar to dream, to dream of; —— **con** to dream about
soplar to blow
sordo dull, muffled, low, deaf
sorprendente surprising
sorprender to surprise
sorpresa surprise
sospecha suspicion
sospechar to suspect
sostener to support, maintain
suave soft, gentle, smooth, delicate
suavidad smoothness; mildness
suavizar to smooth, to soften
subir to go up, mount, rise
súbito sudden
subrayar to underline; to emphasize
subsiguiente subsequent
suburbio suburb; outlying slum
subyugar to subjugate
suceder to happen
suceso event
suelo ground; floor
sueño dream, sleep
suerte *f.* luck, good fortune, fate
sufrir to suffer, endure, allow
sugerible suggestible
sugerir to suggest
suicidarse to commit suicide
Suiza Switzerland
sujetar to hold, subdue, overcome

sujeto *adj.* subject, liable; fastened, tied; *n.m.* subject
sumario summary
sumergir to submerge, immerse, plunge
sumo high, great, extreme
superar to surpass, excel
superficie *f.* surface
superior superior, upper, higher
supersticioso superstitious
suponer to suppose, presume
suprimir to suppress, eliminate
supuesto: por supuesto of course
surgir arise
suspender to hang, to suspend; to fail (school)
suspirar to sigh
suspiro sigh
sustantivar to be used as a noun
sutil subtle

tajo cut; edge
talento talent; accomplishment
tampoco neither; nor; not even
tanto so much; as much; **entre ——** meanwhile; **por ——** therefore **tanto . . . como** both . . . and, as much . . as
tapar to cover
tarde *f.* afternoon; *adj.* late
tarea task, work
tarjeta card
tatuar to tattoo
techo roof
tela cloth
telaraña spider web
telón curtain (theater)
tema *m.* theme
temblar to tremble
tembloroso trembling
temeroso fearful, terrifying, timid
temor fear
templar to temper, soften
tender to extend, offer, stretch, direct; **—— una mirada** to take a look
tener to have, to hold; **—— miedo** to be afraid

tentación temptation
tentar to tempt, try
tenue tenuous; light
teorema *m.* theorem
terminar to terminate, end
término limit, end; boundary; **en primer ——** front, foreground; **en —— de** within
ternura tenderness
terreno land; plot, lot
terso smooth, polished, flowing (style)
tesoro treasure
testigo witness
tiempo time; **de —— en ——** from time to time; **a un ——** at the same time
tierra earth, land
timbre bell (door)
tiniebla darkness
tirar to draw, pull
título title; diploma; **a —— de** by way of; as a
tocar to touch
todavía still, yet
tontería foolishness, stupidity
tonto stupid, foolish
tópico *adj.* topical, local; *n.* topic
torbellino whirlwind
torcer to twist
tornar to return; **—— a** *plus inf.* to do something again
torno turn; **en —— a** around
toro bull
torturador torturer
tostar to toast; to burn
trabajado overworked, worn-out
tradición legend, tradition
trago swallow
traición treason
traje suit, dress
tranquilizar to calm, tranquilize
transeúnte passer-by
transformador transformer
transmutar to transmute, to change
transporte *m.* transportation

tranvía streetcar, trolley car
trapo rag
trascender to smell, permeate; to spread
trasero back
trasladar to move
trastorno upset; disturbance
tratamiento treatment
través: a ⎯⎯ through, across
trayecto journey; (trolley) line
trémulo trembling, tremulous
trepidación trepidation
tribu *f.* tribe
trigo wheat
tripa gut, intestine; belly
tripular to man (ship, etc.); to equip
tronco trunk
tropa troop, flock; (*mil.*) troops
tropel *m.* bustle, rush; **en** ⎯⎯ in a mad rush
tropezar to hit; ⎯⎯ **con** to run into; encounter
trotar to trot
trozo piece; selection
trueno lightning
turno turn

ufanarse to boast
ulceración ulceration
ulterior ulterior, subsequent, later
umbral *m.* threshold; doorsill
untar to grease; to cover; to moisten
uña nail, fingernail, toenail, claw
urbano urban; urbane
urgir to urge; to be urgent
utensilio utensil; instrument
utilizar to use

vacilar to hesitate
vacío empty, void, hollow; *n.*, *m.* space, void, emptiness, vacuum
vagabundo vagabond
vago vague; blank (stare); lazy, idle
vagón *m.* railroad car
valer to be worth; ⎯⎯**se de** to employ, make use of

valeroso valorous, brave
valiente valiant, brave, strong
valor *m.* value, worth
valorar to value, appraise; to put a value on
vanguardia vanguard; front
vapor *m.* steam
varilla rod
varonil manly, virile
vecino neighboring, near; *n.* neighbor, resident
vela candle; sail
velar to stay awake; to watch (over); to guard
velero sailboat
velo veil
veloz fast
veneno poison
venido: bien ⎯⎯ welcome
ventura happiness; luck, chance
veraz veracious, truthful
verdoso greenish
vergüenza shame, embarassment
verídico truthful, authentic
verja grating, railing, window
verosímil plausible, probable, likely
versar to turn; to become versed
vertiginoso dizzy, confusing
vértigo vertigo, dizziness
vestido dress, suit
vestir to dress
vez *f.* time; **tal** ⎯⎯ perhaps; **de una** ⎯⎯ once and for all
viaje *m.* trip
vibrar to vibrate
vidriero glassworker
vidrio window, glass
viento wind, breeze
vigilar to watch, watch over, keep guard
vigor vigor; force
vil vile, base; mean
villa town
villano villain, peasant, rustic, serf
virtud virtue; **en** ⎯⎯ **de** by virtue of, because of
visión *f.* vision, sight, fancy

visionario visionary
visir vizier, vizir
visitar to visit
visto *adj.* evident, obvious; **por lo ___** evidently, as is clear
viuda widow
vivienda dwelling
vivir to live, live in
vivo alive, living
vocablo word, term
vocal *f.* vowel
volar to fly
voltear to turn around; to move
voluntad will
voluntarioso willful; determined
voluptuosidad voluptuousness
volver to return; to turn; **___ a +** *inf.* to do something again; **___se loco** to go mad
voracidad voracity
voz voice; **en ___ alta** aloud
vuelo flight
vuelta turn, return; change; **darse una ___** to take a walk; **estar de ___** to be back
vulgaridad commonplace; vulgarity
vulgo common people

ya *adv.* already; soon; now; **¡ya!** of course, just (what); **___ no** no longer

zapato shoe
zumbar to buzz, to hum

English-Spanish

(A few cognates, and the words provided with the compositions, are not included.)

absence ausencia
abstraction abstracción
absurd absurdo
accompany acompañar
according to según
actual real, verdadero; **actually** en efecto, realmente
add añadir
adventure aventura
advise aconsejar
afraid: to be ___ temer, tener miedo
again otra vez; **to do something ___** volver a + *inf.*
against contra
age edad *f.*
airmail por avión; correo aéreo
allow permitir, dejar
alone solo
ambassador embajador
ambulance ambulancia
any cualquiera, alguno
art arte *m.*
article artículo
ask preguntar; pedir (i)
asleep dormido
attack atacar
attend asistir a
attention atención; **to pay ___** hacer caso a
attitude actitud *f.*
aunt tía
avoid evitar

baby bebé
bandit bandido
baseball beisbol *m.*
beach playa
beat it largarse

beautiful hermoso, bello
beauty belleza, hermosura
because porque; ⎯ **of** a causa de, debido a
bed cama; **go to** ⎯ acostarse
begin empezar (ie); comenzar (ie)
beginning principio, comienzo
bell campana
belong pertenecer
bird pájaro
bitter amargo
blind ciego
bomb (atomic) bomba (atómica)
bored aburrido
boring aburrido
break romper
brilliant brillante
build construir
building edificio

calm tranquilizar
camera cámara
captain capitán
car auto, coche *m.*
case caso
cathedral catedral *f.*
celebrate celebrar
century siglo
chair silla
change cambiar
chapter capítulo
check cheque *m.*
child niño
chivalry caballería; **novel of** ⎯ novela de caballerías
Christmas Navidad
church iglesia
cigarette cigarrillo
class clase *f.*; **classroom** sala de clase, aula
clean limpio
climate clima *m.*
clothes ropa
coast costa
collection colección
collector cobrador
coming venida, llegada

communism comunismo
conceive concebir
consequence consecuencia
consist (of) consistir (en)
contemporary contemporáneo
contrary contrario; **on the** ⎯ al contrario
contribute contribuir
correct corregir
cost costar
cotton algodón *m.*
count contar; ⎯ **on** contar con
countryside campo
courteous cortés
coward cobarde *m.*
cream crema
crime crimen *m.*
crisis crisis *f.*
criticism crítica
cross cruzar
crowd muchedumbre *f.*
cry (out) gritar
cup taza

dance bailar
dark oscuro
dean decano
deceive engañar
decide decidir; decidirse (a)
defeat derrota
define definir
delay tardar (en)
delicious delicioso
deny negar
desert desierto
destruction destrucción
dictator dictador
dictionary diccionario
dirty sucio
distinct distinto
distinction distinción
divide dividir
dress vestido
dress vestir, vestirse (i)
drive conducir
dry seco
dust polvo

effect efecto
egg huevo
empire imperio
enchanter encantador *m.*
energy energía
enormous enorme, desaforado
entire entero
equatorial ecuatorial
escape escaparse
essay ensayo
essential esencial
exaggerate exagerar
examination examen *m.*
exist existir
explosion explosión
explosive explosivo
express expresar
exquisite exquisito
extensive extensivo; vasto

facility facilidad
fact hecho; **in** —— en efecto, en realidad
fall caer; —— **in love with** enamorarse de
famous famoso, célebre
fast rápido
fat gordo
feel sentir (ie, i)
fever fiebre *f.*
field campo
fight combatir, luchar con, pelear
film película; film *m.*
find hallar, encontrar
fire fuego
fireplace chimenea
fish pescado
flee huir
flower flor *f.*
forget olvidar, olvidársele a uno
formerly antes
fortune fortuna
free libertar
freedom libertad; —— **of speech** libertad de palabra
frequent frecuente
fugitive fugitivo
full lleno

garden jardín *m.*
gay alegre
giant gigante *m.*
glad alegre; **to be** —— alegrarse (de)
glass vaso
glove guante *m.*
godchild ahijado
government gobierno
grass hierba
gray gris
ground tierra; suelo

half mitad *f.*
happen suceder, pasar
happy feliz, contento
hate odiar
hatred odio
head cabeza
heavy pesado
help ayuda, socorro: *v.* ayudar
hero héroe *m.*
however sin embargo

ice hielo
imagine imaginar
incident incidente *m.*
indicate indicar
individual individuo; *adj.* individual
ink tinta
innovation innovación
insist insistir
inspire inspirar
instantaneous instantáneo
interest interés *m.*
introduce presentar; introducir
invade invadir
irritate irritar

jail cárcel *f.*
jewel joya
judge juez *m.*
justice justicia

kill matar
kind clase *f.*, especie *f.*
kiss beso; **to** —— besar

knee rodilla; **kneeling** arrodillado, de rodillas
knife cuchillo
knight errant caballero andante

labyrinth laberinto
lady dama; mujer, señora
lance lanza
language lengua, idioma *m.*, lenguaje *m.*
lazy perezoso
leave partir; salir; dejar
lend prestar
letter carta
libertine libertino
library biblioteca
light luz *f.*
lion león *m.*
lip labio
literary literario
love amor *m.*; **in ——** enamorado; **to fall in ——** enamorarse
lyric lírico

mad enojado, enfadado
mark nota (*school*); señal *f.*
marry casarse; casar (*marry off someone*)
master amo
mathematician matemático
matter asunto; **no —— how...** por ...que + *subjunctive*
mean significar; querer decir
melancholy melancolía; *adj.* melancólico
mention mencionar
merely meramente
midnight medianoche *f.*
milk leche *f.*
minority (select) minoría (selecta)
model modelo
mountain montaña
move mover; mudar
movement movimiento
movie cine *m.*; película (*film*)
museum museo
mystery misterio

near cerca; **to go (come) near** acercarse (a)
necessary necesario, preciso
need necesitar
nervous nervioso
nevertheless no obstante, sin embargo
nice simpático; bueno
niece sobrina
noise ruido

obey obedecer
object objeto
obvious obvio
occupy ocupar
offer ofrecer
office oficina
often a menudo, muchas veces
only *adj.* solo, único; *adv.* sólo, solamente
open abrir
optimistic optimista
order mandar, ordenar, pedir
own (one's) propio

painter pintor
painting cuadro, pintura
pale pálido
paper papel *m.*; periódico (*newspaper*)
parents padres *m.*
park parque *m.*
passion pasión *f.*
pay (for) pagar
peace paz *f.*
pen pluma
people gente *f.*
perhaps quizás, acaso, tal vez
perish perecer
pessimistic pesimista
phenomenon fenómeno
philosopher filósofo
pity piedad
play jugar; tocar (*instrument*)
please gustar
pocket bolsillo
poem poema *m.*
poet poeta *m.*

point punto; ___ **of view** punto de vista
politician político
power fuerza, poder *m.*
practical práctico
practise practicar
precise preciso
predominating predominante
prefer preferir (ie, i)
presence presencia
present actual, presente
priest cura, sacerdote
problem problema *m.*
produce producir
profession profesión
progress progreso
prolong prolongar
promise prometer
proud orgulloso
psychology psicología
publish publicar
punish castigar
put poner; ___ **on** ponerse

qualified cualificado, calificado
question pregunta; cuestión (*object or matter to be discussed*)
quiet quieto, callado

rain llover (ue)
rare raro
reader lector *m.*
reality realidad *f.*
realize darse cuenta (de); realizar (*accomplish, bring about*)
reason razón *f.*
recent reciente
recognize reconocer
reputation reputación, fama
respect respetar; *n.*, respecto
rest descansar
restaurant restaurante *m.*
return volver; devolver (*something*)
reveal revelar
rhyme rima
rise levantarse

rock roca; piedra
romantic romántico
rule regir, imperar, gobernar
run correr

sacred sagrado, sacro
save salvar (*life, etc.*); ahorrar (*money, etc.*)
scarcely apenas
science ciencia
scientist científico *m.*
scream gritar
sea mar *m.*
sell vender
send enviar, mandar
sentence frase *f.*; oración
series serie *f.*
serve servir (i)
shadow sombra
shave afeitar, afeitarse
shirt camisa
short corto, breve; poco; bajo
show mostrar
sick malo, enfermo
similar semejante, parecido
simpleness simplicidad *f.*
sky cielo
slave esclavo
sleep dormir (ue, u); *n.*, sueño
smile sonreir
smoke humo
society sociedad *f.*
sociological sociológico
soldier soldado
solve resolver, solucionar
sorry: to be ___ sentir
spend pasar; gastar
spite: in ___ **of** a pesar de
spoon cuchara
squire escudero
star estrella
state estado
station estación
statue estatua
stay quedarse
steal robar
stomach estómago

stop detener(se), parar(se)
straight derecho
strange extraño
succeed tener éxito; ___ in conseguir *or* lograr + *inf.*; *preterite of* poder
suddenly de repente
sufficient suficiente
sugar azúcar *m.*
suggest sugerir
surprise sorprender
swear jurar
sweet dulce
sword espada

take tomar, llevar; ___ out sacar; ___ from quitar
taste gusto
teach enseñar
tear romper
television televisión
theater teatro
theory teoría
thirsty: to be ___ tener sed
ticket billete *m.*
tie corbata
tired cansado
tooth diente *m.*
tower torre *f.*
translate traducir
treasure tesoro
treat tratar
tree árbol *m.*

trunk baúl *m.*

unreal irreal
use usar, valerse (de), emplear

various vario
view vista
voyage viaje *m.*

wait esperar
walk caminar, andar
wall pared *f.*, muro
war guerra
watch reloj *m.*
water agua; ___ **cooler** depósito de agua
way manera, modo
wear llevar
weep llorar
wet mojado
wheel rueda
win ganar
windmill molino de viento
winter invierno
word palabra, vocablo
work trabajo; obra (*book, etc.*); *v.* trabajar
worker obrero
worth: to be ___ valer
wretched miserable
writer escritor *m.*

yellow amarillo
yet todavía, aun

Index

The numbers in bold face refer to the various sections of the Review Grammar, which begins on page 175.

Absolute construction, **22.5**
Adjectives, **8.1-8.14**
Adverbs, **9.1-9.4**
Articles. *Definite,* **1.1-1.12**; *Indefinite,* **2.1-2.9**
Augmentative endings, **11.4-11.6**
Become, **16.1-16.9**
Commands, **19.1-19.6**
Comparisons, **10.1-10.6**
Conjunctions, **6.1-6.3**
Demonstratives, **5.1-5.4**
Diminutive endings, **11.1-11.3**
Estar, **15.1-15.4; 15.11-15.14**
Hacer in time expressions, **12.1-12.7**
If-clauses: substitutions for, **13.15-13.19**
Imperatives, **19.1-19.6**
Indefinites (*algo, alguien,* etc.), **3.1-3.4**
Infinitive, **21.3-21.4**
Interrogatives (*¿qué?* and *¿cuál?*), **4.1-4.6**
Llevar in time expressions, **12.8-12.9**; with past participles, **22.2**
Lo with adjectives, **1.8**; redundant, **5.13-5.14**
Negative expressions, **3.1-3.4**
Participles. *Present,* **20.1-20.7**; *Past,* **22.1-22.5**
Passive voice, **18.1-18.10**
Possessive adjectives and pronouns, **5.15-5.19**
Prepositions. *para,* **7.1-7.3**; *por,* **7.4-7.10**; *a,* **7.11-7.19**; *de,* **7.20-7.24**
Probability, future of, **14.15**
Pronouns: as *objects of prepositions,* **5.5-5.8**; as *direct and indirect objects,* **5.9-5.14**; *possessive,* **5.18-5.19**; *relative,* **5.20-5.35**
Reflexive verbs, **17.1-17.11**
Relative pronouns, **5.20-5.35**
Ser, **15.1-15.10**
Sino, **6.1**
Subjunctive, **13.1-13.23.** In *noun clauses,* **13.1-13.7**; with *impersonal expressions,* **13.9**; in *conditional sentences,* **13.11-13.14**; in *adverbial clauses,* **13.20-13.22**; with *indefinite antecedent,* **13.23**
Superlatives, **10.7-10.8**
Tener with past participles, **22.2**
Tenses, **14.1-14.22**
Than, **10.4-10.6**
Verbs. *Regular,* **23.1**; *Irregular,* **23.2**; *Changes in spelling,* **23.3**; *Changes in the stem,* **23.4**
Whose, **4.4** and **5.35**